Marcus Straßer



# PHP quick & dirty

## 12 Praxis-Workshops für schnelles Programmieren

Mit 205 Abbildungen

**Bibliografische Information der Deutschen Bibliothek**

Die Deutsche Bibliothek verzeichnet diese Publikation in der Deutschen Nationalbibliografie; detaillierte Daten sind im Internet über http://dnb.ddb.de abrufbar.



**Herausgeber:** Graser
**Satz:** DTP-Satz A. Kugge, München
**art & design**: www.ideehoch2.de
**Druck:** Bercker, 47623 Kevelaer
Printed in Germany

**ISBN 978-3-7723-6469-3**

## Danksagung

Ich möchte mich zutiefst bei den folgenden Menschen bedanken, die mir beim Schreiben dieses Buches geholfen haben:

Bei Nicole Vergin, die tapfer jede einzelne Seite gelesen hat, obwohl sie absolut keine Ahnung vom Programmieren hat.

Bei Heiko Krakau, der mir insbesondere zu Beginn kreativ zur Seite gestanden und mit unzähligen erhellenden Diskussionen geholfen hat.

Und nicht zuletzt bei Franz Graser, dem Lektor des Franzis Verlags, ohne den es dieses Buch schlichtweg niemals gegeben hätte.

# Inhaltsverzeichnis

# 1 Einleitung

Fast überall im Leben gibt es einen Unterschied zwischen süßem Traum und bitterer Realität – so auch beim Programmieren. Der Traum eines Programmierers ist es, in Ruhe und mit nahezu unbegrenzter Zeit arbeiten zu können, genügend Zeit und Geld zu haben, um ein Projekt sorgfältig planen und es mit all dem so mühsam erlernten Wissen und Können perfekt umsetzen zu können.

Leider sieht die Realität für viele Programmierer anders aus. Zeit und Geld sind knapp. Der Kunde ist ungeduldig und nur schwer davon zu überzeugen, doch bitte sehr zwei Tage Programmierarbeit zu bezahlen, damit erst mal ein schickes Klassendiagramm erstellt werden kann. Mit viel größerer Wahrscheinlichkeit wird man den Satz hören: »Hey, Hauptsache, es ist schnell fertig und es läuft irgendwie!« Hier soll dieses Buch helfen. Es geht nicht darum, schön zu programmieren, sondern »quick & dirty«, also frei übersetzt: schnell und schmutzig. Unser Leitsatz soll dabei lauten: *So »quick« wie möglich und so »dirty« wie nötig.*

Hierbei soll »dirty« aber auf keinen Fall »chaotisch« bedeuten. Es geht niemals darum, eine Programmierung einfach schnell hinzurotzen. Ein heilloses Durcheinander, sei es nur im Quellcode oder aber bereits in der Projektplanung, mag zwar »dirty« sein, aber es ist auch völlig unübersichtlich und nervenaufreibend und damit alles andere als »quick«. Sie werden letztlich mehr Zeit damit verbringen, später noch einmal nachzuvollziehen, was Sie in Ihrer Programmierung eigentlich gemeint oder mit Ihrem Kunden vereinbart hatten, als es gekostet hätte, den Quellcode durchgängig ordentlich zu formatieren oder das Projekt von Beginn an strukturiert zu planen.

Warum aber nun gerade PHP? PHP eignet sich in geradezu idealer Weise für einen »Quick & Dirty«-Programmierstil: Es ist weit verbreitet, fast überall verfügbar, schnell zu installieren und benötigt als Entwicklungsumgebung notfalls nicht mehr als einen kleinen Texteditor. Darüber hinaus ist PHP, im Gegensatz zu schwergewichtigen Programmiersprachen wie Java oder C#, sehr genügsam und zwingt dem Programmierer nicht sonderlich viele Regeln und Gesetze auf. Das kann im Chaos enden. Es ermöglicht aber eben auch, sehr schnell an sein Ziel zu gelangen, wenn man nur versucht, effizient und nicht unbedingt immer perfekt zu programmieren.

- Dieses Buch zeigt Ihnen NICHT, wie man »schön« programmiert. Es geht hier nicht um Programme, mit denen Sie stolz beim nächsten PHP-Entwicklertreffen protzen können.
- Dieses Buch zeigt Ihnen NICHT, wie man PHP lernt. Es fängt nicht bei Null an, sondern setzt ein gewisses Grundwissen voraus.
- Dieses Buch zeigt Ihnen, wie Sie den Alltag als selbstständiger Einzelkämpfer, notorischer Chaot oder Berufseinsteiger meistern können – einen Alltag, in dem es keine Preise für eingehaltene Programmierrichtlinien oder Design-Patterns, sondern nur wütende oder zufriedene Kunden gibt.

Im Gegensatz zu einem normalen Lehrbuch gibt es hier oft kein eindeutiges Richtig oder Falsch. Es geht darum, dass Sie möglichst effizient arbeiten. Daher ist alles in diesem Buch als Vorschlag zu verstehen. Es soll die Richtung zeigen, nicht unbedingt den exakten Weg. Wenn Sie eine bessere Art und Weise für sich finden sollten, schnell und gut zu arbeiten, dann behalten Sie diese bei.

## Kurz oder lang?

An dieser Stelle ein Hinweis zur Schreibweise der PHP-Quelltexte in diesem Buch: Es wird inzwischen allgemein empfohlen, die sogenannten »short open tags« für PHP zur Einleitung eines PHP-Programmteils nicht mehr zu nutzen:

```
<? echo "Hallo Welt" ?>
```

Vorzuziehen ist die »lange« Variante:

```
<?php echo "Hallo Welt"?>
```

Ich werde jedoch in sämtlichen Listings die kurze Form wählen – einfach, weil das die Quelltexte an vielen Stellen deutlich lesbarer macht. In diesem Buch geht es weniger um konkrete Quelltexte als darum, die Ideen dahinter zu verstehen. Von der kurzen Variante wird insbesondere dann abgeraten, wenn Sie innerhalb Ihrer Programme auch mit XML-Daten arbeiten. Diese verwenden Zeilen wie diese:

```
<?xml version="1.0" encoding="UTF-8" standalone="yes"?>
```

Und so etwas würde innerhalb einer PHP-Datei zu Fehlern führen, wenn eine solche XML-Zeile als PHP-Programmierung interpretiert würde.

Aber ganz ehrlich: Solange Sie nicht tatsächlich mit XML oder auf einem Server arbeiten, der die Verwendung der kurzen Form deaktiviert hat (was selten der Fall ist), können Sie auch ohne schlechtes Gewissen die kurze Form benutzen. Sie ist schneller geschrieben und macht Ihren Quelltext leichter lesbar. Insbesondere können Sie auch die kurze Form für den echo-Befehl wählen:

```
<?="Hallo Welt" ?>
```

# 2 Plan & Concept

## Ein »Quick & Dirty«-Projekt planen und konzipieren

Sie werden selten ein Projekt »quick & dirty« programmieren, weil Sie es wollen, sondern meist, weil Sie es müssen. Zwar kann durchaus auch eine gewisse Befriedigung daraus entspringen, ein komplettes Anmeldeformular in einer halben Stunde zum Laufen zu bekommen; wenn Sie jedoch für sich allein oder an einem großen Projekt arbeiten, Ihnen also genügend Zeit zur Verfügung steht, dann sollten Sie diesen Luxus auch unbedingt nutzen (und genießen). Für viele Programmierer ist aber gerade das nicht immer möglich: Sie arbeiten allein (als Freiberufler oder aber allein verantwortlich in einer Firma) und haben einen Kunden, der alles möglichst gestern haben will und dem es egal ist, ob schön programmiert wird, solange er nur möglichst bald etwas zum Anklicken hat.

Auf den ersten Blick erscheint es da ein wenig paradox zu behaupten, Sie sollten sich gerade deshalb genügend Zeit nehmen, um das Projekt und den Umgang mit dem Kunden zu planen. Sollten Sie nicht alle Zeit in die Programmierung stecken? Sollten Sie nicht sofort den nächsten Text-Editor öffnen und lostippen? Nein, das sollten Sie nicht.

> **Tipp**
> Unterschätzen Sie niemals die Zeit, die Sie mit Besprechungen und Abstimmungen mit dem Kunden und der Planung des Projekts verbringen werden. Gehen Sie daher bei diesen immer gezielt und strukturiert vor.

»Quick & Dirty« bedeutet nicht, vollkommen planlos irgendwie drauflos zu programmieren. Denn ein solches Vorgehen kostet auf lange Sicht *immer* Zeit – und ist damit alles andere als »quick«. Es bringt überhaupt nichts, ein Anmeldeformular in einer halben Stunde fertig zu bekommen, wenn Ihnen der Kunde später erklärt, dass eigentlich alles ganz anders sein soll und Sie noch mal ganz von vorn beginnen müssen.

Versuchen Sie daher, die Kommunikation mit dem Kunden und die Planung des Projekts durchaus straff und effizient zu gestalten, aber widerstehen Sie der (nachvollziehbaren) Versuchung, diesen Teil Ihrer Arbeit zu ignorieren oder als unwichtig anzusehen.

Das ist nicht immer leicht, denn die meisten Programmierer hassen diesen Teil ihrer Arbeit aus tiefstem Herzen, und bei jeder Minute, die in einem »Meeting« verrinnt, denken sie nur: »Was hätte ich in dieser Zeit doch alles Schönes programmieren können?!« Leider gibt es nur wenige Programmierer, die über den Luxus verfügen, immer das tun zu können, was sie selbst wollen, und die dann auch noch jemanden haben, der sie tatsächlich dafür bezahlt. Alle anderen müssen einfach akzeptieren, dass der Umgang mit den Kunden und die Planung der anstehenden Aufgaben unverzichtbare Teile eines jeden Projekts sind.

Daher werden Sie in diesem gesamten Kapitel keine einzige Zeile PHP-Code finden, sondern es geht ausschließlich um die Planung und die Konzeption Ihres Quick & Dirty-Projekts. Damit all das nicht zu abstrakt (und damit langweilig) wird, soll es im Großteil dieses Buches um ein fiktives, aber konkretes Projekt gehen: die Entwicklung eines Weblogs, eines Blogs. An ihm sollen alle Schritte eines Quick & Dirty-Projekts gezeigt werden. Halten Sie sich aber bitte immer wieder vor Augen, dass dies kein echtes Projekt ist. Es geht nicht in erster Linie darum, die Programmierung eines Weblogs aufzuzeigen, sondern darum, die Konzepte eines effizienten Quick & Dirty-Projekts vorzustellen.

## 2.1 Planung mit dem Kunden

### 2.1.1 Bevor Sie anfangen zu programmieren

Bevor Sie auch nur ans Programmieren denken können, muss der Kunde Ihnen erst einmal klar machen, was er möchte. Zumindest in der Theorie. In der Praxis ist es meist so, dass Sie zusammen herauszufinden versuchen, was der Kunde eigentlich will. Denn oft ist ihm das, zumindest im Detail, nicht wirklich klar. Sicher, er weiß, dass er eine Shop-Lösung oder einen Blog möchte. Was dies aber genau bedeutet, was dabei schon zu Beginn des Projekts zu berücksichtigen ist, darüber hat er sich oftmals noch keine Gedanken gemacht (oder auch nicht machen können, weil ihm mit hoher Wahrscheinlichkeit das notwendige Hintergrundwissen fehlt).

Beim ersten Gespräch über das kommende Projekt sollte es daher immer darum gehen, gemeinsam zu formulieren, was die »Vision« des Projekts ist (sei es per Telefon oder bei einem persönlichen Treffen). Dieser Begriff mag etwas hochtrabend und bei einem simplen Blog etwas überdimensioniert wirken, aber es bezeichnet sehr gut, was gemeint ist: Was ist die Kernfunktionalität dessen, was entwickelt werden soll? Was ist das Ziel? Über diese Punkte hat sich der Kunde in der Regel bereits ausgiebige Gedanken gemacht, daher sollten Sie erst einmal zuhören und zu verstehen versuchen, was er meint.

Ein Hauptproblem bei der Kommunikation zwischen Kunde und Programmierer ist, dass sie in zwei verschiedenen Welten leben und daher zwei völlig unterschiedliche Sprachen sprechen, wobei beide jeweils überzeugt sind, dass sie doch eigentlich jeder verstehen müsse. Es kann daher durchaus sein, dass der Kunde Ihnen seine Vision erklärt, ohne dabei das Wort »Blog« überhaupt in den Mund zu nehmen. Das könnte beispielsweise so klingen:

*»Also, wir benötigen etwas, damit wir vor und während der Messe in zehn Tagen auf unserer Webseite den Leuten zeigen können, was so passiert. Eher ziemlich locker. So wie ein Tagebuch, verstehen Sie? Man schreibt etwas rein mit Titel und Text und so, und dann erscheint das mit Datum auf der Webseite. Sie kennen das doch, oder? Ach ja: Ein Bild sollte man noch hochladen können. Und dann wäre es natürlich klasse, wenn man das Ganze irgendwie nach Themen einteilen könnte. Und suchen soll man natürlich können. Und, ach ja, später soll der Nutzer auf unserer Webseite noch Kommentare dazu schreiben können, dann kriegen wir auch ein Feedback, und vielleicht können wir das Ganze noch als Newsletter verschicken, ginge das?«*

Bewahren Sie Ruhe. Fast immer haben Kunden viele Ideen, sehr viele Ideen. Warum auch nicht? Ideen kosten nichts. Versuchen Sie daher zunächst, mit dem Kunden die eigentliche Vision zu formulieren, die hinter den Ideen steckt. Was ist die Kernfunktionalität? In diesem Fall identifizieren Sie den Wunsch des Kunden als »Blog«. Das klingt trivial, aber es ist ungemein wichtig, dass Sie und Ihr Kunde über die gleiche Sache reden! Das gilt vor allem dann, wenn es um das grundlegende Wesen der zu erstellenden Anwendung geht. Es gibt kaum etwas Schlimmeres, als wenn beide Partner von Beginn an zwei unterschiedliche Dinge meinen und fatalerweise der Überzeugung sind, dass der andere doch auch genau wissen müsse, worum es geht. Vergewissern Sie sich also, dass Sie verstehen, was der Kunde meint, und umgekehrt. Stellen Sie beispielsweise sicher, dass er einen Blog und kein Forum möchte.

In den seltensten Fällen werden Sie aus einem ersten Gespräch herausgehen und direkt losprogrammieren können. Das ist in der Regel auch gut so, denn in so einem Treffen sollten Sie sich noch nicht in kleinsten Details verlieren. Dazu reichen die Zeit und die Konzentration aller Beteiligten nicht aus. Das führt dazu, dass am Ende des Gesprächs die Details von Punkt 1.1.a geklärt sind, aber Punkt 3 noch nicht einmal angesprochen wurde.

Versuchen Sie daher als Nächstes, eine grobe Feature-Liste des Projekts zusammenzustellen. Gehen Sie dabei so vor, als ob Sie ein Buch schreiben müssten: Den Titel haben Sie bereits (»Der Blog«), jetzt klären Sie die Kapitelüberschriften. Wenn Sie diese haben, fangen Sie an, Unterkapitel zu formulieren usw. Bei unserem Blog-Projekt könnte eine erste Feature-Liste so aussehen:

**Blog-Feature-Liste:**

- Darstellung von Tagebuch-/Blog-Einträgen in der Webseite (sortiert nach Datum oder Thema)

- Einpflegen neuer Einträge über die Administration
- Einpflegen neuer Themen (für die Einträge) über die Administration (z. B. »Neuigkeiten«, »Wissenswertes« etc.)
- Möglichkeit für die Webnutzer, Einträge zu kommentieren (das setzt eventuell ein Anmeldeformular für die Kommentarfunktion voraus)
- Newsletter-Funktion (Inhalte des Blogs werden als Mail verschickt, dafür werden jeweils An- und Abmeldeformulare für den Newsletter benötigt)

Diese Liste muss keineswegs perfekt sein. Seien Sie sich zu jedem Zeitpunkt bewusst, dass sie sich im Laufe des Projekts noch ständig ändern wird. Einige Punkte werden größer und wichtiger, andere vielleicht ganz wegfallen. Um es noch einmal zu sagen: Entscheidend ist, dass Sie und der Kunde die gleiche Sprache sprechen. Zudem müssen Sie sich absolut sicher sein können, dass Sie tatsächlich das tun, was der Kunde am Ende haben möchte, wenn Sie mit der eigentlichen Programmierarbeit beginnen.

Bis zu diesem Zeitpunkt wird der Kunde ganz auf Ihrer Seite und froh sein, dass Sie ihn verstanden haben. Jetzt aber kommen wir zu einem Punkt, der weder Ihnen noch dem Kunden wirklich gefällt: die Zeit. Denn die Antwort auf die Frage »Wann soll all das fertig sein?« wird sehr oft lauten »So bald wie möglich« (oder, für Freunde unnötiger Abkürzungen und Anglizismen, ASAP – »as soon as possible«). Insbesondere wenn Sie als Einzelkämpfer und Freiberufler unterwegs sind, können Sie hier den mit Abstand größten Fehler begehen, indem Sie nicht versuchen, den Aufwand des Projekts realistisch einzuschätzen und dies dem Kunden auch so mitzuteilen, sondern der Angst verfallen, der Kunde könnte sich einen anderen Programmierer suchen, wenn Sie nicht jeder Deadline bedingungslos zustimmen.

Wenn Sie wissen, dass die Zeit nicht reichen wird, dann ignorieren Sie unbedingt die kleine Stimme in Ihrem Kopf, die Ihnen zuruft: »Ach komm, irgendwie kriegen wir das schon hin!« Das werden Sie nicht. Niemals. Solche Projekte enden immer im heillosen Chaos, durchwachten Nächten und (zu Recht) erzürnten Kunden, die stinksauer sind, weil es in der Programmierung nur so vor Fehlern wimmelt und das Projekt dann eben doch nicht rechtzeitig – wie versprochen – fertig ist.

Unterschätzen Sie Ihren Kunden nicht. Auch wenn Sie vielleicht manchmal das Gegenteil annehmen: Kunden sind nicht dumm. Natürlich möchten sie alles so schnell wie möglich haben (wer will das nicht?), aber sie wissen auch, dass das nicht immer geht. Ihr Kunde wird sich niemand anderen suchen wollen, wenn er den Eindruck gewinnt, dass Sie realistisch den benötigten Aufwand abschätzen können, und wenn Sie ihm Vorschläge unterbreiten, wie bis zu seiner angesetzten Deadline zumindest ein Teil des Projekts fertiggestellt werden kann, oder Alternativen nennen, die es Ihnen erlauben würden, das komplette Projekt rechtzeitig zu beenden.

Schauen Sie sich also die Feature-Liste einmal an und überschlagen Sie ganz grob den Aufwand für die einzelnen Punkte. Versuchen Sie einzuschätzen, ob all das bis zur angestrebten Deadline geschafft werden kann. In unserem Fall würden Sie sicher feststellen, dass dies nicht der Fall ist. Die Messe startet in zehn Tagen, und der Blog soll ja bereits einige Zeit davor online gehen. Sicher werden Sie im Gespräch mit dem Kunden bemerkt haben, an welchen Funktionen sein Herz hängt, und Sie werden auch einschätzen können, welche Programmierung für alle weiteren Funktionen vorhanden sein und daher als Erstes gemacht werden muss. Hier könnten Sie dem Kunden vorschlagen, dass Sie in den nächsten Tagen die Kernfunktionen des Blogs fertigstellen werden:

**PHASE 1 (fertig bis eine Woche vor der Messe)**

- Darstellung von Tagebuch-/Blog-Einträgen in der Webseite (sortiert nach Datum oder Thema)
- Einpflegen neuer Einträge über die Administration
- Einpflegen neuer Themen (für die Einträge) über die Administration (z. B. »Neuigkeiten«, »Wissenswertes« etc.)

Der Kunde könnte also bereits beginnen, Blog-Inhalte einzutragen und diese auf seiner Webseite zu präsentieren. Alle weiteren Anforderungen könnten Sie dann ohne Probleme in »Phase 2« fertigstellen, beispielsweise bis zum tatsächlichen Beginn der Messe.

**PHASE 2 (fertig bis zur Messe)**

- Möglichkeit für die Webnutzer, Einträge zu kommentieren (benötigt evtl. ein Anmeldeformular für die Kommentarfunktion)
- Newsletter-Funktion (Inhalte des Blogs werden als Mail verschickt, dafür werden jeweils An- und Abmeldeformulare für den Newsletter benötigt)

Der Kunde wird diesen Vorschlag sicher akzeptieren, wenn er nicht den Eindruck hat, dass Sie einfach zu faul und/oder unfähig sind, die Entwicklung rechtzeitig fertig zu bekommen. Selbstverständlich wird es Fälle geben, in denen der Kunde durchaus versteht, dass das alles nicht bis zum festgelegten Termin zu schaffen ist, er selbst aber keine Wahl hat. Es muss einfach bis zu einem bestimmten Datum fertig sein. Auch in diesem Fall sollten Sie ihm nicht das Blaue vom Himmel versprechen, sondern gemeinsam überlegen, wie Sie es schaffen können, dass trotzdem alles bis zum gewünschten Termin abgeschlossen ist. Sie könnten beispielsweise noch einen zweiten Programmierer hinzuziehen.

Ganz genauso sollten Sie reagieren, wenn der Kunde etwas völlig Unrealistisches verlangt. Das ist meist gar keine böse Absicht. Vielen Menschen, die nicht in der Technikwelt zu Hause sind, ist es schlichtweg nicht klar, warum etwas, das bei Google doch ganz einfach geht, nicht auch bei ihrem eigenen Programm funktionieren sollte. Wenn Sie dem Kunden jetzt nur ein »Geht nicht« vorsetzen, wird er zu Recht stur auf seiner Position beharren. Wenn Sie ihm aber klarmachen können, dass sein Wunsch nicht realistisch umzusetzen ist, und ihm eine Alternative aufzeigen, dann wird er sich sehr schnell von seiner »Ich will das wie Google«-Idee abbringen lassen. Ein wirklich professionell arbeitender Kunde will keinen unkritischen Ja-Sager als Programmierer an seiner Seite haben, sondern jemandem, mit dem er realistisch und konstruktiv an seinem Projekt arbeiten kann.

Das gilt insbesondere, wenn Sie als Programmierer einmal anderer Meinung sein sollten. Wenn Sie ernsthaft denken, dass der Kunde mit einer Idee einen großen Fehler begeht, so weisen Sie ihn unbedingt darauf hin. Begründen Sie, warum Sie das Problem anders angehen würden und wo die Vorteile Ihrer Variante liegen. Bleibt Ihr Gegenüber jedoch auch dann noch bei seiner Lösung, so kämpfen Sie nicht weiter. Verschwenden Sie keine Energie damit, innerlich zu toben und zu wüten, weil Sie den Kunden für einen Vollidioten halten. Auch hier gilt: Der Kunde ist König! Das klingt abgegriffen, ist aber trotzdem wahr. Es geht hier nicht um Ihr Projekt, sondern um das des Kunden! Er bezahlt dafür und bestimmt somit, was zu tun ist. Sie ersparen sich eine Menge Frustration und Wut, wenn Sie diese Wahrheit einfach akzeptieren.

### 2.1.2 Während der Entwicklung

Der Anfang einer Programmierung ist sicher für die meisten Entwickler der Abschnitt eines Projektes, der ihnen am meisten Spaß bereitet. Sie fangen etwas Neues an und können erst einmal ohne jede Kritik die Programmierung so umsetzen, wie sie es selbst für richtig halten. Der Stress beginnt meist dann, wenn dem Kunden die erste Version der Anwendung gezeigt wird, er aber in einigen Punkten doch ganz anderer Meinung ist und einen Teil der stolz entworfenen Programmierung über den sprichwörtlichen Haufen wirft. Selbst wenn Sie sich vor dem Projekt sehr gut und detailliert abgestimmt haben, wird es immer wieder Kleinigkeiten geben, die der Kunde anders haben möchte, sei es eine Checkbox, die etwas weiter oben erscheinen soll, oder die Auswahl der Blog-Themen, die er sich dann doch anders vorgestellt hatte.

Natürlich kommen solche Änderungswünsche immer zur falschen Zeit (nämlich wenn Sie gerade mitten in der Programmierung Ihrer dreifach rekursiven Funktion stecken) und fast immer auf dem falschen Weg, nämlich per Telefon. Versuchen Sie unbedingt, sich selbst und auch den Kunden dazu zu »erziehen«, andere Wege der Kommunikation zu finden. Gespräche am Telefon sind persönlicher als eine Mail, aber auch deutlich missverständlicher und fehleranfälliger, da Sie sie nicht noch einmal abrufen können. Das führt dazu, dass Sie sich grobe Notizen während des Gesprächs machen, dann erst einmal weiter an der Stelle arbeiten, an der Sie gerade unterbrochen wurden, einige Stunden später den Zettel wieder aufnehmen und sich fragen: »Was wollte er noch mal genau?« Das kostet Zeit und vor allem Nerven.

Besser als ein Telefongespräch ist daher eine Mail. Diese können Sie lesen, wenn Sie Zeit und Ruhe haben, und Sie haben etwas in der Hand, wenn der Kunde später doch ganz anderer Meinung ist und sich selbst nicht mehr an seine Anweisung erinnern kann (das ist meistens keine böse Absicht, aber es kommt vor). Leider leben wir in einer Welt, in der wir jeden Tag, jede Minute unzählige Mails bekommen. Und auch von Ihrem Kunden werden Sie reichlich elektronische Post erhalten, die unter Umständen gar keine konkreten Änderungen an dem Projekt betreffen. Solange Sie Ihre Mails nicht sehr sauber nach »wichtig« und »unwichtig« sortieren, werden Sie bald die entscheidenden Mails mit den Korrekturwünschen genauso verzweifelt in Ihrem Postfach suchen wie einen einzelnen Zettel in einem Papierhaufen.

Aber auch hierfür gibt es eine Lösung: ein To-do-System oder Bug-Tracking-Programm. Die Rede ist von einer Webprogrammierung, die es Ihnen und Ihrem Kunden erlaubt, neue Anforderungen und beobachtete Fehler einzustellen, zu sammeln und zu kommentieren. Das klingt alles erst einmal nach einem Werkzeug für große, komplexe Projekte und so gar nicht nach Quick & Dirty. Aber unterschätzen Sie nie die Zeit, die Sie aufbringen werden, um mit dem Kunden zu kommunizieren – in welcher Form auch immer. Ein Programm, das Fehler, Absprachen und Vorgehensweisen sammelt und zuordnet, hilft daher sehr wohl, Ihr Projekt möglichst »quick« zu machen.

Versuchen Sie es – auch wenn das Projekt noch so klein ist. In der Regel sind Kunden begeistert, wenn sie das Gefühl haben, Ideen und Anmerkungen zentral eingeben und verwalten zu können. Und Sie müssen sich an keine Telefongespräche mehr erinnern oder E-Mails suchen. Als Beispiel für eine solche »To-do-Verwaltung« soll hier kurz das Programm Flyspray vorgestellt werden: *http://flyspray.org/*

Flyspray ist eine in PHP geschriebene und leicht zu installierende Webanwendung, die MySQL als Datenbank nutzt. Es soll hier nicht näher auf die Installation und Verwendung von Flyspray eingegangen werden. Auch wenn das Programm viele Möglichkeiten bietet, so ist die Handhabung doch relativ einfach: Sie legen User an (erst einmal nur sich und Ihren Kunden), und jeder dieser Nutzer kann »To-dos« verfassen, diese mit einer Priorität und einem Status versehen und einem anderen Nutzer zuweisen.

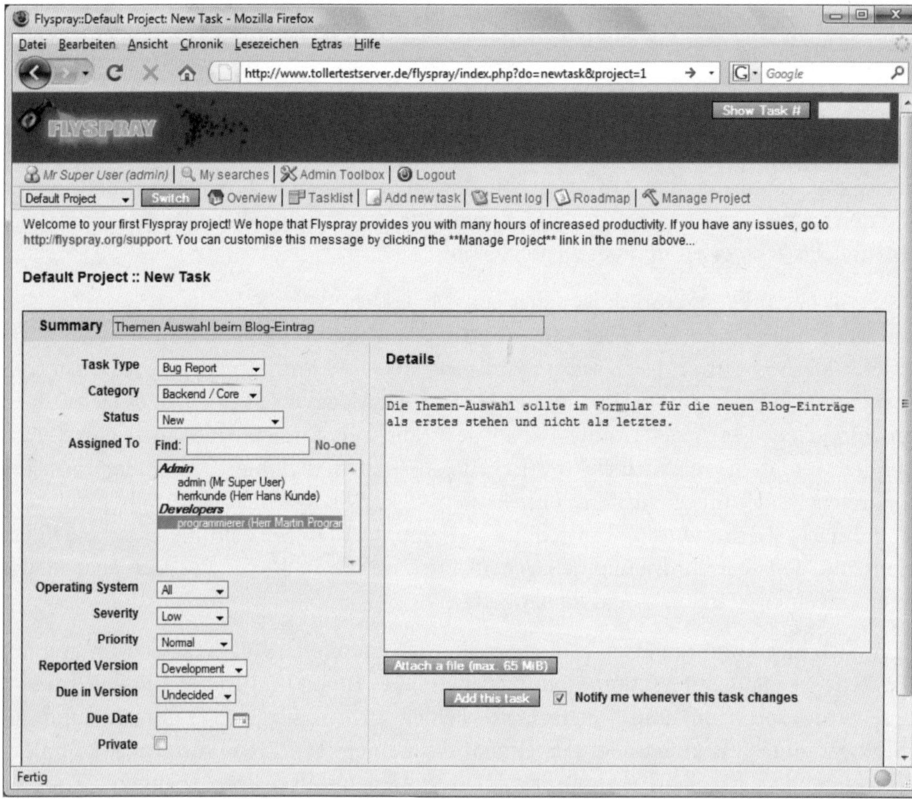


**Bild 2.1:** Eine Aufgabe in Flyspray verfassen

Lassen Sie sich und vor allem Ihren Kunden nicht von den zahlreichen Einstellungsmöglichkeiten verwirren. Die meisten werden Sie bei einem Quick & Dirty-Projekt nicht unbedingt brauchen. So sollten Sie beim Eintragen einer neuen Aufgabe lediglich die Felder »Summary«, »Assigned To«, »Details« und »Attach a file« ausfüllen. (Letzteres auch nur, wenn Sie beispielsweise einen Screenshot hinzufügen wollen.) Den Rest der Einstellungsmöglichkeiten können Sie einfach höflich ignorieren. Unter »Assign To« geben Sie an, für welche Nutzer diese Aufgabe bestimmt ist. Diese werden auch automatisch eine E-Mail hierzu erhalten. Sollen mehrere Nutzer benachrichtigt werden, so können Sie diese mit gedrückter STRG-Taste auswählen. Der Zuständige kann sich die Aufgabe dann jederzeit in Flyspray selbst ansehen und kommentieren:

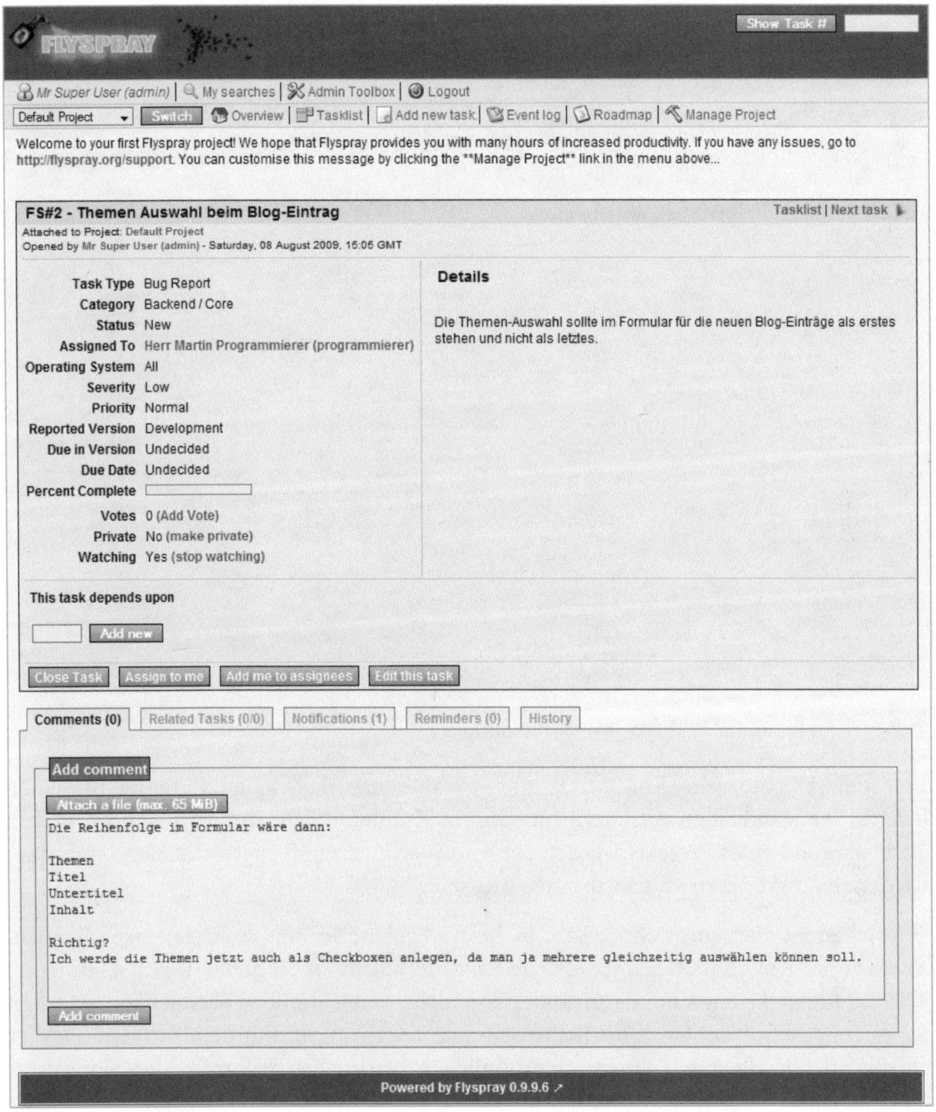


**Bild 2.2:** Kommentare in Flyspray – so bleibt alles für die Nachwelt erhalten.

Auf diesen Kommentar kann der Kunde dann seinerseits antworten usw. Der Vorteil liegt auf der Hand: Sie haben nicht eine endlose Kette von E-Mails oder gar Telefonaten, sondern alle Anmerkungen und Kommentare zu einer Aufgabe gebündelt vorliegen und können diese auch zu jedem späteren Zeitpunkt wieder einsehen. Das ist nicht nur hilfreich für Sie als Programmierer, sondern auch für den Kunden, da er so stets einen kompletten Überblick über die noch ausstehenden Aufgaben hat. Auch wenn dies bei einem größeren Projekt dann schon einmal so aussehen kann:

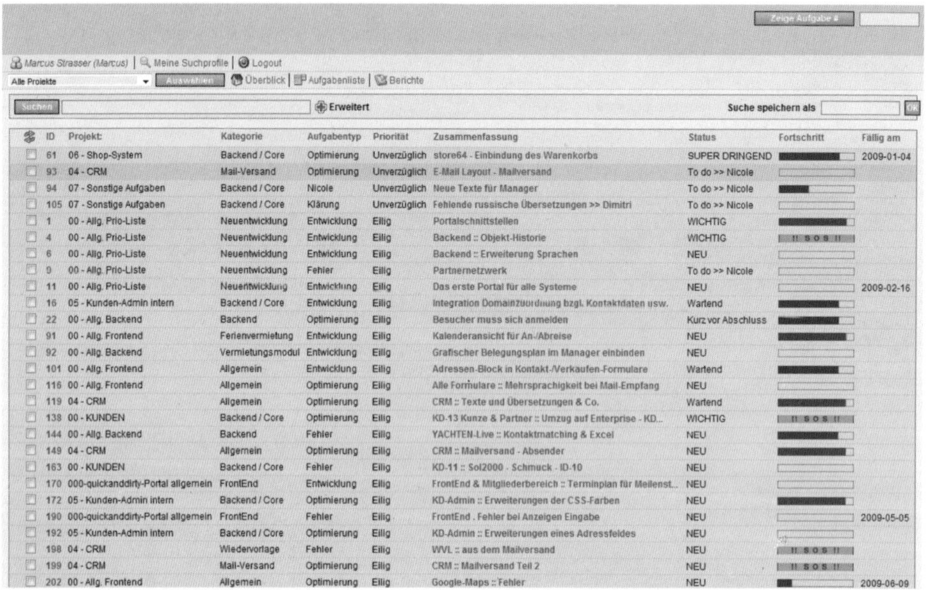


| ID | Projekt: | Kategorie | Aufgabentyp | Priorität | Zusammenfassung | Status | Fortschritt | Fällig am |
|---|---|---|---|---|---|---|---|---|
| 61 | 06 - Shop-System | Backend / Core | Optimierung | Unverzüglich | store64 - Einbindung des Warenkorbs | SUPER DRINGEND | | 2009-01-04 |
| 93 | 04 - CRM | Mail-Versand | Optimierung | Unverzüglich | E-Mail Layout - Mailversand | To do >> Nicole | | |
| 94 | 07 - Sonstige Aufgaben | Backend / Core | Nicole | Unverzüglich | Neue Texte für Manager | To do >> Nicole | | |
| 105 | 07 - Sonstige Aufgaben | Backend / Core | Klärung | Unverzüglich | Fehlende russische Übersetzungen >> Dimitri | To do >> Nicole | | |
| 1 | 00 - Allg. Prio-Liste | Neuentwicklung | Entwicklung | Eilig | Portalschnittstellen | WICHTIG | | |
| 4 | 00 - Allg. Prio-Liste | Neuentwicklung | Entwicklung | Eilig | Backend :: Objekt-Historie | WICHTIG | !! S O S !! | |
| 6 | 00 - Allg. Prio-Liste | Neuentwicklung | Entwicklung | Eilig | Backend :: Erweiterung Sprachen | NEU | | |
| 9 | 00 - Allg. Prio-Liste | Neuentwicklung | Fehler | Eilig | Partnernetzwerk | To do >> Nicole | | |
| 11 | 00 - Allg. Prio-Liste | Neuentwicklung | Entwicklung | Eilig | Das erste Portal für alle Systeme | NEU | | 2009-02-16 |
| 16 | 05 - Kunden-Admin intern | Backend / Core | Entwicklung | Eilig | Integration Domainzuordnung bzgl. Kontaktdaten usw. | Wartend | | |
| 22 | 00 - Allg. Backend | Backend | Optimierung | Eilig | Besucher muss sich anmelden | Kurz vor Abschluss | | |
| 91 | 00 - Allg. Frontend | Ferienvermietung | Entwicklung | Eilig | Kalenderansicht für An-/Abreise | NEU | | |
| 92 | 00 - Allg. Backend | Vermietungsmodul | Entwicklung | Eilig | Grafischer Belegungsplan im Manager einbinden | NEU | | |
| 101 | 00 - Allg. Frontend | Allgemein | Entwicklung | Eilig | Adressen-Block in Kontakt-/Verkaufen-Formulare | Wartend | | |
| 116 | 00 - Allg. Frontend | Allgemein | Optimierung | Eilig | Alle Formulare :: Mehrsprachigkeit bei Mail-Empfang | NEU | | |
| 119 | 04 - CRM | Allgemein | Optimierung | Eilig | CRM :: Texte und Übersetzungen & Co. | Wartend | | |
| 138 | 00 - KUNDEN | Backend / Core | Optimierung | Eilig | KD-13 Kunze & Partner :: Umzug auf Enterprise - KD... | WICHTIG | !! S O S !! | |
| 144 | 00 - Allg. Backend | Backend | Fehler | Eilig | YACHTEN-Live :: Kontaktmatching & Excel | NEU | | |
| 149 | 04 - CRM | Allgemein | Optimierung | Eilig | CRM :: Mailversand - Absender | NEU | | |
| 163 | 00 - KUNDEN | Backend / Core | Fehler | Eilig | KD-11 :: Sol2000 - Schmuck - ID-10 | NEU | | |
| 170 | 000-quickanddirty-Portal allgemein | FrontEnd | Entwicklung | Eilig | FrontEnd & Mitgliederbereich :: Terminplan für Meilenst... | NEU | | |
| 172 | 05 - Kunden-Admin intern | Backend / Core | Optimierung | Eilig | KD-Admin :: Erweiterungen der CSS-Farben | NEU | | |
| 190 | 000-quickanddirty-Portal allgemein | FrontEnd | Fehler | Eilig | FrontEnd . Fehler bei Anzeigen Eingabe | NEU | | 2009-05-05 |
| 192 | 05 - Kunden-Admin intern | Backend / Core | Optimierung | Eilig | KD-Admin :: Erweiterungen eines Adressfeldes | NEU | | |
| 198 | 04 - CRM | Wiedervorlage | Fehler | Eilig | WVL :: aus dem Mailversand | NEU | !! S O S !! | |
| 199 | 04 - CRM | Mail-Versand | Optimierung | Eilig | CRM :: Mailversand Teil 2 | NEU | !! S O S !! | |
| 202 | 00 - Allg. Frontend | Allgemein | Optimierung | Eilig | Google-Maps :: Fehler | NEU | | 2009-06-09 |

**Bild 2.3:** Es gibt noch eine Menge zu tun!

Eine derart gebündelte Kommunikation ist aber natürlich keine Garantie für einen jederzeit verständlichen Austausch mit Ihrem Kunden. Nicht nur zu Beginn, sondern auch während eines Projekts werden Sie Anforderungen und Ideen des Kunden immer wieder neu diskutieren und abstimmen müssen.

Wie gehen Sie aber vor, wenn es sich nicht um Fehler oder simple Änderungen handelt, sondern der Kunde plötzlich ganz neue Anforderungen an Sie stellt? Wenn es nur vereinzelte Kleinigkeiten sind, dann sollten Sie nicht weiter darüber nachdenken. Machen Sie es einfach. Sie werden sonst mehr Zeit damit verbringen, mit dem Kunden darüber zu diskutieren, ob dies Teil der ursprünglichen besprochenen Funktionen war, als es einfach schnell zu programmieren.

Aber was machen Sie, wenn es keine Kleinigkeit ist? Bevor Sie auch nur eine Zeile programmieren, weisen Sie den Kunden darauf hin, dass dies eine neue Anforderung ist und was sie für die Entwicklung des Programms bedeutet. Vielleicht ist ihm gar nicht bewusst, dass sein Wunsch so aufwendig ist. Fragen Sie, ob andere Funktionen dafür wegfallen oder an Priorität verlieren und somit in eine spätere Phase verschoben werden sollen. (Wenn Sie als Freiberufler arbeiten, müssen Sie auch darauf hinweisen, dass sich die Kosten erhöhen werden.) Wie gesagt: Kunden sind nicht dumm. Natürlich werden sie immer wieder versuchen, kostenlos ein paar zusätzliche »Gimmicks« zu bekommen, aber kein vernünftig und professionell arbeitender Mensch wird von Ihnen verlangen, aufwendige neue Funktionen zu entwickeln, ohne dass dafür andere warten müssten.

Auch hier gilt alles, was oben gesagt wurde: Wenn ein Wunsch nicht realistisch umzusetzen ist, zeigen Sie Alternativen auf. Beginnen Sie mit der Programmierung erst, wenn Sie sich sicher sind, dass beide Seiten wirklich die gleiche Sprache sprechen und genau wissen, was gemeint ist. Wenn Sie die Idee (oder einen Teil davon) für einen Fehler halten, dann weisen Sie darauf hin.

### 2.1.3 Nach der Entwicklung

Die wenigsten Projekte sind wirklich beendet, wenn sie online gehen. Entweder ist noch nicht alles komplett fertiggestellt, oder es folgt direkt eine Phase 2, die an das bestehende Projekt anschließt. In jedem Fall wird es mit großer Wahrscheinlichkeit auch nach der offiziellen Deadline noch Fehlermeldungen und Änderungswünsche des Kunden geben. Wie gehen Sie damit um?

Spätestens in dieser Phase des Projekts lohnt es sich, über einen Testserver nachzudenken, also ein System, auf dem Sie dem Kunden neu implementierte Änderungen zeigen können, ohne das aktuelle Livesystem zu stören. Dieses Testsystem kann auf dem Server des Kunden liegen, oder Sie besorgen sich selbst etwas Webspace, auf dem Sie Ihrem Kunden seine Webseite präsentieren können. (In diesem Fall sollten Sie diese unbedingt durch ein Passwort schützen, denn keinem Kunden wird es gefallen, wenn er weiß, dass seine Webseite bei Ihnen einfach so zu erreichen ist.)

Aber auch so ein Testsystem wird Sie nicht davor bewahren, dass Fehler in der aktuellen Webseite auftreten: Fehler, die dem Kunden nicht gefallen und für die Sie verantwortlich sind. Niemand mag diese Situationen (der Kunde auch nicht), aber es wird zwangsläufig etwa so passieren: Ihr Kontakt mit dem Kunden war bisher herzlich, fast freundschaftlich, gemeinsam haben Sie an dem Projekt gebastelt und waren beide zu Recht stolz, als dieses schließlich online geschaltet wurde. Doch plötzlich haben Sie einen Menschen am Telefon, den Sie kaum wiedererkennen, der wütend auf Sie ist, weil plötzlich nur noch eine kryptische Fehlermeldung erscheint, wo gestern noch der Blog zu bewundern war. Alle Freundlichkeit ist dahin, und der Kunde will wissen, was passiert und wer schuld ist.

Geben Sie in diesem Fall nicht Ihrem ersten Instinkt nach: Sie leugnen alles oder – noch schlimmer – schieben alles auf jemand anderen. Es mag sein, dass Ihnen spontan eine plausible Ausrede einfällt, aber in der Regel wird der Kunde merken, dass Sie nur versuchen, sich aus Ihrer Verantwortung zu stehlen, und verständlicherweise noch wütender werden. Stehen Sie zu Ihrem Fehler. Fehler kommen vor, in jedem Bereich. Niemand kann sie völlig ausschließen. Das bedeutet nicht, dass man sich keine Gedanken darüber machen und einfach alles tolerieren sollte, was kaputtgeht, aber niemand ist ein schlechter Programmierer, nur weil ihm ein Fehler unterlaufen ist. Sie sind dann ein schlechter Programmierer, wenn Sie das Problem von sich wegschieben.

Leider gibt es viele Menschen und damit in Ihrem Fall Kunden, denen es in so einem Fall weniger um die Behebung des eigentlichen Problems geht, sondern vor allem darum, den Schuldigen am Pranger zu sehen. Spielen Sie dieses Spiel nicht mit! Schießen Sie nicht zurück. Ducken Sie sich aber auch nicht. Das hört sich leichter an, als es ist. Versuchen Sie immer auf einer sachlichen Ebene zu bleiben oder, um es mit den berühmten Worten von Henry Ford zu sagen, suchen Sie nach Lösungen, nicht nach Problemen! Machen Sie dem Kunden klar, dass Sie sich um den Fehler kümmern und alles unternehmen werden, ihn sofort zu beheben. Sie müssen dabei nicht winselnd auf die Knie fallen und um Gnade flehen.

Wie gesagt: Fehler kommen vor, und – auch wenn Sie das so Ihrem Kunden niemals sagen sollten – nicht nur Sie sind von Ihrem Kunden abhängig, sondern auch umgekehrt. Der Kunde hat eine Webseite online gestellt, eine Webseite, die Sie programmiert haben. Auch wenn Ihr Gegenüber am Telefon Zeter und Mordio brüllt, so wird schon einiges passieren müssen, bevor er Sie vor die Tür setzt und sich einen anderen Programmierer sucht. Das bedeutet natürlich keinesfalls, dass Sie sich alles erlauben können. Es bedeutet lediglich, dass Sie sich weniger Gedanken darum machen sollten, ob Sie morgen noch diesen Job haben (und aus Angst vor dem Verlust desselben anfangen, jeden Fehler abzustreiten), sondern dass Sie sich einzig und allein auf die Lösung des Problems konzentrieren sollten.

Als Beispiel hier eine kleine Szene, wie Sie sie in ähnlicher Form sicher eines Tages erleben werden. Sie kommen gut gelaunt morgens in Ihr Büro, nur um nach wenigen Minuten einen empörten Kunden am Telefon zu haben. Wie gehen Sie damit um? So sollten Sie es NICHT machen:

**Kunde:** »Verdammt noch mal, was ist da los? Ich sehe auf der Seite nur noch so eine komische Fehlermeldung.«

**Programmierer:** »Keine Ahnung. Da sollte eigentlich alles gehen.«

**Kunde:** »Das kann doch wohl nicht wahr sein. Wir sind gestern online gegangen, wir haben den Newsletter rausgeschickt, und die Kunden kommen jetzt sicher alle auf die Seite. So was darf einfach nicht passieren!«

**Programmierer:** »Also, da muss irgendwer an dem Server rumgespielt haben. Vielleicht liegt das an den Rechten oder der Datenbank. Da habe ich ja leider keinen Einfluss drauf.«

**Kunde:** »Aber Sie haben das doch programmiert und getestet, oder schieben Sie da einfach Ihre Dateien auf den Server und das war's?«

**Programmierer:** »Äh, natürlich nicht, ich, äh, als ich das getestet habe, war noch alles okay. Das muss nachher passiert sein.«

Und so weiter. SO könnte es etwas besser ablaufen:

**Kunde:** »Verdammt noch mal, was ist da los? Ich sehe auf der Seite nur noch so eine komische Fehlermeldung.«

**Programmierer:** »Moment, ich sehe mir das mal an.«

**Kunde:** »Das kann doch wohl nicht wahr sein. Wir sind gestern online gegangen, wir haben den Newsletter rausgeschickt, und die Kunden kommen jetzt sicher alle auf die Seite. So was darf einfach nicht passieren!«

**Programmierer:** »Hm, Sie haben Recht. Also ich habe gestern noch ein Update eingespielt, aber als ich die Seite getestet habe, sah eigentlich alles okay aus. Es kann aber durchaus sein, dass es damit zu tun hat.«

**Kunde:** »Das hätten Sie doch sehen müssen. Wie kann denn so was passieren?«

**Programmierer:** »Ich kann Ihnen leider nur sagen, dass gestern noch alles funktionierte. Ich werde jetzt erst noch einmal die alte Version einspielen, damit ging ja alles, und dann schaue ich mir die neuen Dateien noch mal an. Ich melde mich dann sofort bei Ihnen.«

Was hier zum Thema Fehler beschrieben wurde, gilt prinzipiell für den gesamten Umgang mit Kunden: Seien Sie ehrlich. Mag sein, dass Viele das als eine verlorene Tugend ansehen und der Meinung sind, dass man so im harten Geschäftsalltag nicht weiterkommt, aber die Wirklichkeit sieht in der Regel anders aus.

Es ist gut möglich, dass Sie sich mit einer geschickten Ausrede in einem Einzelfall eine Menge Ärger ersparen. Aber gerade wenn Sie mit einem Kunden nicht nur eines, sondern mehrere Projekte umsetzen, wird dieser im Laufe der Zeit ein Gefühl dafür bekommen, was er von Ihren Aussagen zu halten hat. Wenn Sie bei jedem Problem von sich wegweisen, dann wird niemand mehr wissen, wann Sie dies zu Recht tun und wann Sie nur zu feige sind, die Verantwortung zu übernehmen. Wenn Sie aber immer zu Ihren Fehlern gestanden und alles versucht haben, diese zu beheben, dann wird man es Ihnen auch sofort glauben, wenn Sie einmal tatsächlich unschuldig sind.

Natürlich bedeutet das nicht, dass Sie sich in jeder Situation selbst ausliefern sollten. Wenn Sie einen Fehler finden und beheben können, bevor der Kunde etwas mitbekommt, dann lösen Sie das Problem so schnell wie möglich und halten selbstverständlich den Mund.

## 2.2 Planung für sich selbst

Der Umgang mit dem Kunden ist die eine Seite der Projektplanung. Die andere ist die Art und Weise, wie Sie an Ihre eigene Arbeit herangehen. Drehen wir daher die Zeit noch einmal zum Beginn des Projekts zurück und schauen uns an, was Sie für sich selbst unternehmen sollten, um möglichst effizient vorgehen zu können.

**Tipp**
Teilen Sie Ihre Arbeit in kleine, überschaubare Abschnitte ein und arbeiten Sie diese nacheinander ab. Konzentrieren Sie sich dabei immer nur auf einen einzelnen dieser Abschnitte und niemals auf alle gleichzeitig.

Ein Begriff aus dem wirklich netten Film »What about Bob?« mit Bill Murray beschreibt sehr schön die beste Vorgehensweise für Ihre eigene interne Projektplanung: »Baby steps«, also »Babyschritte«. Teilen Sie Ihre Arbeit in möglichst kleine Schritte ein, sodass Sie zu jedem Zeitpunkt an einem einzelnen dieser Schritte arbeiten können, ohne an die weiteren denken zu müssen, Schritte, die gerade so groß sind, dass Sie sie vollkommen überblicken und begreifen können.

### 2.2.1 Bevor Sie anfangen zu programmieren

Halten Sie sich noch einmal das Beispiel mit dem Schreiben des Buches vor Augen: Zusammen mit Ihrem Kunden haben Sie im ersten Gespräch die einzelnen Kapitel festgelegt. Jetzt liegt es an Ihnen, die beste Reihenfolge festzulegen, in der Sie diese Kapitel angehen. Betrachten Sie hierzu die jeweils aktuell umzusetzende Phase: Wie hängen die einzelnen Punkte und Bereiche zusammen? Welche Voraussetzungen und Beziehungen gibt es? Auch daraus müssen Sie keine große Sache machen, es soll Ihnen nur helfen, das Projekt einmal als Ganzes zu betrachten. Nehmen Sie sich einen Zettel und erstellen Sie eine einfache Skizze wie diese:

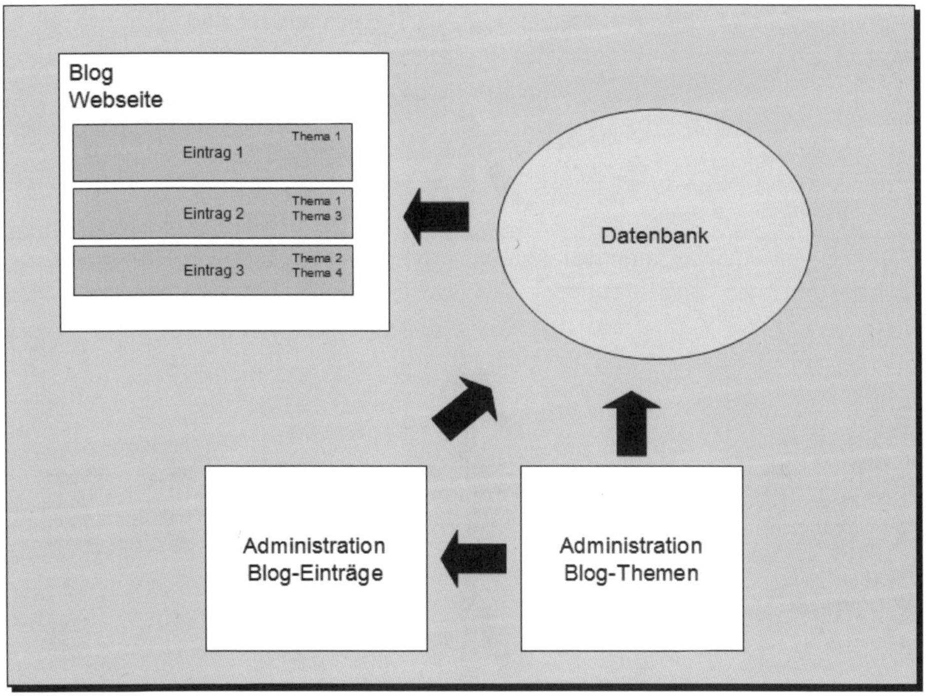


**Bild 2.4:** Eine grobe Skizze aller Module des Projekts.

Was sagt Ihnen das nun aber über die Reihenfolge, in der Sie die einzelnen Bereiche angehen sollten? In der Regel empfiehlt es sich, immer von unten nach oben vorzugehen, sodass, wenn Sie an einer bestimmten Stelle Ihrer Programmierung arbeiten, alle Bausteine bereits fertig sind, die Sie als Voraussetzung dafür benötigen. Was bedeutet das für das aktuelle Projekt? Schauen Sie sich Ihre Skizze an: Um überhaupt etwas auf der Webseite, dem eigentlichen Blog, anzeigen zu können, brauchen Sie eine Administration für die Blog-Einträge, um die anzuzeigenden Inhalte in die Datenbank zu bekommen. Für die Administration der Einträge benötigen Sie aber zunächst die Verwaltung der Blog-Themen, da Sie diese den Inhalten beim Erstellen ja zuordnen müssen. Und sowohl für die Administration der Inhalte als auch der Themen brauchen Sie natürlich erst einmal die Datenbank, denn sonst können Sie nichts speichern.

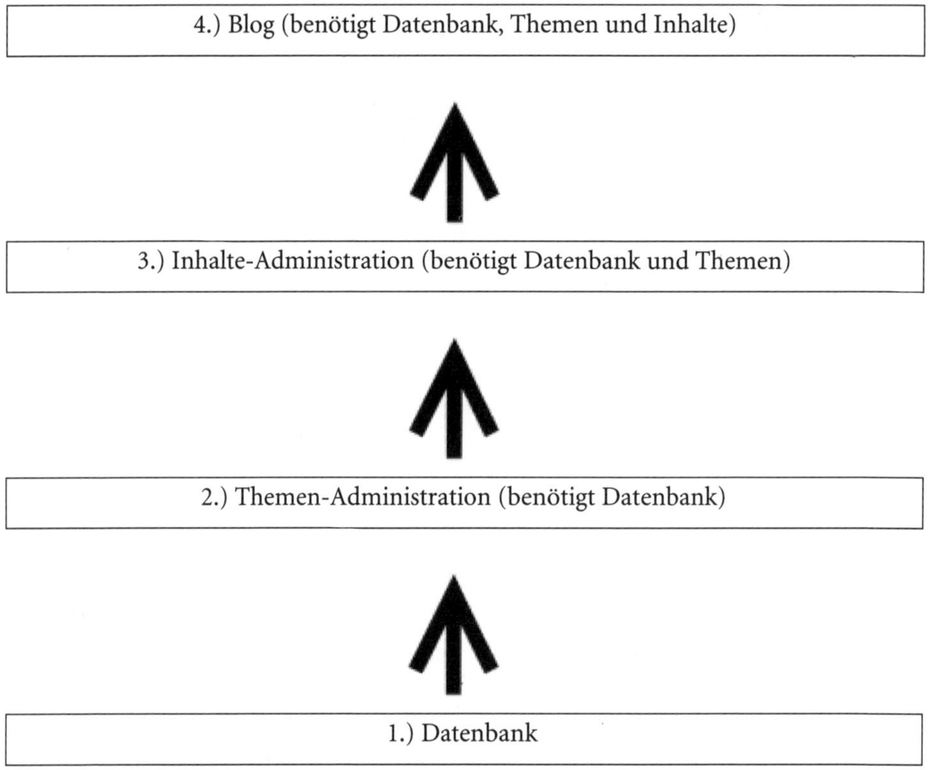


Wenn Sie sich an diese Reihenfolge halten, können Sie sich immer auf den aktuellen Schritt konzentrieren, da alle zuvor durchzuführenden Aufgaben bereits abgeschlossen wurden. Wenn Sie den Ablauf festgelegt haben, dann können Sie beginnen, mit dem Kunden die ersten Details zu klären. Stellen Sie ihm die Fragen, auf die Sie noch Antworten benötigen, bevor Sie wirklich mit der Programmierung loslegen können, zum Beispiel diese:

- Welche Informationen sollen für die Themen gespeichert werden?
  - Namen der Themen
  - Weitere: …
- Welche Informationen sollen für die Blog-Einträge gespeichert werden?
  - Thema
  - Titel
  - Text

  - Bild
  - Datum,
  - Weitere: ...
- Kann ein Eintrag mehreren Themen zugeordnet sein?
- usw.

Sie sollten diese Fragen immer schriftlich, also per E-Mail, stellen, und wenn der Kunde nicht per Mail, sondern telefonisch antwortet, sollten Sie ihm unbedingt eine kurze, aber konkrete Zusammenfassung per Mail schicken und sich diese von ihm bestätigen lassen. Nicht nur, um sicherzustellen, dass Sie beide von derselben Sache reden, sondern auch, um später darauf verweisen zu können, was ganz genau vereinbart worden ist. Sie mögen unter der Möglichkeit, einen Text einzugeben, ein simples Eingabefeld verstehen, Ihr Kunde denkt dabei aber vielleicht an eine komplexe Benutzeroberfläche wie in einer professionellen Textverarbeitung.

### 2.2.2 Während der Entwicklung

Es ist meist recht einfach, ein Projekt schön zu planen, bevor es richtig losgegangen ist. Sie sind noch voller Energie und haben Zeit und Ruhe. Wenn Sie erst einmal mit der Programmierung begonnen haben und auch der Kunde immer mal wieder einen Blick auf Ihr Werk wirft, ist es meist deutlich schwieriger, sich vom Stress des Alltags nicht ins Chaos stürzen zu lassen. Das Wichtigste ist daher sicher die Einteilung der anstehenden Aufgaben in kleine, überschaubare Einheiten – die bereits angesprochenen »Babyschritte«. Sie werden sonst das konstante Gefühl haben, zusätzlich zu den Herausforderungen und Aufgaben der eigentlichen gerade anliegenden Programmierung auch noch ständig alles andere im Kopf behalten zu müssen. Das führt zwangsläufig dazu, dass Sie sich überfordert fühlen und das Projekt alles andere als effizient abläuft.

Teilen Sie sich daher das Projekt in kleine Einheiten ein, und arbeiten Sie dann Einheit für Einheit ab. Bleiben Sie beim jeweils aktuellen Abschnitt und nur dort. Natürlich können und sollten Sie die restlichen Bereiche des Projekt nicht völlig vergessen – immerhin hängt alles irgendwie zusammen –, aber wenn Sie an dem Formular für die Blog-Themen arbeiten, dann reicht es völlig aus zu wissen, dass es später noch ein Formular für die Inhalte und schließlich die eigentliche Webseite geben wird. An die konkrete Ausführung dieser Abschnitte brauchen Sie erst einmal noch nicht zu denken. Es ist in der Tat wie beim Schreiben eines Buches: Wenn Sie an einem Kapitel arbeiten, dann müssen Sie natürlich wissen, welche Kapitel noch kommen werden. Was dort exakt geschrieben stehen wird, sollte Sie aber erst dann interessieren, wenn Sie das jeweilige Kapitel auch tatsächlich bearbeiten.

Wie sähe so eine Einteilung in »Einheiten« bei unserem Blog-Projekt aus? Im Grunde haben Sie bereits eine erste Strukturierung vorgenommen: Sie haben das Projekt in grobe Abschnitte eingeteilt, und zwar in der Reihenfolge, wie diese immer aufeinander aufbauen:

1. Datenbank
2. Themen-Adminstration
3. Inhalte-Administration
4. Blog (Webseite)

In vielen Fällen hilft es, an diesem Punkt mit der Einteilung nicht aufzuhören. Für einen ganz konkreten Arbeitstag können und sollten Sie die Babyschritte noch viel, viel kleiner wählen. Schnappen Sie sich einen Zettel, schreiben Sie kurz jeden einzelnen Schritt auf, der zu tun ist, und genießen Sie das befriedigende Gefühl, wenn Sie hinter einen Punkt in Ihrer Liste einen Haken setzen und sich dem nächsten widmen können.

- Formular Themen ✓
- Speichern Thema in DB
- Ausgabe Liste bestehender Themen
- Themen editieren/löschen

Außerdem ist so eine Liste eine hervorragende Hilfe, um am nächsten Arbeitstag – insbesondere nach einem Wochenende – sofort wieder genau zu wissen, wo es weitergeht.

All das erscheint möglicherweise unglaublich banal, und Sie werden sich fragen, warum Sie ein Buch benötigen, um zu lernen, dass Sie sich Stichpunkte aufschreiben sollen. Machen Sie das nicht sowieso? Die Erfahrung zeigt, dass gerade diese einfachen Dinge oft in Vergessenheit geraten, wenn es stressig wird. Insbesondere bei einem Quick & Dirty-Projekt stellt dieser simple Weg – ein einfacher Zettel mit den notwendigen Schritten – die optimale Vorgehensweise dar, um in der alltäglichen Hektik einerseits nicht den Überblick zu verlieren und sich andererseits auf die gerade aktuelle Programmierung konzentrieren zu können.

Gerade erfahrene Programmierer sind der Meinung, dass sie alles schon gesehen haben und alles bereits kennen. Ein Shop ist wie der andere, ein Blog wie der nächste. Warum sich die Schritte für ein paar einfache Formulare aufschreiben? Das hat man doch schon hundert Mal gemacht, das erledigt sich alles aus dem Kopf heraus. Und genau das klappt sehr oft nicht. Und wenn es klappt, dann nur mit dem nagenden unruhigen Gefühl, trotz der vielen Erfahrung zu viel auf einmal im Blick behalten zu müssen. Machen Sie einfach »Babyschritte«. So verlieren Sie nie die Übersicht.

# 3 Small & light

## Die Werkzeuge

Wie für alles im Leben braucht man auch für die Arbeit an einem Quick & Dirty-Projekt das richtige Werkzeug. Entscheidend dabei ist, dass dieses Werkzeug zur anstehenden Aufgabe passt. Es sollte nicht zu klein sein, aber auch nicht zu groß. Nicht zu schwer, aber auch nicht zu leicht. Es sollte für möglichst viele Arbeiten immer wieder zu gebrauchen sein, und wenn es außerdem noch billig oder sogar kostenlos zu haben ist, dann ist es umso besser.

**Tipp**
Erstellen Sie sich eine kleine, aber sinnvolle Sammlung von Werkzeugen für Ihre Arbeit als PHP-Programmierer, und bleiben Sie, solange es geht, Ihren Werkzeugen treu.

Was bedeutet das für Ihre Projekte? Wie muss eine Entwicklungsumgebung für PHP oder eine Benutzeroberfläche für MySQL aussehen, damit sie optimal zu einem Quick & Dirty-Projekt passt? Im Grunde sagt der Name schon alles: Die genutzten Programme sollten schnell sein. Das bedeutet konkret: schnell zu benutzen und schnell zu installieren. Es gibt große und mächtige Entwicklungsumgebungen für PHP mit einer Fülle an Möglichkeiten und Funktionen. In der Regel ist das aber einfach viel zu viel. Solch ein Werkzeug ist zu groß und zu träge, als dass man es in einem hektischen kleinen Projekt, das Sie auch noch völlig allein programmieren, sinnvoll nutzen könnte. Sie würden für das Schmieren eines Butterbrots wohl auch kein Schweizer Offiziersmesser hervorholen – selbst wenn das theoretisch ginge.

Sie sollten sich bei der Wahl eines geeigneten Programms immer vor Augen führen, dass es prinzipiell zwei unterschiedliche Bereiche gibt, in denen Sie solche Werkzeuge nutzen werden. Zunächst einmal ist da natürlich die eigentliche Entwicklung der PHP-Anwendung auf Ihrem lokalen Computer. Hier haben Sie völlige Entscheidungsfreiheit. Sie können letztendlich installieren, was Sie wollen. Dennoch sollten Sie sich immer im Klaren sein, wofür Sie ein Programm eigentlich verwenden werden. Und auch hier gilt: »mehr« ist nicht immer gleich »besser«.

Der zweite Bereich ist da schon kniffliger: Auch wenn es wohl gegen eine ganze Reihe von Sicherheitsempfehlungen verstößt und Sie unbedingt vorher eine gute Haftpflichtversicherung abschließen sollten, wird es doch immer wieder Situationen geben, in denen Sie gezwungen sind, direkt auf dem Server eines Kunden zu entwickeln, z. B. per Remote-Desktop-Verbindung, insbesondere dann, wenn »nur mal eben« ein Fehler korrigiert oder ein Text geändert werden soll.

Die wenigsten Systemadministratoren oder Kunden werden es aber gerne sehen, wenn Sie darum ersuchen, doch bitte eine 500-MB-Anwendung auf dem Server zu installieren. Haben Sie auf Ihrem Computer noch vollkommene Entscheidungsfreiheit und werden allenfalls von Ihrem Geldbeutel beschränkt, so sind Sie dort auf leichte und schnelle Programme angewiesen, die insbesondere auch für den Server gut verträglich sind und so wenig Ressourcen wie möglich verbrauchen.

Natürlich zwingt Sie niemand, immer und überall die gleichen Werkzeuge zu verwenden. Sie können auf Ihrem eigenen Rechner eine mächtige Entwicklungsumgebung nutzen und auf fremden Servern einfach das Windows-Notepad. Letztendlich ist es am wichtigsten, dass Sie sich mit dem Programm wohlfühlen und damit schnell und effizient arbeiten können.

Es sollen nun einige Programme vorgestellt werden, die insbesondere für die Arbeit an einem Quick & Dirty-Projekt geeignet sind. Diese Liste ist sicher nicht vollständig, und wenn Sie ein anderes Programm gefunden haben, mit dem Sie gut und effektiv arbeiten können, dann bleiben Sie ihm treu. Einen Teil der Programme gibt es nur für Windows-Betriebssysteme, aber zu jedem wird sich schnell etwas Vergleichbares für andere Systeme, wie etwa Linux, finden lassen.

## 3.1 PHP-Entwicklungsumgebungen

### 3.1.1 Die Schweren

Auch wenn sich mächtige Entwicklungsumgebungen, also große IDE-Programme (IDE = *integrated development environment*), nur selten für das schnelle und effiziente Arbeiten eignen, möchte ich hier doch einige vorstellen. Wenn Sie planen, nicht ausschließlich an Quick & Dirty-Projekten, sondern auch an großen und komplexen Anwendungen zu arbeiten, könnte es durchaus sinnvoll sein, sich mit einem solch mächtigen Werkzeug zu beschäftigen. Diese Programme bieten eine Fülle an Funktionen, die vor allem auf die Arbeit an großen Projekten zugeschnitten sind, die in der Regel auch nicht von einem einzigen Programmierer, sondern einem ganzen Team umgesetzt werden. Daher ist die Oberfläche für den eigentlichen Quelltext auch nur ein kleiner Teil eines solchen Programms. Die meisten bieten zusätzliche Funktionen wie eine Projektverwaltung, Debugging, Klassenbrowser oder direkte Anbindungen an Datenbanken und Versionsverwaltungen wie SVN.

All das hat seinen Preis. Solche IDE-Programme sind groß und meist auch etwas träge. Bei komplexen, langwierigen Projekten ist das auch kein Problem. Bei einem Quick & Dirty-Projekt aber kann so ein Programm schlichtweg zu mächtig sein. Natürlich können Sie all die hilfreichen Funktionen einer solchen Entwicklungsumgebung auch dort nutzen. Bei einem hektischen Projekt und im stressigen Alltag aber werden Sie sie selten verwenden. Vielmehr werden solche Tools Ihnen oft einen Eindruck der Trägheit vermitteln, und Sie werden die meisten Möglichkeiten, die ein solches Programm bietet, schlichtweg nicht nutzen, weil Sie das Gefühl haben werden, unnötig Zeit zu vergeuden.

Wenn Sie aber eines dieser Programme schon seit Jahren im täglichen Einsatz haben, dann bleiben Sie dabei. Es ist besser, ein langsames Programm schnell zu nutzen als ein schnelles Programm langsam. Und spätestens wenn Sie einmal ein großes Projekt umsetzen wollen, sollten Sie sich dringend mit einem dieser Programme beschäftigen, denn dann wäre es fatal, weiterhin ein leichtgewichtiges zu verwenden.

### Eclipse

*http://www.eclipse.org*

Eclipse ist eine Open-Source-Entwicklungsumgebung und ein absoluter Alleskönner, der darüber hinaus auch noch kostenlos ist. War Eclipse ursprünglich nur für Java gedacht, so ist die Umgebung inzwischen für eine Vielzahl anderer Sprachen erweitert worden, insbesondere auch für PHP.

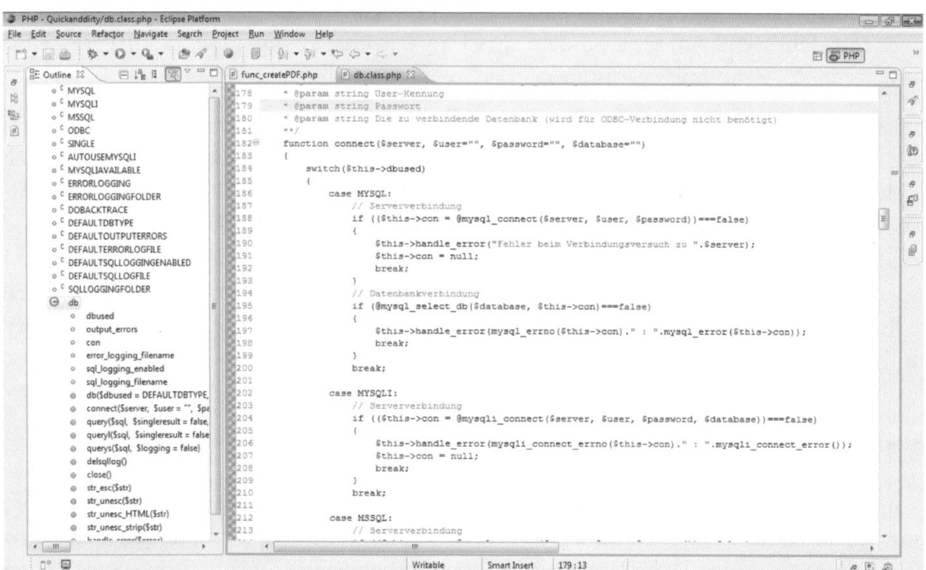


**Bild 3.1:** Entwicklungsumgebung Eclipse

Eclipse bietet wirklich alles, was für ein großes Projekt gebraucht wird: Code-Vervollständigung, Klassenbrowser, SVN-Anbindung, Refactoring etc. (Sollten Sie mit diesen Begriffen nichts anfangen können: nicht schlimm. Sie brauchen sie für ein Quick & Dirty-Projekt meist nicht wirklich.)

Wie alle anderen hier aufgeführten schweren Entwicklungsumgebungen ist auch Eclipse kein Programm, das man mal eben so startet. Und schon gar kein Programm, das man auf einem fremden aktiven Webserver installieren wird, um dort auf Fehlersuche zu gehen. Aber Eclipse ist sicher für Programmierer mit kleinem Geldbeutel die erste Wahl, wenn es darum geht, eine mächtige Umgebung für große Projekte zu haben.

#### PHPEdit

*http://www.phpedit.com*

#### Zend Studio

*http://www.zend.com/de/products/studio*

Bei diesen beiden Programmen handelt es sich ebenfalls um sehr gute und mächtige Entwicklungsumgebungen für PHP, allerdings haben sie für Viele einen entscheidenden Nachteil: Sie kosten Geld. Auch wenn man vielleicht darüber diskutieren kann, ob das Zend Studio in der Tat der Quasi-Standard für PHP-Entwicklungsumgebungen ist, wie es für sich selbst in Anspruch nimmt, so kann man mit diesen beiden Programmen sicher nicht viel falsch machen, sofern man über das nötige Kleingeld verfügt. Insbesondere mit dem Zend Studio sitzt man quasi an der Quelle von PHP, denn PHP selbst basiert auf der Zend Engine, die von Zend Technologies Ltd. entwickelt wird.

Seien wir aber mal ganz ehrlich: All diese Programme behandeln die Programmiersprache PHP ein wenig wie etwas, das sie eigentlich nicht ist (oder zumindest ursprünglich nicht war): eine komplexe Allzwecksprache wie Java oder C++. Für solche Programmiersprachen benötigt man unbedingt eine große und mächtige IDE, um sinnvoll und strukturiert arbeiten zu können. Sicherlich kann man auch in PHP inzwischen (mehr oder weniger) objektorientiert arbeiten und große und komplexe Programmierungen erstellen. Sie sollten sich dann aber die Frage stellen: Warum benutze ich eigentlich PHP und nicht direkt Java?

### 3.1.2 Die Leichten

Kommen wir nun zu den Entwicklungsumgebungen, die sicher in den meisten Fällen am besten für das Arbeiten an Quick & Dirty-Projekten geeignet sind: leichte, kleine Programme, die aber dennoch teilweise überraschend viele und wichtige Funktionen mit sich bringen, die sich schnell installieren (und genauso schnell wieder deinstallieren!) lassen und die Performance des Computers nur wenig belasten.

## Notepad++

*http://notepad-plus.sourceforge.net/de/site.htm*

Dieses kleine Programm wirkt nicht zuletzt wegen seines an den rudimentären Texteditor von Windows erinnernden Namens erst einmal schwach und winzig, aber es bietet eine Fülle an wichtigen Funktionen, insbesondere für die Arbeit mit PHP. Deshalb stellt es eine nahezu perfekte Mischung aus geringer Größe, Schnelligkeit und Funktionalität dar – und es ist außerdem noch kostenlos.

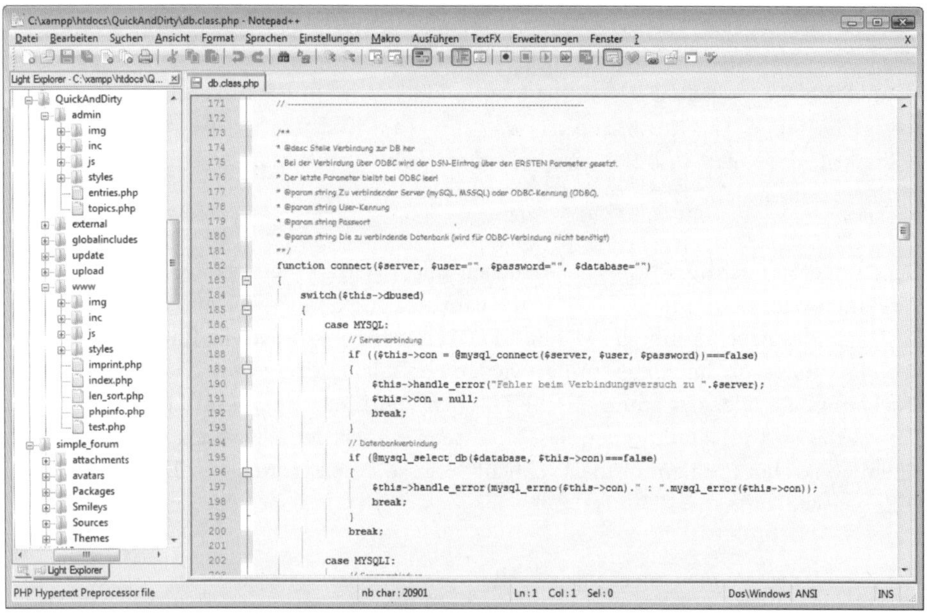


**Bild 3.2:** Notepad++ mit der Erweiterung Light Explorer

Notepad++ verfügt (wie alle hier besprochenen Programme, abgesehen vom Windows Notepad) über ein Syntax-Highlighting für wohl alle von Ihnen verwendeten Dateitypen (PHP, HTML, CSS etc.) – eine der wichtigsten Funktionen einer jeden Entwicklungsumgebung. Das Syntax-Highlighting hebt die unterschiedlichen Teile eines Quelltexts farblich hervor (z. B. Kommentare in Grün, Schlüsselwörter in Blau usw.) und ermöglicht es so, die Struktur einer Programmierung schneller zu erfassen.

**Tipp:**
**Never change a running Syntax Highlighting**
Syntax-Highlighting ist ein nicht zu unterschätzender Grund, warum man bei einer einmal gewählten Entwicklungsumgebung bleiben und nicht ständig auf neue wechseln sollte.

Es stimmt zwar, dass alle hier vorgestellten Programme eine solche Kennzeichnung des Quelltexts anbieten, jedoch ist die tatsächliche Darstellung von Programm zu Programm teilweise völlig unterschiedlich. Werden zum Beispiel in dem einen Programm PHP-Kommentare grün und klein dargestellt, so erscheinen sie in einem anderen grau und kursiv.

Nutzen Sie aber eine Form der Darstellung über einen längeren Zeitraum, so werden Sie sich unbewusst an die Farbwelt der Entwicklungsumgebung gewöhnen und schließlich die einzelnen Bestandteile eines Quelltexts intuitiv erkennen. Sie werden sofort begreifen, was ein String ist, was eine Zahl und was ein Kommentar – eine Fähigkeit, die Ihnen insbesondere bei einem hektischen Quick & Dirty-Projekt von großem Nutzen sein wird.

Neben den Standardfunktionen wie Suchen und Ersetzen bietet Notepad++ insbesondere unter dem Menüpunkt *TextFX* eine ganze Palette an kleinen, nützlichen Tools an, die Ihnen das Arbeiten mit HTML und PHP erleichtern können. Es finden sich unzählige Funktionen für im Alltag immer wiederkehrende Vorgänge wie das Maskieren von Hochkommata oder das automatische Löschen von Leerzeichen und Leerzeilen. In der Tat sind es so viele Funktionen, dass man sehr schnell den Überblick verliert und bei einem konkreten Problem oftmals schlicht vergisst, dass es unter *TextFX* eine geeignete Hilfe gegeben hätte.

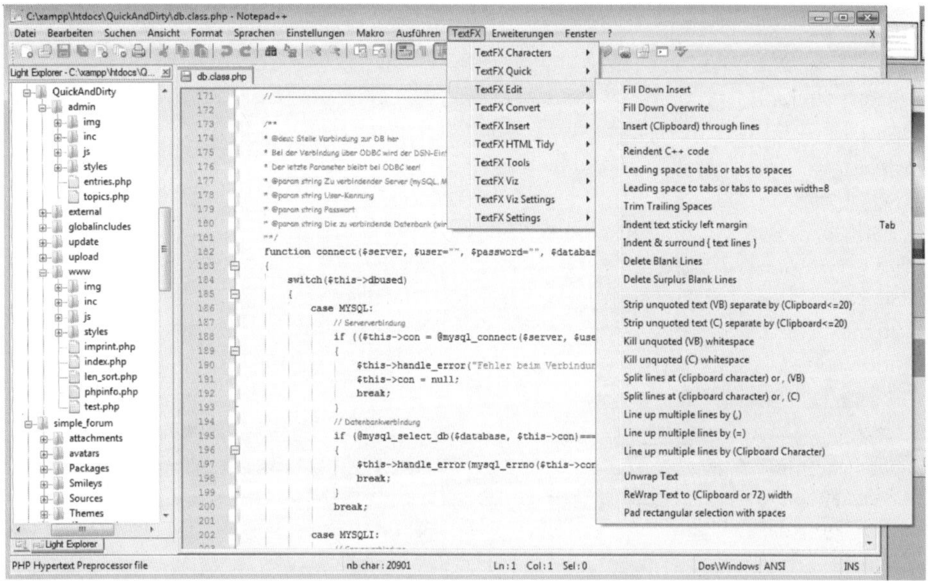


**Bild 3.3:** Notepad++ mit TextFX

Notepad++ bietet darüber hinaus die Möglichkeit, weitere Funktionen hinzuzufügen. Es gibt unzählige Erweiterungen, die man kostenlos herunterladen kann. Auch hier gilt: Weniger ist mehr. Sie sollten nur die Plug-ins nutzen, die Sie wirklich brauchen werden. Um eine solche Erweiterung zu installieren, laden Sie sie einfach von der Download-Seite herunter und kopieren die DLL-Datei in den Plug-ins-Ordner Ihrer Notepad++-Installation.

Eine Erweiterung, die Sie auf jeden Fall installieren sollten, ist der *Explorer* oder *Light Explorer*. Beide arbeiten jeweils wie ein einfacher Dateibrowser und ermöglichen es Ihnen, Quelldateien direkt aus Notepad++ heraus zu öffnen. Vor allem aber bieten beide auch die wichtige Möglichkeit, in mehreren Dateien gleichzeitig nach einem Text zu suchen. Gerade bei der Fehlersuche oder der Orientierung in fremder (oder Ihrer eigenen, plötzlich fremd erscheinenden) Programmierung ist das ein unverzichtbares Werkzeug.

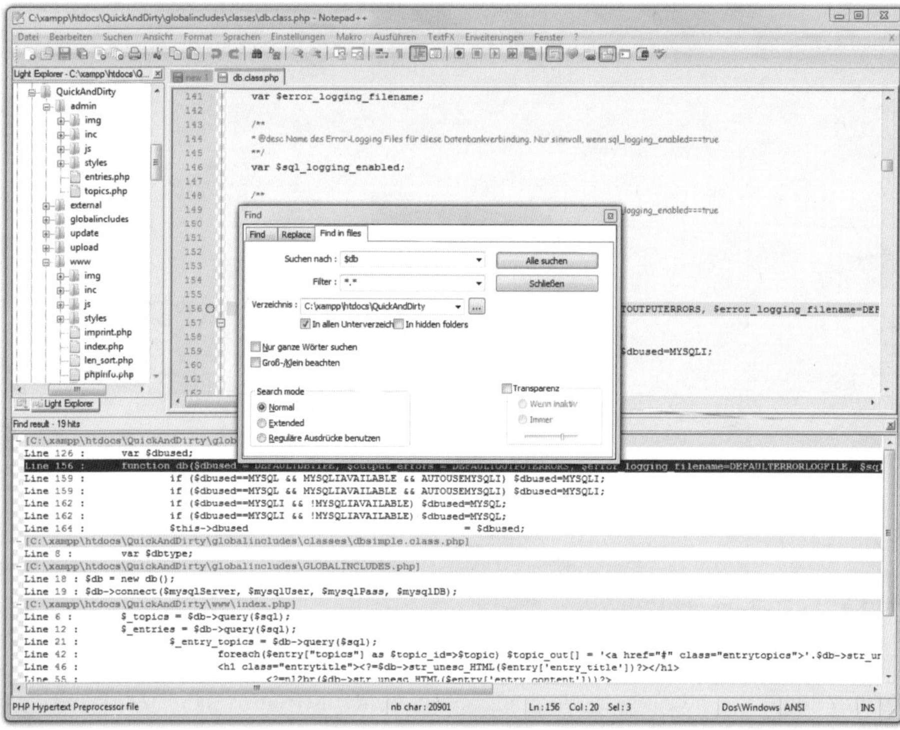

**Bild 3.4:** Suchen in mehreren Dateien in Notepad++

Zum Abschluss sei noch erwähnt, dass Notepad++ Ihnen bei der Installation anbietet, zukünftig HTML-Quelltexte anzuzeigen, die Sie aus einem Browser heraus aufrufen. Insbesondere wenn Sie den Internet Explorer nutzen, sollten Sie diese Einstellung verwenden, da die Quelltexte sonst im wenig komfortablen Windows Notepad angezeigt werden.

### PSPad

*http://www.pspad.com/de/*

### UltraEdit

*http://www.ultraedit-germany.de/*

### Textpad

*http://www.textpad.com/*

Diese drei Programme eigenen sich ebenfalls alle sehr gut für das leichte Arbeiten an PHP-Dateien, und der Unterschied zum hier vorgestellten Notepad++ ist meist nicht sehr groß. Letztendlich ist es Geschmackssache, welchen dieser Editoren Sie bevorzugen. Probieren Sie einfach einmal alle Programme aus, und entscheiden Sie sich für eines (und bleiben Sie diesem dann treu). UltraEdit und Textpad haben jedoch den kleinen Nachteil, dass sie nicht kostenlos sind.

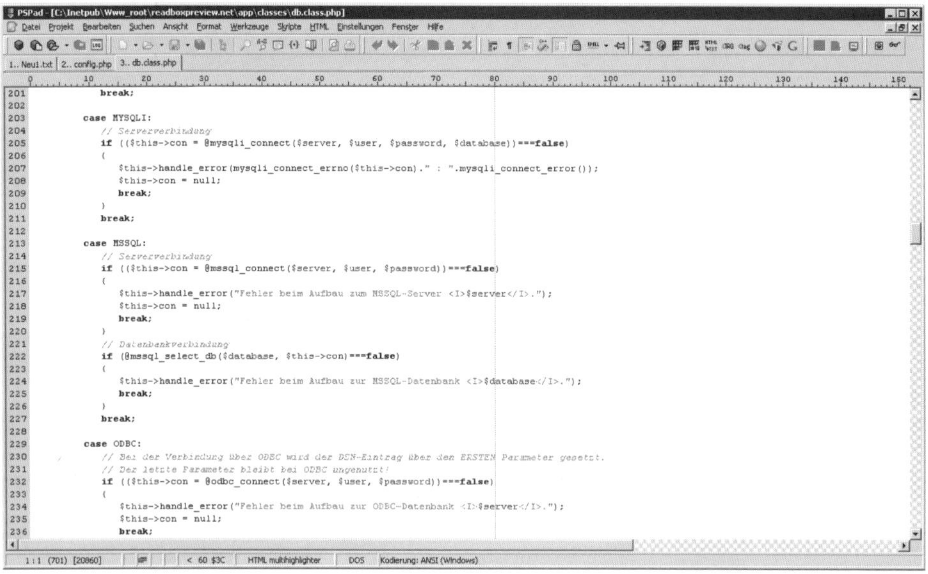

**Bild 3.5:** Der Text-Editor PSPad

### 3.1.3 Die Ultraleichten

Abschließend möchte ich nur kurz noch das gute alte Windows Notepad als Beispiel für einen reinen Text-Editor vorstellen, hauptsächlich, um den Kontrast zu den zuvor vorgestellten Programmen deutlich zu machen. Kein Programmierer, der nicht unter masochistischen Neigungen leidet, wird ernsthaft mit einem so minimalistischen Editor arbeiten wollen. Es wird aber Situationen geben, in denen Ihnen schlichtweg nichts anderes übrig bleibt, insbesondere wenn Sie lokal auf einem fremden Server arbeiten und nicht einmal ein kleines Notepad++ oder PSPad installieren dürfen oder können.

Das Fehlen jeder Form von Syntax-Highlighting macht es unglaublich schwierig, einen Quelltext in einem solchen Editor zu lesen und zu bearbeiten. Es ist schlichtweg eine Qual, sich dort zurechtzufinden, und das Arbeiten ist sehr fehleranfällig, da man kleine Schreibfehler nicht sofort vor Augen geführt bekommt. Sie sollten solche Editoren wirklich nur im äußersten Notfall nutzen. Das gilt auch für die Darstellung von HTML-Quelltexten aus dem Browser heraus. Wie bereits erwähnt, lassen sich Programme wie

Notepad++ so installieren, dass sie auch für die Darstellung von HTML-Quelltexten im Internet Explorer genutzt werden können (Firefox bietet ohnehin eine eigene, gut lesbare Darstellung an).

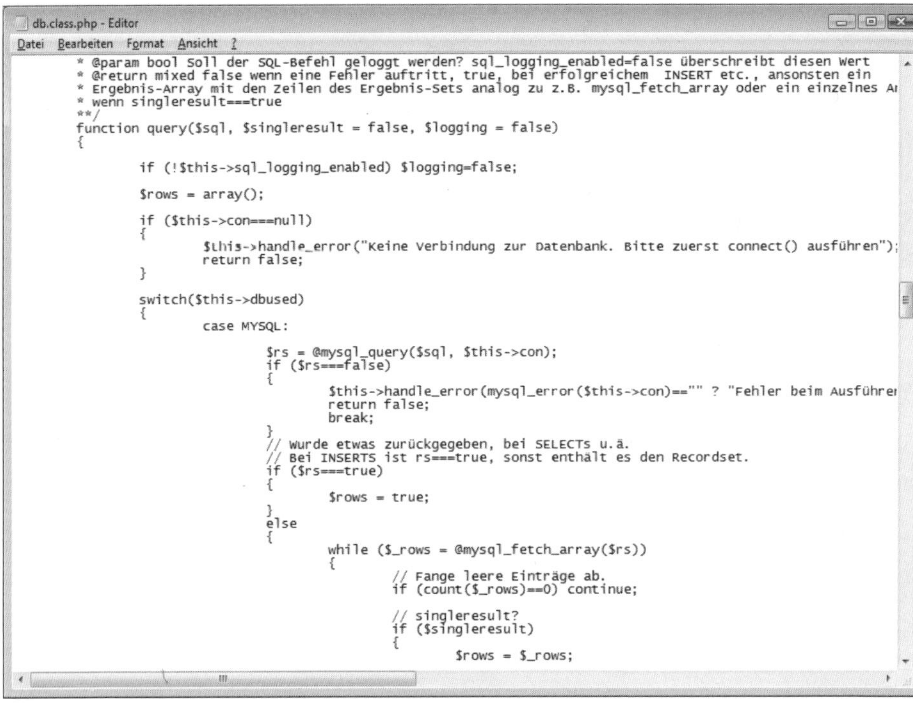


**Bild 3.6:** Windows Notepad – etwas für Puristen

Ein wichtiger Tipp für das Notepad oder ähnlich simple Text-Editoren: Schalten Sie den Zeilenumbruch aus! Die Darstellung ist so schon unübersichtlich genug – wenn lange Zeilen dann aber auch noch umbrochen werden, finden Sie sich im Quelltext bald gar nicht mehr zurecht.

## 3.2 MySQL-Benutzeroberflächen

Auch wenn Sie PHP nicht zwingend mit MySQL verwenden müssen, so ist es doch sehr wahrscheinlich, dass Sie meistens auf dieses freie Datenbanksystem zurückgreifen werden. Im Gegensatz zu den PHP-Enwicklungsumgebungen gibt es bei MySQL kaum wirklich schwere Benutzeroberflächen, die mit den IDE-Programmen bei PHP vergleichbar wären. Ich möchte Ihnen daher nur zwei Programme vorstellen, die sich als ausgesprochen hilfreich in zwei völlig unterschiedlichen Situationen herausgestellt haben (und die vor allem deutlich komfortabler sind als der von MySQL selbst mitgelieferte Query-Analyzer).

## SQLyog

*http://www.webyog.com*

SQLyog ist ein kleines, aber ausgesprochen vielseitiges Programm für die Arbeit mit MySQL. Es ist eine Applikation, die Sie unter Windows installieren müssen, sie eignet sich daher also vor allem für die Arbeit mit Ihren lokalen Datenbanken oder für solche, die extern erreichbar sind.

Die Community Edition ist kostenlos, bietet aber bereits fast alle Funktionen, die man im alltäglichen und schnellen Umgang mit MySQL benötigt: Erstellen und Verwalten der Datenbanktabellen, Anzeigen von Inhalten, Export von Inhalten, Backup und Wiederherstellung von Datenbanken usw.

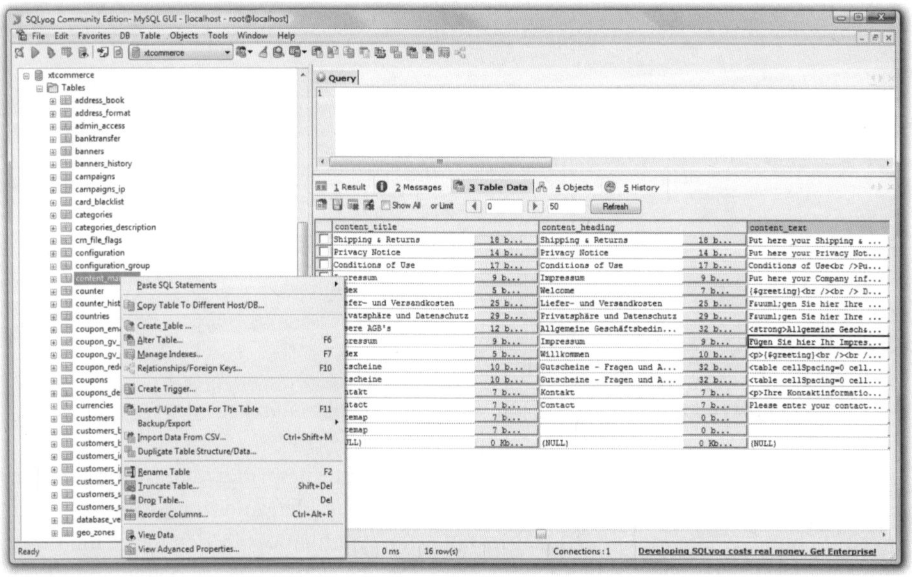


**Bild 3.7:** Die SQLyog-Oberfläche

Die kostenpflichtige Enterprise-Version erweitert SQLyog um Funktionen, für die man bei einem Quick & Dirty-Projekt meist keine Zeit haben wird, wie das visuelle Erstellen von SQL-Abfragen und Datenbankdiagrammen.

## PhpMyAdmin

*http://www.phpmyadmin.net/home_page/index.php*

PhpMyAdmin ist ein PHP-Programm, das auf einem Server installiert wird, um so über das Internet auf dessen MySQL-Datenbanken zugreifen zu können. PhpMyAdmin werden Sie bei nahezu allen Providern als Tool für die angebotenen MySQL-Datenbanken finden. Es kann ohne Übertreibung als Standard für die MySQL-Verwaltung über das Internet bezeichnet werden, daher werden Sie früher oder später damit arbeiten müssen – ob Sie nun wollen oder nicht.

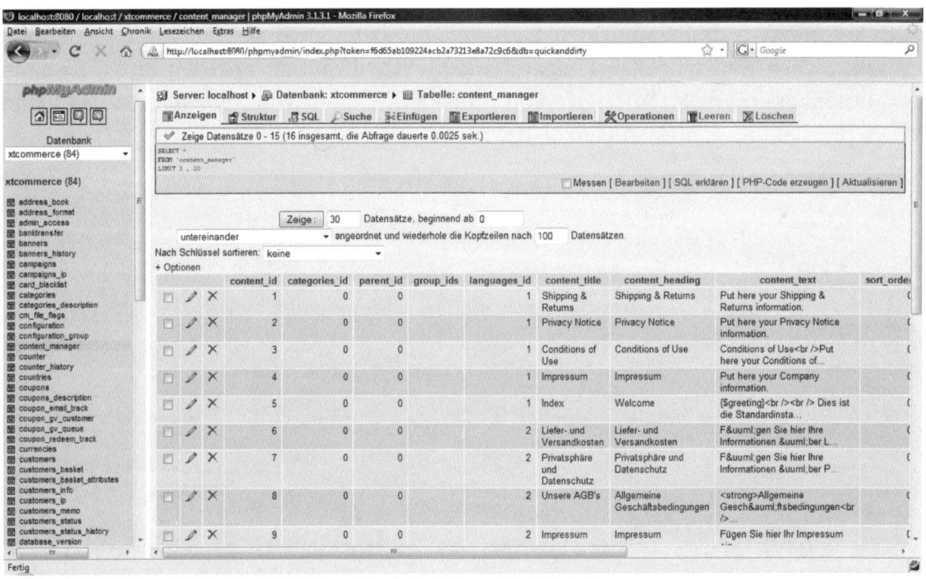


**Bild 3.8:** Die PhpMyAdmin-Weboberfläche – nicht schön, aber nützlich

Der größte Nachteil bei der Arbeit mit PhpMyAdmin entspringt der Natur des Programms: Es ist eine Webseite und daher mit entsprechenden Ladezeiten und Verzögerungen verbunden, die bei einer lokal installierten Applikation in der Regel nicht auftreten. Es eignet sich daher nicht unbedingt für das alltägliche Arbeiten auf Ihrem lokalen Rechner, sondern sollte ausschließlich für die Wartung von externen Servern genutzt werden, insbesondere dann, wenn die Webseite wirklich »online gegangen« ist.

Neben den zahlreichen Möglichkeiten, Tabellen und Daten abzufragen und zu editieren ist somit auch die Exportfunktion von PhpMyAdmin für Ihre Arbeit eine der mit Abstand wichtigsten Funktionen.

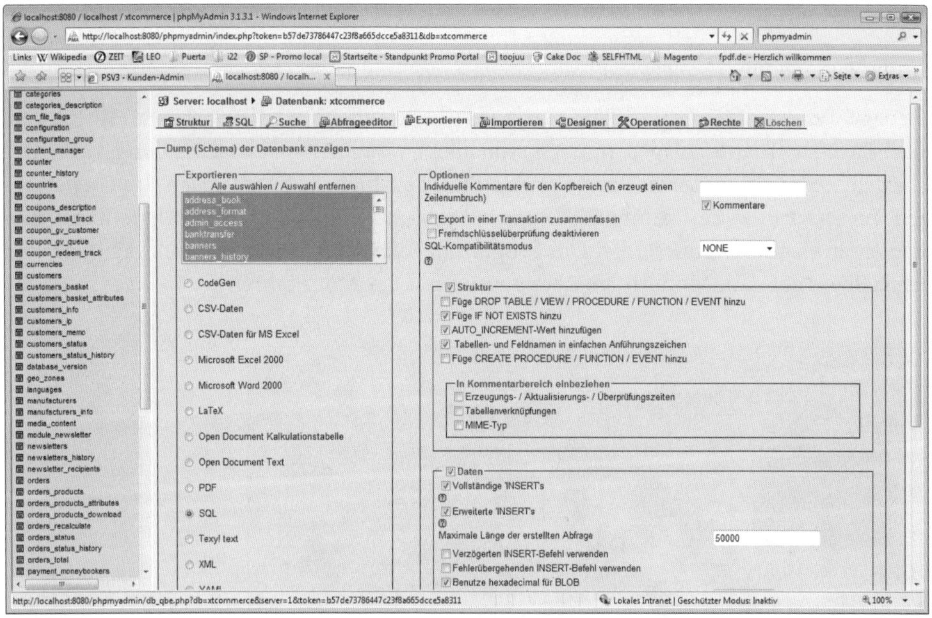

**Bild 3.9:** Die PhpMyAdmin Oberfläche für den Export von Daten

Machen Sie sich daher mit der Exportoberfläche von PhpMyAdmin vertraut, denn über diese werden und sollten Sie regelmäßig Sicherheitskopien einer Live-Datenbank erstellen.

## 3.3 Sonstige Werkzeuge

Den Großteil Ihrer Arbeit werden Sie sicher mit PHP-Quelltexten und der Arbeit an Datenbanken verbringen, aber Sie werden sich auch immer wieder mit Dingen wie Layout, Design oder der Umsetzung und Kontrolle von Stylesheets beschäftigen müssen. Auch hierfür existiert eine ganze Reihe kleiner Helferprogramme, von denen ich einige kurz vorstellen möchte. Für fast alle hier aufgeführten Programme gibt es Alternativen. Wenn Ihnen also eines dieser Programme nicht gefällt, dann suchen Sie ganz einfach nach einem anderen – es wird sicher etwas geben, das Ihnen weiterhilft. Alle hier vorgestellten Programme sind kostenlos und für das Windows-Betriebssystem verfügbar. Aber auch hier gibt es für Linux oder Mac in der Regel etwas Vergleichbares.

## Just Color Picker

*http://www.dannystudio.com/software/colorpicker/*

Sie sind Programmierer und kein Grafiker. Aber dennoch werden Sie sich mit Bildern, und Layouts herumschlagen müssen, vor allem wenn es um die Erstellung der Stylesheets einer Webseite geht. Ein kritischer Punkt ist hier oft festzustellen, welchen exakten Farbwert eine bestimmte Stelle einer Webseite oder eines Bildes hat. Just Color Picker ist hier eine große Hilfe. Das Programm zeigt schlicht und einfach den Farbwert eines Pixels auf dem Monitor an, über den Sie mit der Maus fahren.

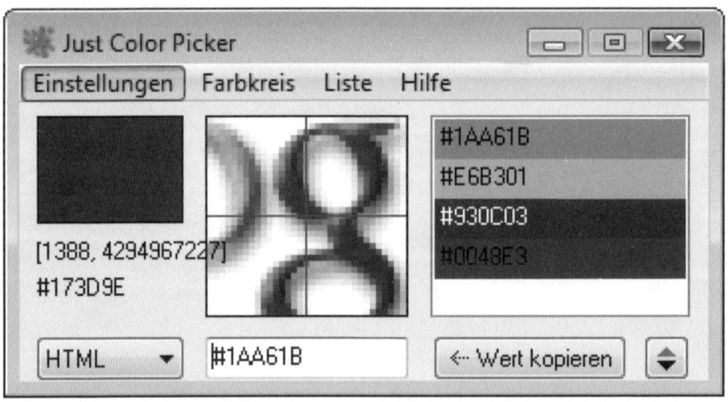


**Bild 3.10:** Just Color Picker – welche Farben hat eigentlich das Google-Logo?

## JRuler

*http://www.spadixbd.com/freetools/jruler.htm*

Dieses Tool wirkt auf den ersten Blick vielleicht wie eine sinnlose Spielerei. Bei JRuler handelt es sich um ein Lineal, das es Ihnen ermöglicht, Objekte auf Ihrem Bildschirm zu vermessen. Exakt gesetzte Pixelangaben in HTML und Stylesheets sind eine feine Sache, aber Sie werden immer wieder auf Probleme mit dem Layout einer Webseite stoßen und sich fragen: Ist dieses `div`-Element da jetzt *wirklich* 800 Pixel breit? In einem solchen Fall erspart Ihnen ein Programm wie JRuler das umständliche Erstellen von Screenshots und das Vermessen in einem Grafikprogramm. Sie können stattdessen das Lineal direkt auf Ihrem Monitor anlegen.

**Bild 3.11:** JRuler misst die Pixelbreite oder -höhe direkt am Monitor

## Paint.NET

*http://www.paint.net/*

Wer nicht gerade in einer großen Firma arbeitet, wird meist nicht das Geld aufbringen können, sich professionelle und teure Bildbearbeitungsprogramme wie Adobe Photoshop leisten zu können. Das ist auch gar nicht nötig. Meistens reduziert sich Ihre künstlerische Arbeit auf das Zurechtschneiden oder Verkleinern von Bildern. Hier reicht ein kostenloses Programm wie Paint.Net vollkommen aus.

**Bild 3.12:** Einfache Bildbearbeitung mit Paint.NET

## Firebug

*https://addons.mozilla.org/de/firefox/addon/1843*

Die Ergebnisse Ihrer PHP-Programmierungen werden in der Regel immer in einem Browser angezeigt. Leider sind diese Ausgaben oft nicht so, wie Sie sich es zunächst vorgestellt haben. In PHP-, HTML-, CSS- oder JavaScript-Dateien kann eine Menge schiefgehen, und es gibt eine ganze Reihe von Browsererweiterungen, die Ihnen das Erkennen und Aufspüren solcher Fehler oder Unstimmigkeiten erleichtern.

Insbesondere für den Firefox-Browser werden unzählige Plug-ins angeboten, von denen ich hier aber nur Firebug kurz als Beispiel vorstellen möchte.

**Bild 3.13:** Die Firefox-Erweiterung Firebug

Nach der Installation finden Sie Firebug unter dem Menüpunkt *Extras*. Die wohl wichtigste Funktion von Firebug ist das Untersuchen der HTML-/CSS-Elemente einer Seite. Wenn Sie die Funktion *Element untersuchen* auswählen, öffnen sich im unteren Bereich des Browsers zwei Anzeigen von Firebug, die Ihnen die genauen Style-Eigenschaften eines jeden von Ihnen ausgewählten Elements anzeigen. Gerade wenn Elementen mehrere Stylesheet-Klassen zugeordnet sind, ist dies eine große Hilfe, um herauszufinden, welche Style-Angaben nun in der Tat aktiv sind.

Firebug geht sogar noch weiter: Sie können »live« die Style-Angaben im Quelltext anpassen und sofort sehen, wie sich das Layout ändert.

# 4 Present & Future

### Für zukünftige Projekte vorbereitet sein

Auch ein Quick & Dirty-Projekt braucht Struktur und eine Basis. Wenn Sie immer wieder solche Projekte umsetzen, ist es hilfreich, auf ein bestehendes und durchdachtes Fundament zurückgreifen zu können. So verlieren Sie keine Zeit mit Fragen wie »Wie baue ich meine Ordnerstruktur auf?«, »Wie heißt jetzt gleich noch mal die Datenbankklasse?« oder gar »Habe ich überhaupt eine Datenbankklasse?« Ziel muss es sein, einen Startup-Ordner, also eine grundlegende Sammlung von Verzeichnissen und Dateien zu haben, die Sie bei einem neuen Projekt einfach kopieren und als Startpunkt für Ihre Programmierung nutzen können. So verschwenden Sie keine unnötige Zeit mit immer der gleichen Anfangsarbeit, sondern können direkt mit der Programmierung der eigentlichen Aufgabe beginnen.

## 4.1 Grundlegende Ordnerstruktur

Auf den ersten Blick erscheint dieser Punkt trivial, ja vielleicht sogar überflüssig (und in der Tat ist er nicht sehr spektakulär), aber dennoch sollte man sich zumindest einmal Gedanken darüber machen und eine eingeführte Struktur vor allem auch beibehalten.

**Tipp**
Eine grundlegende Ordnerstruktur sollte allgemein und technisch sinnvoll aufgebaut sein und so weit wie möglich bei allen Projekten beibehalten werden.

Sie benötigen eine allgemeine Basisstruktur, die Sie bei nahezu jedem zukünftigen Projekt als Ausgangspunkt verwenden können. Ein Verzeichnis namens *Hochdruckreiniger* ist daher dort wohl erst einmal fehl am Platz. (Das fügen Sie erst später in Ihrem Shop für »Hygieneartikel für die tierhaltende Landwirtschaft« hinzu.)

Was aber eignet sich für eine solche grundlegende Struktur? Wie muss eine sinnvolle Gliederung der Ordner aussehen, damit Sie diese jederzeit wiederverwenden können? Ein PHP-Projekt, in dem Daten ein- und ausgegeben werden können, teilt sich fast immer in einen geschützten und einen öffentlichen Bereich auf. Nennen wir die Ordner *admin* und *www*. In *admin* liegen später alle Administrationsskripte, die zur Pflege der

Webseite gebraucht werden und auf die nur wenige Nutzer Zugriff erhalten sollen (zum Beispiel Dateien zur Eingabe und Verwaltung von Mitarbeiter- oder Produktdaten). In *www* befindet sich hingegen die öffentliche Webseite (die Ausgabe der Mitarbeiterinformationen oder der Shop, der die Produkte zum Kauf anbietet). Es ist sinnvoll, diese Bereiche zu trennen – sowohl aus Gründen der Sicherheit als auch der Übersichtlichkeit. So könnten beide später in getrennten Webs auf Servern liegen, für die jeweils unterschiedliche Sicherheitsbedingungen gelten.

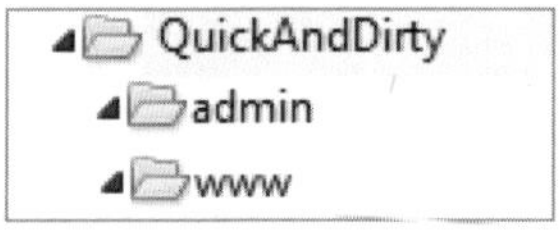


**Bild 4.1:** WWW- und Administrationsordner für Ihr Projekt

Sowohl *admin* als auch *www* werden ihre eigenen Bilder, Include-, JavaScript- und Style-Dateien nutzen, die Sie in eigene dafür vorgesehene Ordner kopieren sollten. Diese könnten beispielsweise *img, inc, js, styles* heißen.

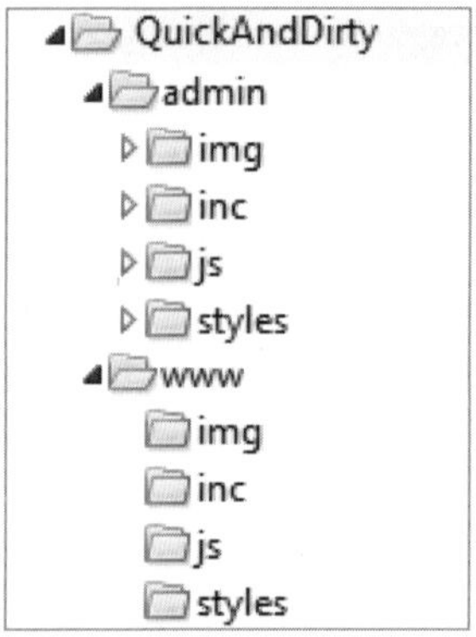


**Bild 4.2:** Unterordner für verschiedene Dateitypen

Es wird aber auch Dateien, Funktionen und Klassen geben, die sowohl im öffentlichen als auch im geschützten Bereich gebraucht werden. Sammeln Sie sie an einer zentralen Stelle in einem Order namens *globalincludes*, der sich in der gleichen Verzeichnisebene wie *www* und *admin* befindet, sodass von beiden Ordnern aus einfach auf ihn zugegriffen werden kann. Sollten Sie selbst geschriebene Klassen verwenden, so können Sie diese noch einmal gesondert in einem dafür vorgesehen Ordner (dieser könnte *classes* heißen) zusammenfassen.

**Bild 4.3:** Im Ordner *globalincludes* findet sich alles, was Sie in *www* und *admin* brauchen.

Dann werden Sie immer wieder auch externe, fertige Klassen und Funktionen anderer Programmierer nutzen (z. B. eine Klasse zum Verschicken von Mails oder zum Erstellen von PDF-Dateien). Bewahren Sie sie getrennt von allem anderen in einem eigenen Ordner auf (z. B. *external*). Dieser muss dann nämlich später bei Aktualisierungen auf einem Test- oder Livesystem nicht immer mitkopiert werden – die externen Klassen ändern sich ja nicht (siehe auch Kapitel 9, »Deploy & Deliver«). Abschließend ist sicher noch ein getrenntes Verzeichnis für alle hochgeladenen Dateien nützlich (z. B. *upload*), denn dieses braucht oft als einziges eine Schreibberechtigung. Alles in allem könnte eine grundlegende Ordnerstruktur also so aussehen:

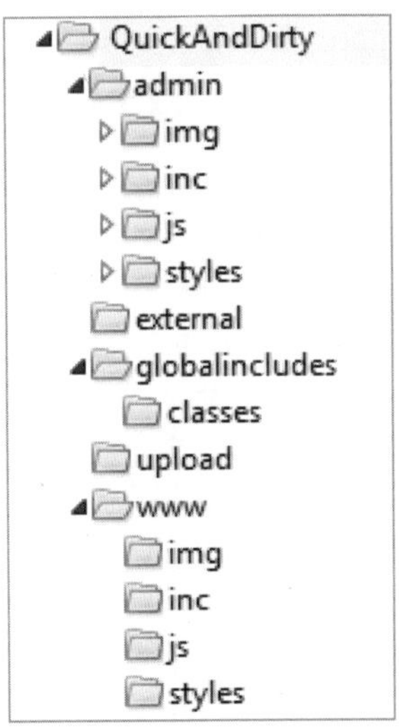


**Bild 4.4:** Eine Menge Ordner, aber dafür auch eine Menge Ordnung

Das ist natürlich nur ein Beispiel. Man kann sicher eine genauso sinnvolle Struktur aufbauen, die ganz anders aussieht. So könnte der Ordner *classes* durchaus auch eine Verzeichnisebene höher stehen. Es spielt auch überhaupt keine Rolle, ob Ihr Ordner für Bilder nun gerade *img* oder vielleicht *images* heißt. Entscheidend ist nur, dass Sie dieses Verzeichnisgerüst allgemein und sinnvoll anlegen, sodass Sie es für zukünftige Projekte nutzen können – und dies auch konsequent tun. Seien Sie also bei der Namensgebung konsequent: Wenn Ihr Bilderordner einmal *img* heißt, dann *images* und im dritten Projekt *bilder*, dann dürfen Sie sich nicht wundern, wenn Sie kostbare Zeit damit verschwenden, herauszufinden, wie jetzt noch mal der Pfad zu einem Bild genau heißen muss.

## 4.2 Helferfunktionen und -klassen

PHP-Projekte können von außen betrachtet sehr unterschiedlich erscheinen. Ein Shop ist etwas völlig anderes als ein Blog, und eine Suchmaschine hat offensichtlich nicht viel mit einem Communityportal zu tun. Und doch benötigen all diese Projekte immer auch einige identische, grundlegende Funktionen. Warum sich also jedes Mal erneut Gedanken darüber machen, wie man am besten und sichersten eine Datenbankabfrage gestaltet? Warum immer noch mit einem simplen `echo`-Befehl schlecht leserliche Debug-Ausgaben erzeugen, wenn man doch vor ein paar Monaten eine schicke Testfunktion geschrieben hat?

> **Tipp**
> Sammeln Sie allgemein und einfach nutzbare Funktionen und Klassen (eigene und fremde). Bei jeder Funktion oder Klasse, die Sie schreiben, stellen Sie sich die Frage: Kann ich das später noch einmal verwenden?
> Und wenn ja: Wie kann ich es möglichst allgemein entwerfen?

Zum Glück haben Sie mit PHP eine Programmiersprache an der Hand, die schon von Grund auf mit einer fast unüberschaubaren Masse an Funktionen aufwartet. Sie müssen keine Funktion mehr zum Sortieren von Arrays schreiben. Und selbst wenn Sie in die Verlegenheit kommen sollten, die genaue Uhrzeit des Sonnenaufgangs für Ihre Programmierung zu benötigen, hält PHP bereits die passende Funktion dafür bereit. (Bevor Sie lange suchen: Sie lautet `date_sunrise()`.)

Es wird Ihnen daher sicher mehr als einmal passieren, dass Sie stolz eine eigene Funktion geschrieben haben, nur um dann festzustellen, dass es so etwas in PHP bereits gibt. Aber komplexe Dinge wie eine Datenbankklasse lassen sich dann doch nicht mit einer einzigen PHP-Funktion darstellen. Andere Dinge gibt es in PHP vielleicht schon, aber es kann sein, dass Sie persönlich eine etwas andere Herangehensweise bevorzugen. Es sollen daher hier ein paar Vorschläge für solche Helferfunktionen oder -klassen vorgestellt werden. Wie auch bei der Ordnerstruktur sind auch dies nur erste Beispiele. Halten Sie daher beim alltäglichen Programmieren immer Ausschau nach weiteren Funktionen für Ihre Sammlung. Wenn Sie zum dritten Mal eine Validierung von E-Mail-Adressen schreiben, dann wissen Sie: Das ist etwas für meinen »Startup-Ordner«.

Entscheidend bei all diesen Funktionen ist, dass sie so einfach wie möglich einzusetzen sind und dass sie einen Namen haben, den Sie sich merken können. Das klingt auf den ersten Blick vielleicht unbedeutend, aber wenn Sie erst jedes Mal nachschauen müssen, wie eine Ihrer Funktionen eigentlich heißt, welche Parameter sie jetzt noch einmal genau erwartet und welche Ausgabe sie erzeugt, dann verschwenden Sie unnötig kostbare Zeit.

### 4.2.1 Debug-Funktionen

Das schnelle Finden und Analysieren von Fehlern ist einer der wichtigsten und frustrierendsten Aspekte jeder Programmierarbeit – aber leider einer, der auch völlig unumgänglich ist. Daher wird diesem Thema später auch ein ganzes Kapitel gewidmet (Kapitel 10, »Seek & Destroy«). An dieser Stelle sollen nur einige sehr hilfreiche Funktionen zur Ausgabe von Fehlermeldungen vorgestellt werden.

Wie Sie wissen, wird ein PHP-Skript nicht kompiliert, sondern schlicht Zeile für Zeile von oben nach unten abgearbeitet. Fehler treten daher erst dann auf, wenn Sie Ihr PHP-Skript tatsächlich ausführen. Zwar gibt es komfortable PHP-Debugger, die Ihnen das Arbeiten mit Breakpoints ermöglichen. Allerdings werden Ihnen diese sehr oft nicht zur Verfügung stehen – insbesondere wenn Sie nicht lokal auf Ihrem Computer, sondern beispielsweise per Fernwartung auf einem externen Server auf Fehlersuche gehen müssen. Sie sind also selbst dafür verantwortlich, herauszufinden, welchen Inhalt eine Variable an einer bestimmten Stelle im Programm hat oder welchen Zweig einer `switch`-Anweisung Ihr Skript denn nun wirklich ausführt. Der direkte Weg ist, einfach den Wert einer fraglichen Variablen auf dem Bildschirm auszugeben. Wenn Sie ein Problem in Zeile 123 mit `$meineVariable` haben, dann kann der einfache Ausdruck:

```
echo $meineVariable
```

in Zeile 122 oft schon ausreichen. Aber dieses Vorgehen scheitert bereits, wenn `$meineVariable` ein Array ist, weil PHP dann schlicht nur `Array` ausgeben wird. PHP bietet für solche Zwecke Funktionen wie `var_dump()` oder `print_r()` an. Allerdings ist deren Ausgabe meist ziemlich unleserlich, da beispielsweise die Struktur eines Arrays zwar im Quelltext, aber keinesfalls auf dem Bildschirm formatiert dargestellt wird.

Ein simpler Trick, der bereits unsere erste Funktion darstellt, hilft hier:

```
function echo_r($x)
{
   echo "<pre>".print_r($x,true)."</pre>";
}
```

Wir nennen die Funktion hier `echo_r()` in Anlehnung an die PHP-Funktion `print_r()`. Denn eigentlich macht diese Funktion nichts anderes, als die Ausgabe von `print_r()` innerhalb von `<pre>`-Tags anzuzeigen. Diese dienen der Darstellung von sogenanntem präformatierten Text. Das bedeutet vor allem, dass Zeilenumbrüche im Quelltext auch auf dem Bildschirm erscheinen. (Oft wird diese Helferfunktion auch schlicht und kurz `pr()` genannt. Nennen Sie sie so, wie Sie möchten und wie Sie es sich am einfachsten merken können.) Ein einfaches (wenn auch relativ sinnloses) Array:

```
$meinArray = array(
   array("Eins", 3=>"Drei"),
   array(9,8,7,6),
   "Noch ein Text"
);
```

Über `var_dump()` ausgegeben auf dem Bildschirm sieht es so aus:

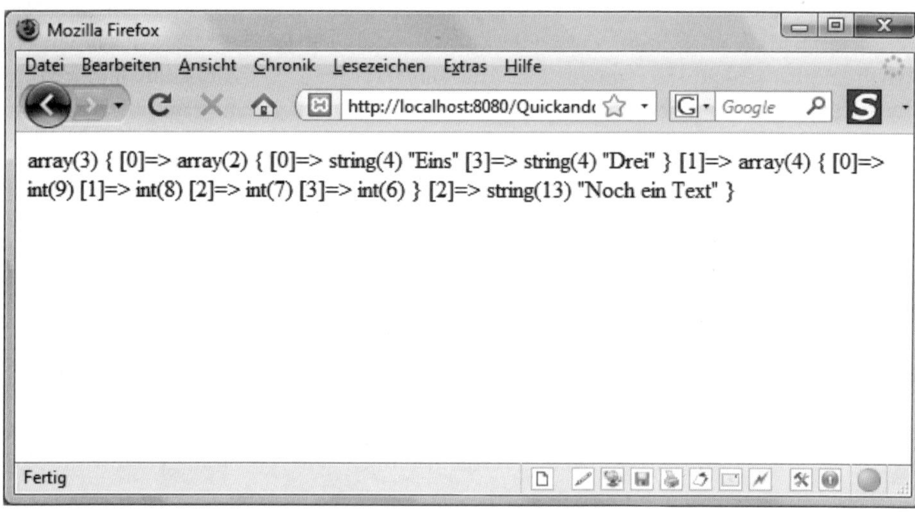


**Bild 4.5:** Schwer lesbare Ausgabe eines Arrays im Webbrowser

Der Inhalt des Arrays erscheint mithilfe von `echo_r()` schon deutlich lesbarer:

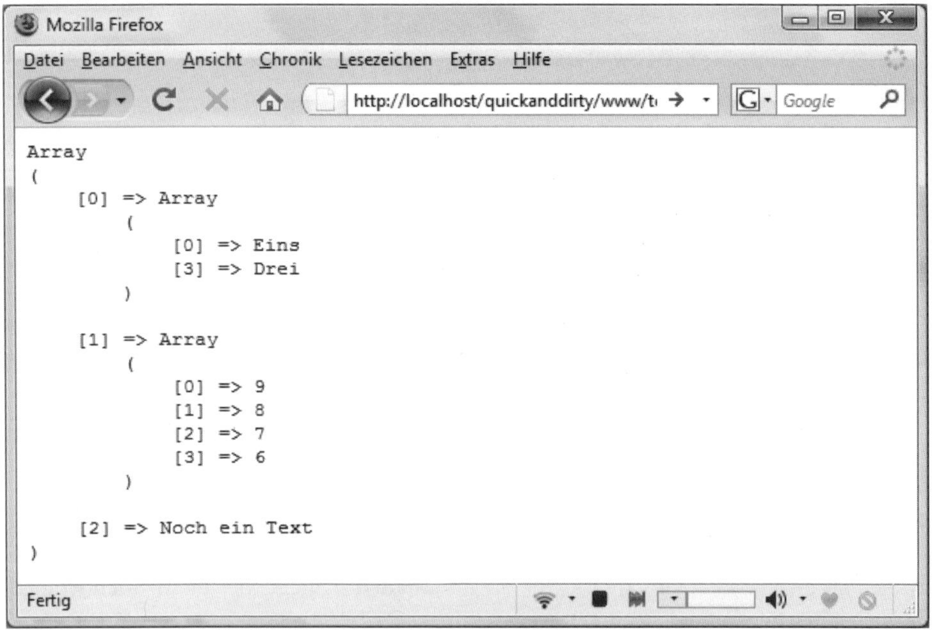


**Bild 4.6:** Der Befehl `echo_r()` liefert eine lesbare Array-Struktur.

Sie können diese kleine Helferfunktion beliebig erweitern. Gerade bei Webseiten mit viel Text ist es manchmal schwierig, die Debug-Ausgabe im Zeichengewimmel zu entdecken. Ändern Sie dann doch einfach die Textfarbe, beispielsweise in Rot. Außerdem kommt es vor, dass die darzustellende Variable komplett leer ist, Sie aber trotzdem sicher sein möchten, dass die `echo_r`-Funktion aufgerufen wurde. Kein Problem:

```
function echo_r($x)
{
  echo '<pre style="color:red">DEBUG:'.print_r($x,true).'</pre>';
}
```

Wenn Sie jetzt so etwas auf Ihrem Bildschirm sehen:

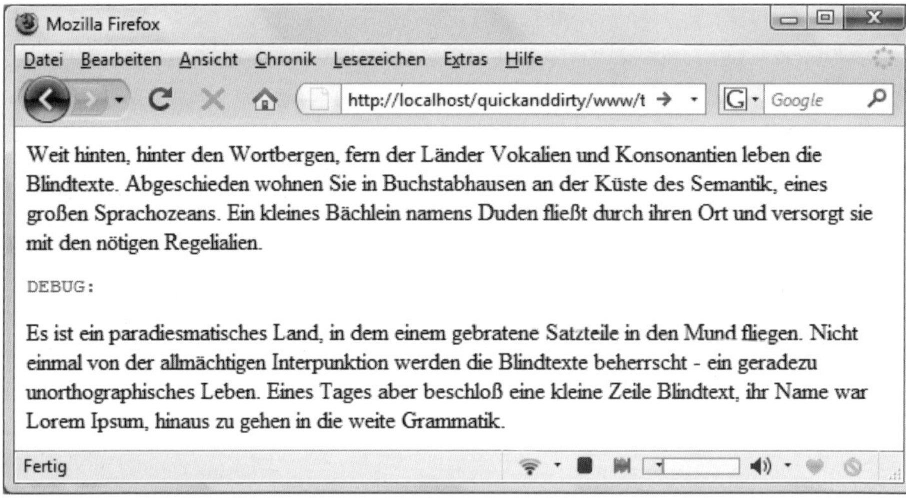


**Bild 4.7:** Die Debug-Zeile mit veränderter Schriftfarbe

wissen Sie gleich, dass die Variable, die Sie innerhalb des Fließtextes überprüfen wollten, höchstwahrscheinlich vollkommen leer ist.

Wer gleich mehrere Debug-Ausgaben in einem Skript oder gar mehrere Ausgaben in verschiedenen eingebundenen Dateien benutzen möchte, der sollte noch die praktische Hilfe der Funktion `debug_backtrace()` nutzen:

```
function echo_r($x)
{
   echo '<pre>'.print_r(debug_backtrace(), true).'</pre>';
}
```

Jetzt sagt Ihnen PHP auch gleich, in welcher Datei (*test.php*) und in welcher Zeile (14) die Funktion `echo_r()` aufgerufen wurde.

```
Array
(
    [0] => Array
        (
            [file] => C:\xampp\htdocs\quickanddirty\www\test.php
            [line] => 14
            [function] => echo_r
            [args] => Array
                (
```

```
                [0] => Array
                    (
                        [0] => Array
                            (
                                [0] => Eins
                                [3] => Drei
                            )

                        [1] => Array
                            (
                                [0] => 9
                                [1] => 8
                                [2] => 7
                                [3] => 6
                            )

                        [2] => Noch ein Text
                    )

            )

        )

)
```

Die zu untersuchende Variable befindet sich hier unter dem Index `[args]`, da Sie sie der Funktion `echo_r()` als Argument bzw. Parameter übergeben haben.

Lassen Sie Ihre Fantasie spielen, und finden Sie heraus, was für Sie am praktischsten ist. Die strukturierte und sofort gut lesbare Darstellung von Variablenwerten ist ein absolutes Muss für die schnelle und effiziente Fehlersuche.

### 4.2.2 String-Funktionen

Wohl alle Programme, die Sie schreiben werden, haben die Aufgabe, Daten in irgendeiner Art und Weise zu verarbeiten. Der Umgang mit reinen Zahlenwerten ist dabei meist noch überschaubar und einfach. Wollen Sie diese überprüfen, steht Ihnen eine ganze Liste von `is_`-Funktionen zur Verfügung (`is_numeric()`, `is_float()`, `is_int()` etc.), und auch das Konvertieren in einen anderen Zahlentyp ist schnell erledigt (`intval()`, `floatval()` etc.).

Komplizierter ist da oft schon der Umgang mit Texten (Strings), insbesondere dann, wenn diese vom Nutzer Ihrer Webseite eingegeben wurden. In fast jeder PHP-Anwendung werden Sie mit solchen Eingaben umgehen müssen – sei es in einem einfachen

Kontaktformular oder bei einer komplexen Suche. Leider verhalten sich Nutzer nicht immer so, wie Sie und Ihr Programm das gerne hätten. Sie sind daher gezwungen, die Eingaben zu überprüfen oder eventuell für Ihre Zwecke anzupassen. Viele dieser Validierungen oder Anpassungen sind immer gleich und kommen so regelmäßig vor, dass Sie sie in Ihren Startup-Ordner übernehmen sollten.

PHP liefert beispielsweise mit `strlen()` und `checkdate()` bereits gute Funktionen, um einen eingegebenen Text daraufhin zu überprüfen, ob er die richtige Länge hat oder ob es sich um ein Datum handelt. Bei komplexeren Abfragen reicht eine einfache PHP-Funktion aber meist nicht aus. So sucht man zum Beispiel eine Validierung für gültige E-Mail-Adressen vergeblich.

Bei der Frage, ob ein String einer bestimmten Vorgabe entspricht, oder wenn Sie bestimmte Muster ersetzen wollen, empfiehlt es sich immer, mit regulären Ausdrücken zu arbeiten. Einige Programmierer haben zu regulären Ausdrücken ein ähnliches Verhältnis wie zu schwarzer Magie: Sie wissen, dass man unglaubliche Dinge damit anstellen kann, sie verstehen sie aber nicht und misstrauen ihnen daher. Die gute Nachricht ist: Sie müssen sie gar nicht unbedingt verstehen, um beispielsweise die angesprochene E-Mail-Validierung zu schreiben. Kein falscher Stolz bei der Quick & Dirty-Programmierung! Sie müssen nicht alles selbst geschrieben haben, Sie müssen nicht einmal unbedingt immer wissen, *warum* es funktioniert – die Hauptsache ist, *dass* es funktioniert. Suchen Sie einfach im Internet nach einem passenden regulären Ausdruck zur Überprüfung einer E-Mail-Adresse. Warum Zeit damit verschwenden, einen komplizierten regulären Ausdruck zu entwerfen, wenn dies bereits jemand für Sie getan hat?

Leider ist gerade das Problem der E-Mail-Validierung sehr komplex. Man könnte ein eigenes Buch darüber verfassen, wie man eine Mail-Adresse korrekt überprüft, und Sie werden auf Ihrer Suche unzählige Ansätze finden. Lassen Sie sich davon aber nicht abschrecken – Sie haben nicht die Zeit, bei jedem Projekt neu zu recherchieren, was der aktuell beste reguläre Ausdruck zum Erkennen von E-Mail-Adressen ist. Suchen Sie im Internet nach einem überzeugenden oder gut bewerteten Ausdruck, und erstellen Sie sich eine einfache Funktion wie die unten dargestellte. Erweitern oder erneuern Sie diese erst, wenn Sie das Gefühl haben, dass sie einen wirklich signifikanten Teil von E-Mail-Adressen nicht mehr erkennt.

```
function is_email($input)
{
  return (preg_match( "/^[-\w.]+@([A-z0-9][-A-z0-9]+\.)+[A-z]{2,4}$/",
$input )>0);
}
```

Diese Funktion überprüft anhand eines regulären Ausdrucks die wichtigsten Kriterien einer E-Mail-Adresse – aber beileibe nicht alle. Wenn man ehrlich ist, dann ist das auch gar nicht nötig. Sollte ein Nutzer vorsätzlich eine falsche E-Mail-Adresse angeben wollen, dann kann er das ganz einfach tun: *tralala@hopsassa.com* ist eine absolut gültige E-Mail-Adresse – aber höchstwahrscheinlich nicht die tatsächliche Adresse des Nutzers. Müssen Sie den regulären Ausdruck verstanden haben, um diese Funktion in Ihren Startup-Ordner zu übernehmen? Nein, Sie müssen sich nur sicher sein, dass sie genau das tut, was Sie erwarten. (Und das können Sie mit ein paar Tests schnell herausfinden.)

Mithilfe der Validierung wollen Sie dem Nutzer Fehler in seiner Eingabe aufzeigen. Oft können Sie es ihm aber nicht zumuten, dass er diese ändert. Ein Beispiel hierfür ist das automatische Erstellen von Dateinamen anhand von Benutzereingaben. Wenn der Besucher auf Ihrer Website seinen Vor- und Nachnamen eingeben, ein Bild von sich hochladen soll und Sie dieses Bild unter dem Namen des Besuchers auf Ihrem Server speichern wollen, können Sie ihn wohl kaum dazu auffordern, doch bitte kein Fragezeichen oder keinen Doppelpunkt zu benutzen, weil dies zu Fehlern im Dateinamen führen würde. Sie müssen die Eingabe des Nutzers also anpassen. Eine einfache Funktion schafft hier Abhilfe:

```
function fit_string_filename($string)
{
   $invalid = array(':', '^', '|', '*', '/', '\\', '%', '?', '"', '<', '>');
   return str_replace($invalid, "_", $string);
}
```

Diese Funktion ersetzt alle auf einem Windows-Rechner ungültigen Zeichen in einem Dateinamen mit Unterstrichen. Mit `$invalid` legen Sie zunächst ein Array mit eben diesen Zeichen an, die in einem Dateinamen nicht vorkommen dürfen, und ersetzen sie mithilfe der PHP-Funktion `str_replace()` durch Unterstriche. Wir machen uns hier die Tatsache zunutze, dass `str_replace()` auch Arrays als Such-String akzeptiert und dann jeden Eintrag in diesem Array ersetzt.

Analog zu diesem Beispiel können Sie zahlreiche vergleichbare Funktionen schreiben.

So könnte eine Funktion aussehen, die alle deutschen Umlaute durch Doppelvokale ersetzt:

```
function fit_string_umlaute($string)
{
   $in = array ('ä','ü','ö','Ä','Ü','Ö','ß');
   $out = array('ae', 'ue', 'oe', 'Ae', 'Ue', 'Oe', 'ss');
   return str_replace($in, $out, $string);
}
```

Diese zwei Zeilen:

```
$string = "Möbel aus Rüben wären äußerst ungewöhnlich.";
echo fit_string_umlaute($string);
```

erzeugen dann beispielsweise diese recht sinnlose, aber durchaus korrekt umgewandelte Ausgabe:

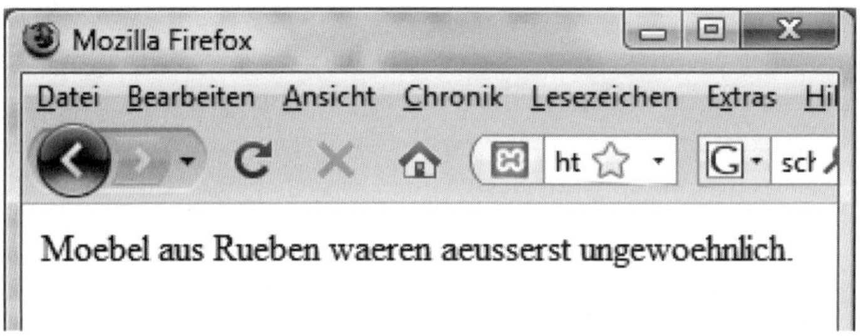


**Bild 4.8:** Umwandlung der Umlaute

Das müssen Sie nicht alles vor einem Projekt machen. Halten Sie einfach während Ihrer alltäglichen Arbeit beständig Ausschau nach Funktionen für Ihren »Startup-Ordner«. Suchen Sie vor allem auch nach Funktionen oder Mechanismen, die Sie wieder und wieder im Laufe Ihrer Projekte programmieren und die Sie daher vereinfachen sollten, eben wie die hier gesehene kleine Funktion zur Umwandlung von Umlauten.

### Funktionen anderer Programmiersprachen nachbauen

Auch wenn PHP mit einer beachtlichen Sammlung von Funktionen daherkommt, so finden Sie vielleicht doch nicht alles, was Sie suchen. Oder Sie finden etwas, aber nicht unter dem Namen, den Sie gerne hätten. (Schlagen Sie nur einmal die zunächst nicht gerade ungewöhnlich erscheinende Funktion `delete()` in der PHP-Dokumentation nach.) Insbesondere Programmierer, die von einer anderen Programmiersprache zu PHP wechseln, würden vielleicht gerne einige der ihnen vertrauten Funktionen beibehalten.

Warum auch nicht? Programmieren Sie diese einfach nach. Als simples Beispiel seien hier die Funktionen `left()` und `right()` genannt, die man in Sprachen wie ASP und Visual Basic, aber nicht in PHP findet.

```
function left($s, $l)
{
  return substr($s, 0, $l);
}
```

```
function right($s, $l)
{
   return substr($s, -$l);
}
```

Auch wenn »wahre« PHP-Programmierer bei derartigen Ideen entsetzt die Augen verdrehen werden: Wenn solche Funktionen Ihnen helfen, schneller und effizienter zu arbeiten, dann sollten Sie sie auch nutzen.

Eine Frage steht noch aus: Wo stehen all diese bisher besprochenen Funktionen? Am besten sammeln Sie sie in einer einzelnen PHP-Datei. Legen Sie eine Datei namens *FUNCTIONS.php* an, die Sie in Ihrem *globalincludes*-Ordner ablegen und in alle Dateien einbinden.

### 4.2.3 Eigene Klassen

Immer wieder gibt es Bereiche, die sich mit einfachen einzelnen Funktionen nicht lösen lassen oder wo es besser ist, die benötigten Funktionalitäten in einer Klasse zusammenzufassen. Bei einem Quick & Dirty-Projekt ist das allerdings eher selten der Fall. Dort sind Klassen meist einfach zu kompliziert und damit zu umständlich. Aber es gibt auch bei einem solchen Projekt mindestens einen Bereich, für den sich eine eigene Klasse durchaus lohnt, denn dies werden Sie wohl in jeder PHP-Anwendung brauchen können: eine Klasse für den Umgang mit Datenbanken und Datenbankabfragen. Eine komplette Datenbankklasse hier vorzustellen und zu besprechen würde den Rahmen des Kapitels bei Weitem sprengen. Wir wollen daher nur auf die wichtigsten Eigenschaften eingehen und einige der benötigten Funktionen nicht explizit ausschreiben.

Ziel einer solchen Klasse soll es sein, die benötigten Datenbankfunktionalitäten zu vereinen und den Umgang mit Datenbankabfragen zu vereinfachen. Wir gehen von einer MySQL-Datenbank aus und legen diese Klasse bewusst in PHP 4 und nicht in PHP 5 an, da wir insbesondere bei einem Quick & Dirty-Projekt niemals davon ausgehen sollten, dass wir auf eine bestimmte PHP-Version zurückgreifen können. PHP 5 sollte zwar längst der Standard für jede PHP-Programmierung sein – insbesondere, wenn Sie mit Klassen arbeiten –, doch werden Sie leider immer wieder noch Server mit installiertem PHP 4 finden, und dann wäre es doch ärgerlich, wenn Ihre feine Datenbankklasse plötzlich nicht mehr funktionieren würde.

Was sollte diese Datenbankklasse mindestens für Sie tun können? Sie muss eine Verbindung zur Datenbank aufbauen, Datenbankabfragen und -befehle ausführen, die Verbindung wieder schließen und möglichst hilfreiche Fehlermeldungen ausgeben können.

```
class db
{
   // Verbindung zur Datenbank
   var $con = null;

   function db()
   {
      ... Konstruktor - im Moment leer
   }

   function connect($server, $user, $password, $database)
   {
      ... stellt eine Verbindung zur Datenbank her - setzt $this->con
   }

   function query($sql)
   {
      ... führt eine Datenbankabfrage aus und liefert
                   das Ergebnis als Array zurück
   }

   function close()
   {
      ... schließt die Datenbankverbindung wieder
   }

   function handle_error()
   {
      ... verarbeitet auftretende Fehler
   }

}
```

*globalincludes/classes/db.class.php*

Zugegeben: Das Aufbauen und Schließen einer Datenbankverbindung und das einfache Ausführen von SQL-Befehlen könnte man auch zunächst über PHP-Befehle lösen. Spannender ist da schon die Verarbeitung von auftretenden Fehlern. Insbesondere für Anfänger ist es immer wieder frustrierend, wenn eine Webseite sich nicht so verhält, wie sie sollte, ohne jedoch eine einzige Fehlermeldung auszugeben – einfach weil ein Problem in einem auszuführenden SQL-Statement aufgetreten ist. Befehle wie `mysql_query()` erzeugen nämlich von sich aus keinerlei Fehlermeldung, wenn ein SQL-Befehl einmal nicht korrekt war. Hier kann unsere Datenbankklasse eine große Hilfe sein.

Lassen Sie uns daher die Funktionen mit konkretem Inhalt füllen:

```
<?
class db
{
   // Verbindung zur Datenbank
   var $con = null;

   function db()
   {
      // ... Konstruktor - im Moment leer
   }

   // Stellt Verbindung zur Datenbank her
   function connect($server, $user="", $password="", $database="")
   {
      // Serververbindung
      if (($this->con = @mysql_connect($server, $user, $password))===false)
      {
         $this->handle_error("Fehler beim Verbindungsversuch zu ".$server);
         $this->con = null;
         return false;
      }

      // Datenbankverbindung
      if (@mysql_select_db($database, $this->con)===false)
      {
         $this->handle_error(mysql_errno($this->con)." :
".mysql_error($this->con));
         return false;
      }
   }

   // Führt einen SQL-Befehl aus
   function query($sql)
   {

      // Gibt es überhaupt schon eine Verbindung zur Datenbank?
      if ($this->con===null)
      {
         $this->handle_error("Keine Verbindung zur Datenbank. Bitte zuerst
connect() ausführen");
         return false;
      }
```

```
      // Ergebnis-Array
      $rows = array();

      // Führe den SQL-Befehl aus
      $rs = @mysql_query($sql, $this->con);

      // Sind Fehler aufgetreten?
      if ($rs===false)
      {
         $this->handle_error("Error: ".mysql_errno($this->con)." :
".mysql_error($this->con)." - SQL: ".htmlentities($sql));
         return false;
      }

      // Wurde etwas zurückgegeben?
      // Bei INSERTS/UPDATES ist rs===true, sonst enthält es den Recordset
      if ($rs===true)
      {
         return true;
      }
      else
      {  // Sammle Ergebniseinträge (Datenbankzeilen) in Array
         while ($_rows = @mysql_fetch_array($rs))
         {
            // Fange leere Einträge ab
            if (count($_rows)==0) continue;

            $rows[] = $_rows;
         }
      }

      return $rows;
   }

   // Schließt die Verbindung zur Datenbank wieder
   function close()
   {
      if (@mysql_close($this->con)===false)
      {
         $this->handle_error(mysql_errno($this->con)." :
".mysql_error($this->con));
         return false;
      }
   }
```

```
    // Behandelt aufgetretene Fehler
    function handle_error($fehler)
    {
        echo "Es ist ein Datenbankfehler aufgetreten: ".$fehler."<br />";
    }

}
?>
```

*globalincludes/classes/db.class.php*

Die Funktionen `connect()` und `close()` sind relativ simpel. Sie stellen eine Verbindung zur Datenbank her bzw. beenden sie wieder. Spannender ist da schon die Funktion `query()`, über die unsere SQL-Befehle ausgeführt werden sollen. Zunächst überprüfen wir, ob es überhaupt schon eine Verbindung zur Datenbank gibt – wenn nicht, dann übergeben wir eine Fehlermeldung an unsere Funktion `handle_error()`:

```
...

// Gibt es überhaupt schon eine Verbindung zur Datenbank?
if ($this->con===null)
{
    $this->handle_error("Keine Verbindung zur Datenbank. Bitte zuerst
connect() ausführen");
    return false;
}

...
```

In dem Array `$rows` werden später bei einer `SELECT`-Anweisung die Zeilen (`rows`) des Ergebnisses der Datenbankabfrage gespeichert. Hier wird es zunächst als leeres Array definiert, sodass später keine Fehlermeldungen auftreten, wenn wir auf diese Variable mit Befehlen zugreifen, die ein Array verlangen. Danach schließlich führt der Befehl `mysql_query()` den eigentlichen SQL-Befehl aus, dessen Ergebnis in den folgenden Zeilen ausgewertet wird. Kommt es dabei zu einem Fehler (in diesem Fall liefert die Funktion `mysql_query()` ein `false` als Rückgabewert), so übergeben wir die genauen Fehlerparameter an unsere Fehlerfunktion.

```
...

// Ergebnis-Array
$rows = array();
```

```
// Führe den SQL-Befehl aus
$rs = @mysql_query($sql, $this->con);

// Sind Fehler aufgetreten?
if ($rs===false)
{
   $this->handle_error("Error: ".mysql_errno($this->con)." :
".mysql_error($this->con)." - SQL: ".htmlentities($sql));
      return false;
}

...
```

Tritt kein Problem auf, so wird die Datenbankabfrage wie üblich ausgewertet. Im Falle eines `INSERT`- oder `UPDATE`-Befehls wird einfach `true` zurückgeliefert, ansonsten werden die Daten in das Array `$rows` geschrieben.

```
...

// Wurde etwas zurückgegeben?
// Bei INSERTS/UPDATES ist rs===true, sonst enthält es den Recordset
if ($rs===true)
{
   return true;
}
else
{  // Sammle Ergebniseinträge (Datenbankzeilen) in Array
   while ($_rows = @mysql_fetch_array($rs))
   {
      // Fange leere Einträge ab
      if (count($_rows)==0) continue;
      $rows[] = $_rows;
   }
}

...
```

Am Ende findet sich dann unsere Funktion für den Umgang mit Fehlern. Im Moment gibt sie die übergebene Fehlermeldung einfach auf dem Bildschirm aus:

```
...

function handle_error($fehler)
{
```

```
    echo "Es ist ein Datenbankfehler aufgetreten: ". $fehler."<br />";
}

...
```

Ein konkreter Datenbankaufruf in einer PHP-Webseite sähe jetzt mithilfe dieser Klasse insgesamt so aus:

```
// Erstelle Datenbankobjekt
$db = new db();

// Stelle Datenbankverbindung her
$db->connect("localhost","userName","geheimesPasswort","meineDatenbank");

// Führe Datenbankabfrage aus
$rows = $db->query("SELECT * FROM nutzer WHERE id=12");
```

Würden wir diese Abfrage mit reinen PHP-Funktionen durchführen und gäbe es in der Tabelle *nutzer* gar keine Spalte *id*, so würden wir das erst einmal gar nicht mitbekommen. Unsere Datenbankklasse jedoch informiert uns sehr ordentlich:

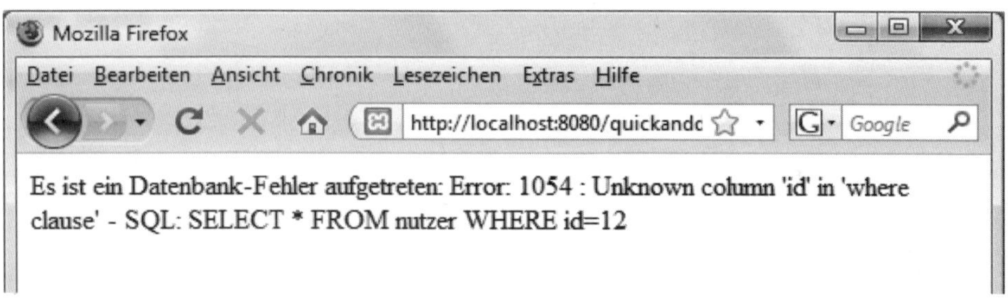


**Bild 4.9:** Ausführliche Anzeige des Datenbankfehlers

Wenn Sie in `handle_error()` jetzt noch die oben angesprochene `echo_r()`-Funktion mit `debug_backtrace()` benutzen, erfahren Sie sogar gleich, in welcher Zeile der Fehler aufgetreten ist:

Es ist ein Datenbankfehler aufgetreten:

```
Array
(
    [0] => Array
        (
            [file] =>
C:\xampp\htdocs\quickanddirty\globalincludes\classes\db.class.php
```

```
            [line] => 65
            [function] => echo_r
            [args] => Array
                (
                    [0] => Error-Nr.: 1054 : Unknown column 'id' in 'where
clause' - SQL: SELECT * FROM nutzer WHERE id=12
                )

        )

    [1] => Array
        (
            [file] =>
C:\xampp\htdocs\quickanddirty\globalincludes\classes\db.class.php
            [line] => 38
            [function] => handle_error
            [class] => db
            [type] => ->
            [object] => db Object
                (
                    [con] => Resource id #3
                )

            [args] => Array
                (
                    [0] => Error-Nr.: 1054 : Unknown column 'id' in 'where
clause' - SQL: SELECT * FROM nutzer WHERE id=12
                )

        )

    [2] => Array
        (
            [file] => C:\xampp\htdocs\quickanddirty\www\test.php
            [line] => 7
            [function] => query
            [class] => db
            [type] => ->
            [object] => db Object
                (
                    [con] => Resource id #3
                )

            [args] => Array
```

```
                (
                    [0] => SELECT * FROM nutzer WHERE id=12
                )

        )
)
```

Lassen Sie sich von der Menge der ausgegebenen Daten nicht verwirren: `debug_backtrace()` verfolgt hier den gesamten Weg des Programms – vom Aufruf der Funktion (`$db->query()` in *test.php*) über die tatsächliche Stelle in der *db*-Klasse, die den SQL-Fehler ausgelöst hat, bis hin zur Funktion `handle_error()`, die die Fehlerausgabe erzeugt. Diese Ausgabe ist daher eigentlich von unten nach oben zu lesen, und wenn wir davon ausgehen, dass die *db*-Klasse selbst keine Fehler enthält, sind die ersten beiden Einträge des dargestellten Arrays (`[0]` und `[1]`) eigentlich überflüssig, und Sie können sie einfach ignorieren. Auch wenn das auf den ersten Blick etwas viel Information ist, so wissen Sie jetzt direkt, dass in Ihrer Datei *test.php* in Zeile 7 ein Datenbankaufruf stattfindet, der zu einem Fehler geführt hat.

Dies ist nur der Anfang – Sie können und sollten Ihre Datenbankklasse ständig erweitern. So gibt es durchaus einen Grund, warum wir die Funktion `handle_error()` angelegt haben. Im Moment führt diese Funktion nur ein einfaches `echo` oder `echo_r()` aus. Sie lässt sich aber beliebig erweitern. So sollten zum Beispiel in einer Webseite, die tatsächlich online ist, keine SQL-Befehle ausgegeben werden. Dies wäre eine echte Sicherheitslücke. Sie könnten daher die Funktion folgendermaßen erweitern:

```
function handle_error($fehler)
{
   // Nur dann einen Fehler ausgeben, wenn auf lokaler Entwicklungsmaschine
   if ($_SERVER['HTTP_HOST']=='localhost')
   {
      echo "Es ist ein Datenbankfehler aufgetreten: ". $fehler."<br />";
   }
}
```

Jetzt werden die Fehlermeldungen nur dann ausgegeben, wenn die Seite von Ihrem *localhost*-Rechner aus aufgerufen wird. Es ginge natürlich noch weiter: So könnten Sie in die Fehlerbehandlung eine Logging-Funktionalität integrieren, die einen Fehler nicht direkt ausgibt, sondern in einer Textdatei speichert. Oder die Debug-Ausgaben werden per Mail an einen Administrator geschickt.

Ihre echte Stärke spielt eine solche Klasse aus, wenn Sie sie für mehrere Datenbanktypen anlegen. Der Konstruktor übernimmt dann einfach den Namen des Datenbanktyps, und innerhalb der einzelnen Klassenfunktionen (`connect()`, `query()`, `close()` etc.) wird zwischen den verschiedenen Typen unterschieden. Eine Umstellung von MySQL auf MSSQL (Microsoft SQL Server) wäre dann eine Sache von Sekunden, denn die Funktionsaufrufe (`$db->query()`) und Rückgabewerte in den eigentlichen PHP-Skripten wären für alle Datenbanktypen absolut identisch. Ein Teil der Klasse sähe prinzipiell so aus:

```
class db
{
  // Verbindung zur Datenbank
  var $con = null;

  // Gewählter Datenbanktyp
  var $dbtype;

  // Konstruktor - Übergabe des Datenbanktyps - »mysql« als Standardwert
  function db($dbtype=«mysql«)
  {
    $this->dbtype = $dbtype;
  }

  ...

  // Führt einen SQL-Befehl aus
  function query($sql)
  {
    ...

    switch($this->dbtype)
    {
      case 'mysql':
        ... Befehle zur Datenbankabfrage für mysql
        break;

      case 'mssql':
        ... Befehle zur Datenbankabfrage für MSSQL
        break;

      case 'odbc':
        ... Befehle zur Datenbankabfrage für ODBC-Verbindungen
        break;
    }

  // Rückgabe ist für alle Datenbanktypen gleich
    return $rows;
```

```
    }

    ...
}
```

Eine Verbindung zu einer MSSQL-Datenbank würde sich nur in dem Parameter unterscheiden, der dem Konstruktor übergeben wird, und natürlich in den höchstwahrscheinlich anderen Zugangsdaten zur Datenbank:

```
// Erstelle Datenbankobjekt für MSSQL-Verbindung
$db = new db('mssql');

// Baue Verbindung zum MSSQL-Server auf
$db-
>connect("localhost","userName_MSSQL","geheimesPasswort_MSSQL","meineDatenba
nk_MSSQL");

// Ab hier ist alles absolut identisch zu mysql
$rows = $db->query("SELECT * FROM nutzer WHERE id=12");
```

Werfen Sie zum Abschluss noch einen Blick auf den Konstruktor der Klasse (`function db($dbtype=«mysql«)`). Die Option in PHP, einer Funktion Standardwerte mitzugeben, ist eine nicht zu unterschätzende Möglichkeit, sich das Leben enorm zu vereinfachen. Sie werden Ihre Datenbankklasse wohl hauptsächlich für MySQL-Datenbanken benutzen. Warum also jedes Mal den Parameter `mysql` mit übergeben? Mithilfe des Standardwertes für den Konstruktor müssen Sie diesen Parameter nur dann angeben, wenn Sie ausnahmsweise einmal doch eine andere Datenbank benutzen. Dies gilt prinzipiell für alle Funktionen und seien sie noch so klein. Überlegen Sie bei jedem Parameter einer Funktion, ob es nicht einen sinnvollen Standardwert gibt, der Ihnen die Arbeit erleichtern kann.

Damit wäre die Datenbankklasse aber noch nicht unbedingt fertig. Überlegen Sie immer wieder, was sie noch erweitern oder die Sicherheit und Effizienz im Umgang mit ihr verbessern könnte. Als Beispiel sollen hier zwei Funktionen kurz gezeigt werden, die Sie in späteren Kapiteln immer wieder finden werden: eine Funktion zum Maskieren und eine Funktion zum Demaskieren von Datenbankwerten.

Sie sollten Informationen, die aus der Datenbank kommen oder in diese geschrieben werden, niemals einfach so übernehmen. (Warum genau, können Sie in Kapitel 8 über Sicherheit nachlesen.) Sie benötigen daher in Ihrer Klasse zwei neue Funktionen: `str_esc()` zum Maskieren von Informationen, die IN die Datenbank geschrieben werden, und `str_unesc()` zum Demaskieren von Daten, die AUS der Datenbank kommen und beispielsweise im Browser dargestellt werden sollen.

```
class db
{
   ...

   // Maskiert SQL-Strings zum sicheren Gebrauch
   function str_esc($str)
   {
      switch($this->dbtype)
      {
         case 'mysql':
            if ($this->con===null ||
!function_exists("mysql_real_escape_string"))
            {
               $str = mysql_escape_string($str);
            }
            else
            {
               $str = mysql_real_escape_string($str, $this->con);
            }
            break;

         case 'mssql':
            $str = addslashes($str);
            break;
      }

      return $str;
   }


   // Demaskiert Strings, sodass sie ohne Slashes ausgegeben werden können
   function str_unesc($str)
   {
      switch($this->dbtype)
      {
         case 'mysql':
         case 'mssql':
            $str = stripslashes($str);
            break;
      }
```

```
        return $str;
    }

    ...

}
```

`str_esc()` hat vor allem die Aufgabe, Hochkommata (') zu maskieren, die ansonsten zu Fehlern oder sogar schädlichen Angriffen beim Ausführen von SQL-Statements führen könnten. Die Funktion `str_unesc()` entfernt einfach nur Maskierungen wie \'.

Könnten diese Funktionen nicht einfach auch außerhalb der Klasse liegen? Ist es nicht ganz schön aufwendig, immer die Klasse parat haben zu müssen, um diese Funktionen anwenden zu können? Nein, ist es nicht. Erstens werden Sie solche Funktionen nur dann benötigen, wenn Sie mit Ihrer Datenbank arbeiten – und dafür werden Sie ohnehin die *db*-Klasse brauchen. Und zweitens haben Sie so die Funktionen immer zur Hand, wenn Sie sie brauchen. Gewöhnen Sie sich an, sie bei jeder SQL-Abfrage oder Ausgabe von Datenbankwerten zu benutzen. Wenn Sie nicht sicher sind, ob eine solche Funktion gerade in Ihrer Programmierung zur Verfügung steht oder wie dieser für den im Moment genutzte Datenbanktyp noch mal heißt, werden Sie im Eifer des Alltags einfach darauf verzichten – und das sollten Sie niemals tun. Packen Sie einfach immer alles, was mit Datenbanken zu tun hat, in Ihre schicke Datenbankklasse.

Zum Abschluss dieses Abschnitts über eigene Funktionen und Klassen sei erwähnt (auch wenn es vielleicht selbstverständlich erscheint), dass Sie alle Ihre Klassen und Funktionen natürlich intensiv testen müssen, damit Sie sich im alltäglichen Einsatz immer absolut sicher sein können, dass sie ohne Probleme funktionieren. Daher ist insbesondere die Erstellung komplexer Klassen nichts, was man unbedingt gerade während eines laufenden Quick & Dirty-Projekts erledigen sollte. Sie müssen absolutes Vertrauen zu Ihren Funktionen und Klassen haben. Eine Funktion oder Klasse, der Sie nicht vertrauen, werden Sie nicht benutzen, und sie ist daher wertlos!

### 4.2.4 Externe Funktionen

Sie müssen das sprichwörtliche Rad nicht immer neu erfinden. Es gibt im Internet unzählige kostenlos verfügbare und einfach nutzbare PHP-Funktionen und Klassen. Wenn Sie das Gefühl haben, dass der PHP-Befehl `mail()` zum Verschicken von E-Mails nicht wirklich komfortabel ist, bedeutet das nicht, dass Sie gleich eine eigene Mail-Klasse programmieren müssen. Externe Funktionen und Klassen haben den Vorteil, dass sie in der Regel sehr genau getestet und immer wieder erweitert wurden. Wie auch ganze Frameworks (siehe unten) haben sie aber den Nachteil, dass Sie sie nur schwer oder gar nicht ändern oder erweitern können und daher an die Möglichkeiten gebunden sind, die Ihnen die Klasse bietet.

Wie bei Ihren eigenen Funktionen ist es aber notwendig, dass auch diese Klassen einfach und intuitiv zu benutzen sind. Sie können es sich nicht leisten, jedes Mal einen halben Tag damit zu verbringen, eine Klasse zu verstehen, bevor Sie sie tatsächlich verwenden können. Als Beispiele zeige ich hier einige meiner Meinung nach gute und hilfreiche Klassen:

### phpMailer

*http://phpmailer.worxware.com/index.php?pg=phpmailer*

Diese gute und einfache Klasse erlaubt das komfortable Verschicken von E-Mails, inkl. HTML-/Text-Mails, und das Anhängen von Attachments. In Kapitel 11 wird die Verwendung des *phpMailer* an einem Beispiel kurz gezeigt.

### FPDF

*http://www.fpdf.de/*

Mithilfe dieser kostenlosen Klasse können Sie einfache PDF-Dateien »on the fly« erzeugen. Wenn Sie bestehende PDF-Dokumente als Grundlage importieren wollen, benötigen Sie noch eine Erweiterung: *http://www.setasign.de/products/pdf-php-solutions/fpdi/*

### PCLZIP

*http://www.phpconcept.net/pclzip/index.en.php*

*PCLZIP* ermöglicht das Erstellen und Entpacken von ZIP-Dateien und Archiven.

### TinyMCE

*http://tinymce.moxiecode.com/*

*TinyMCE* ist ein kostenloser Web-HTML-Editor, der in beliebige HTML- und PHP-Seiten integriert werden kann. Es handelt sich dabei um keine PHP-Klasse, sondern zunächst einmal um reines JavaScript. Das Programm soll aber trotzdem hier erwähnt werden, da es sehr oft vorkommt, dass die Möglichkeiten einer einfacher `<textarea>` nicht ausreichen. *TinyMCE* liefert hier schon mit kleinem Aufwand erstaunliche Ergebnisse. (Aus diesem Grund wird in Kapitel 11 ein kurzes Beispiel gezeigt.)

Man könnte diese Liste noch beliebig erweitern. Kopieren Sie einfach alle externen Klassen, die Ihnen sinnvoll erscheinen, in Ihren *externals*-Ordner. Dadurch trennen Sie ganz klar Fremdprogrammierung von Ihrer eigenen und können vor allem auch schnell eine externe Klasse aktualisieren, sobald es eine neue Version geben sollte. Und wenn Sie einmal in einem Projekt keine Mails verschicken wollen? Lassen Sie die externe Mail-Funktion trotzdem da, wo sie ist. In Zeiten, wo Festplatten in Terabyte verkauft werden, schadet es niemandem, wenn Sie in Ihrem *externals*-Ordner ein paar Dateien haben, die Sie im Moment gar nicht brauchen. Das alles darf niemals unübersichtlich werden, aber lieber eine ungenutzte Klasse zu viel als eine Stunde mit der Suche nach ihr zu verbringen, wenn Sie sie dann plötzlich doch benötigen.

## 4.3 Einzubindende Dateien

Eine schicke Funktionssammlung und ein paar mächtige Helferklassen sind schon eine feine Sache – Sie können aber noch viel mehr tun, um Ihren Start in ein neues Projekt so schnell und effizient wie möglich zu gestalten. Denn nicht nur Projekte untereinander, sondern auch alle Seiten innerhalb eines Projekts haben Gemeinsamkeiten, die Sie ausnutzen sollten, um sich selbst so viel Arbeit wie möglich zu ersparen.

**Tipp**
Machen Sie alles nur *einmal*! Wenn Sie etwas auf mehreren Seiten benötigen, dann lagern Sie es in eine getrennte Datei aus und binden diese in die Webseiten ein!

Natürlich sollten Sie jetzt nicht wahllos anfangen, Codefragmente in Dateien auszulagern, sondern auch hier überlegt und strukturiert vorgehen.

### GLOBALCONSTANTS.php und GLOBALINCLUDES.php

In jedem Projekt gibt es eine ganze Ansammlung von festen Parametern oder Konstanten. Sei es die E-Mail-Adresse des Kunden, an den die Daten der Kontaktformulare geschickt werden sollen, oder die maximale Größe eines Porträtbildes, das die Besucher Ihres Portals zur Partnersuche hochladen dürfen. All diese Konstanten sollten Sie in einer einzelnen Datei sammeln (nennen Sie sie beispielsweise *GLOBALCONSTANTS.php*). Dann wissen Sie immer, wo Sie suchen müssen. Wenn Sie einmal einen ganzen Webauftritt nach einer E-Mail-Adresse durchforstet haben, weil sich diese plötzlich doch geändert hat, dann wissen Sie eine solche zentrale Sammelstelle zu schätzen.

Sollte auch der Name der Logodatei des Webauftritts dorthin? Oder die Postanschrift des Kunden? Nein, nicht unbedingt. Schreiben Sie in *GLOBALCONSTANTS.php* nur Informationen, bei denen es wahrscheinlich ist, dass sie sich irgendwann einmal ändern oder die an mehreren Stellen im Webauftritt gebraucht werden. Das Logo wird sicher nicht so schnell wechseln, und wenn, dann benennen Sie die neue Grafik einfach so wie die alte. Und die Postanschrift des Kunden wird wohl nur im Impressum stehen – und da sollte sie auch bleiben.

Noch wichtiger als *GLOBALCONSTANTS.php* ist eine Datei, die für jede Seite Ihres Webauftritts die Startarbeit in Sachen PHP leistet: Wir nennen Sie *GLOBALINCLUDES.php*. Hier packen Sie alles rein, was Sie auf jeder (oder zumindest fast jeder) Seite Ihres Auftritts benötigen werden – zum Beispiel:

- alle wichtigen PHP-Includes (z. B. Ihre Dateien *GLOBALCONSTANTS.php*, *FUNCTIONS.php*, die Datenbankklasse, die Konfigurationsdateien etc.),
- Aufbau der Datenbankverbindung,
- Starten der Sessions,
- Setzen von Variablen, die Sie überall brauchen.

Das könnte so aussehen:

```
<?

// Starte Session

@session_start();


// Pfad zum Basisverzeichnis der Webanwendung

$basedir = dirname(__FILE__)."/..";

// Include-Dateien

require($basedir."/localconfig.php");
require($basedir."/globalincludes/GLOBALCONSTANTS.php");
require($basedir."/globalincludes/classes/db.class.php");
require($basedir."/globalincludes/FUNCTIONS.php");


// Stelle Datenbankverbindung her
// Verbindungsdaten stehen in localconfig.php

$db = new db();
$db->connect($mysqlServer, $mysqlUser, $mysqlPass, $mysqlDB);


// Debug-Variable: Wenn $localhost auf true steht, dann
// befinden wir uns auf dem lokalen Entwicklungsrechner
```

```
$localhost = $_SERVER['HTTP_HOST'] == 'localhost';

?>
```

*globalincludes/GLOBALINCLUDES.php*

Wenn nun wirklich *jede* Seite Ihres Projekts diese Datei einbindet, dann können Sie sich *immer* sicher sein, dass:

- die Session-Variablen zur Verfügung stehen.
- in der Variablen `$basedir` der absolute Pfad zum Basisverzeichnis der Webanwendung steht (beispielsweise *C:\xampp\htdocs\QuickAndDirty*). Diesen können und sollten Sie beim Einbinden von Include-Dateien über *require* oder *include* immer benutzen.
- alle wichtigen Include-Dateien eingebunden worden sind (insbesondere auch *GLOBALCONSTANTS.php*).
- Sie über die Variable `$db` jederzeit eine Datenbankabfrage starten können, ohne die Verbindung erst noch öffnen zu müssen.
- Sie jederzeit über die Variable `$localhost` feststellen können, ob Sie sich auf Ihrem lokalen Entwicklungssystem befinden oder nicht.

Und was ist, wenn eine Seite einmal keine Sessions oder Datenbankverbindung braucht? Wen kümmert's? Eine geöffnete Session schadet niemandem. Und auch das Erstellen einer Datenbankverbindung drückt die Performance einer Seite erst einmal nicht wesentlich. Besser einmal eine Session zu viel öffnen, als einmal Zeit damit zu verlieren, weil man vergessen hat, dies auf einer Seite zu tun.

Ein Wort zu den `require()`-Anweisungen und der Variablen `$basedir`: Gewöhnen Sie sich an, diese in Dateien wie *GLOBALINCLUDES.php* absolut zu verlinken! Sie wissen nie, von welcher Datei und aus welcher Verzeichnisebene heraus Sie später einmal diese Datei einbinden werden. Bei relativen Pfaden, z. B.:

```
require("../localconfig.php");
```

kann es sehr schnell Probleme geben, wenn Sie die Datei nicht direkt, sondern über den Umweg einer weiteren Datei einbinden. Sie sollten daher Dateien immer über die vollständigen physikalischen Pfade ansprechen. Hierzu verwenden Sie die hier erstellte und damit überall verfügbare Variable `$basedir`, der Sie den Pfad zum Basisverzeichnis der Anwendung übergeben:

```
$basedir = dirname(__FILE__)."/..";
```

Die magische Konstante `__FILE__` liefert Ihnen immer den vollständigen, absoluten Pfad zu der jeweils aktuellen Datei, in der sie aufgerufen wird. In diesem Fall also beispielsweise zu:

```
C:\xampp\htdocs\QuickAndDirty\globalincludes\GLOBALINCLUDES.php
```

Da Sie aber nur den tatsächlichen Pfad und nicht den Dateinamen brauchen, verwenden Sie die Funktion `dirname()`. Die Datei *GLOBALINCLUDES.php* liegt nun jedoch nicht im Basisverzeichnis, sondern im Verzeichnis *globalincludes*, daher müssen Sie mit `/..` noch eine Verzeichnisebene nach oben springen, um in das gewünschte Basisverzeichnis zu gelangen. `$basedir` enthält danach beispielsweise diesen Wert:

```
C:\xampp\htdocs\QuickAndDirty
```

Diesen Pfad können Sie nun aus jeder Datei in jedem Verzeichnis heraus verwenden. Somit können Sie die Datei *GLOBALINCLUDES.php* in jeder erdenklichen Form und von jedem Ort aus einbinden. Die Pfade zu den dort verwendeten Include-Dateien werden immer stimmen. Verwenden Sie daher `$basedir` in Ihrer gesamten Anwendung, um das oben besprochene Problem der relativen Pfade zu umgehen (natürlich außer beim Einbinden der Datei *GLOBALINCLUDES.php* selbst, denn da steht die Variable noch nicht zur Verfügung).

## localconfig.php

Sie werden in jeder Programmierung Parameter verwenden, die spezifisch für die Serverumgebung sind, auf der die Skripte ausgeführt werden. Das sind insbesondere die Verbindungsdaten zur Datenbank, aber auch Pfade zu Ordnern außerhalb des Webauftritts (z. B. für Exporte oder Importe von Daten). Sie sollten diese Informationen alle in einer einzigen Datei sammeln, nämlich *localconfig.php*:

```
<?
// Datenbankverbindungen
$mysqlServer   = "localhost";
$mysqlUser  = "derUserName";
$mysqlPass  = "geheimesPasswort";
$mysqlDB = "quickanddirty";

// Pfad zur externen Daten-Ablage (für XML-Export)
$EXT_PATH_XML = "D:/projekte/quickanddirty/xmlablage/";
?>
```

*localconfig.php*

Diese Datei sollte immer im Basisverzeichnis des Webauftritts liegen. Das ist insbesondere dann enorm hilfreich, wenn Sie Ihre Programmierung auf einem anderen Server aktualisieren. So können Sie alle Ordner, wie *www* oder *admin*, komplett auf einen anderen Computer kopieren, ohne die Daten in der *localconfig.php* zu überschreiben. Mehr zu diesem Thema finden Sie in Kapitel 9 – »Deploy & Deliver«.

### head.php und foot.php und andere Includes

Globale Konstanten und eine geöffnete Session sind nicht das Einzige, was alle Ihre PHP-Dateien gemeinsam haben. Fast immer wird auch der HTML-Rahmen für alle Seiten identisch sein. Stellen Sie sich vor, Sie haben einen Auftritt mit 100 einzelnen Webseiten. Plötzlich müssen Sie den Namen der einzubindenden Style-Datei ändern. Oder der Zeichensatz soll auf UTF-8 umgestellt werden. Sie müssten 100 Dateien einzeln händisch anpassen. Eine sehr fehleranfällige und langwierige Arbeit (und höchst langweilig dazu). Lagern Sie daher die Programmierung aus, die bei allen Dateien gleich oder zumindest ähnlich ist. Eine typische HTML/PHP-Webseite, die in Ihrem *www*-Ordner liegt, könnte so aussehen:

```
<!DOCTYPE html PUBLIC "-//W3C//DTD HTML 4.01 Transitional//EN"
"http://www.w3.org/TR/html4/transitional.dtd">
<html>
<head>
   <title>QuickAndDirty</title>

   <meta name="copyright" content="2009 - QuD GmbH & Co KG" />
   <meta http-equiv="content-type" content="text/html;charset=utf-8" />

   <link rel="stylesheet" type="text/css" href="styles/styles.css" />

   <script language="JavaScript"
src="../js/tolle_javascript_funktionen.js"></script>
</head>
<body>
<form name="form1" action="<?=$_SERVER["PHP_SELF"]?>" method="post"
enctype="multipart/form-data">

<h1>Hallo Welt</h1>

</form>
</body>
</html>
```

*www/hallowelt.php*

Sie besteht aus einem HTML-Kopf, in dem die Meta-Angaben stehen und in den alle wichtigen Stylesheet- und JavaScript-Dateien eingebunden werden. Außerdem gibt es den eigentlichen Inhalt der Seite (das berühmte »Hallo Welt«) und einen Fußbereich (der hier nur aus drei schließenden HTML-Tags besteht). Bis auf den Inhalt werden später wohl alle Seiten so aufgebaut sein. Also lagern Sie den Kopf und den Fuß einfach aus und binden sie über PHP in Ihre Seiten ein. Erstellen Sie also im *www/inc*-Ordner zwei Dateien mit den Namen *head.php* und *foot.php*. Es ist sinnvoll, diese Dateien für den öffentlichen und geschützten Bereich zu trennen. Sie können im Ordner *admin/inc* später entsprechende Dateien für die Administrationsskripte anlegen.

```
<!DOCTYPE html PUBLIC "-//W3C//DTD HTML 4.01 Transitional//EN"
"http://www.w3.org/TR/html4/transitional.dtd">
<html>
<head>
   <title>QuickAndDirty Blog</title>

   <meta name="copyright" content="2009 - QuD GmbH & Co KG" />
   <meta http-equiv="content-type" content="text/html;charset=utf-8" />

   <link rel="stylesheet" type="text/css" href="styles/styles.css" />

   <script language="JavaScript"
src="../js/tolle_javascript_funktionen.js"></script>
</head>
<body>
<form name="form1" action="<?=$_SERVER["PHP_SELF"]?>" method="post"
enctype="multipart/form-data">
```

*www/inc/head.php*

```
</form>
</body>
</html>
```

*www/inc/foot.php*

Wie viel Sie in diese Dateien schreiben, ist letztendlich Geschmacksache. Ob man zum Beispiel den `<form>`-Tag auslagert, hängt sicher vom aktuellen Projekt und persönlichen Geschmack ab. Die meisten PHP-Seiten werden ein Formular brauchen – und wenn nicht, dann stört es auch nicht weiter (wie hier bei unserem kleinen »Hallo Welt«-Beispiel).

Wenn Sie den `<form>`-Tag in die *head.php* mit übernehmen, wissen Sie immer, dass Ihr Formular *form1* heißt, und Sie müssen nicht weiter suchen. Wenn Sie aber Seiten mit mehreren Formularen benötigen, dann könnte es sinnvoller sein, den `<form>`-Tag hier wegzulassen. In jedem Fall sähe Ihre ursprüngliche Webseite jetzt einfach nur noch so aus:

```
<?require("../globalincludes/GLOBALINCLUDES.php")?>
<?require("inc/head.php")?>

<h1>Hallo Welt</h1>

<?require("inc/foot.php")?>
```

*www/hallowelt.php*

Sollte sich jetzt etwas im Kopf- oder Fußbereich Ihrer Seiten ändern, brauchen Sie nur noch eine Datei zu bearbeiten und nicht mehr 100. Natürlich ist das Leben nicht immer so einfach. Manchmal kommt es vor, dass sich die Kopf- und Fußbereiche aller Seiten zwar ähneln, aber dennoch nicht völlig identisch sind. Ein klassisches Beispiel ist der Titel der Seite (`<title>`). Wir haben diesen hier jetzt einfach festgeschrieben, und sehr oft ist das auch völlig ausreichend. Hin und wieder aber wollen Sie zwar prinzipiell immer den gleichen HTML-Kopf benutzen, aber der Titel der Webseite soll auf jeder Seite doch bitteschön individuell sein. Das aber ist noch kein Grund, die *head.php* direkt in den Papierkorb des Rechners zu werfen. Nutzen Sie alle Möglichkeiten, die PHP Ihnen bietet. Erweitern Sie einfach Ihre einzubindende Datei, sodass Sie einen freien Titel setzen können:

```
<!DOCTYPE html PUBLIC "-//W3C//DTD HTML 4.01 Transitional//EN"
"http://www.w3.org/TR/html4/transitional.dtd">
<html>
<head>
   <title><?if (isset($seitentitel)) echo $seitentitel; else echo
"QuickAndDirty Blog";?></title>
   <meta name="copyright" content="2009 - QuD GmbH & Co KG" />
   <meta http-equiv="content-type" content="text/html;charset=utf-8" />

   <link rel="stylesheet" type="text/css" href="styles/styles.css" />

   <script language="JavaScript"
src="../js/tolle_javascript_funktion.js"></script>
</head>
<body>
<form name="form1" action="<?=$_SERVER["PHP_SELF"]?>" method="post"
enctype="multipart/form-data">
```

*www/inc/head.php*

Wenn Sie nun der Variablen `$seitentitel` einen Wert zuweisen, bevor Sie die *head.php* einbinden, so wird Ihre Seite diesen Titel bekommen. Wenn Sie die Variable leer lassen, wird die Seite einfach wie bisher »QuickAndDirty Blog« heißen.

```
<?require("../globalincludes/GLOBALINCLUDES.php")?>
<?
$seitentitel = "Ein anderer Seitentitel";
require("inc/head.php")
?>

<h1>Hallo Jupiter</h1>

<?require("inc/foot.php")?>
```

*www/hallojupiter.php*

So können Sie weiterhin alle Vorzüge der *head.php* nutzen und trotzdem einzelne Komponenten dieser Include-Datei individuell gestalten.

**Bild 4.10:** Ein alternativer Seitentitel

Eine Anmerkung zum Schluss: Die beiden Dateien *head.php* und *foot.php* sind nur zwei erste und allgemeine Beispiele. Sie werden sie prinzipiell in jedem neuen Projekt nutzen und können sie daher gut in Ihren Startup-Ordner packen. Halten Sie aber auch während eines konkreten Projekts immer die Augen nach Bereichen in Ihren Seiten auf, die sich wiederholen, die Sie also in mehreren Webseiten benötigen und die Sie daher ausgliedern sollten.

Ein typisches Beispiel ist die Navigation einer Webseite. Früher hat man solche Probleme mit Frames gelöst. Die Navigation der Seite befand sich in einem und der eigentliche Inhalt in einem anderen Frame. Frames benutzt man heute eigentlich nur noch in Ausnahmefällen, aber Sie können den gleichen Effekt mit einem einfachen PHP-Include erreichen. Lagern Sie die Navigation in eine Datei *navigation.php* aus, und binden Sie diese in die Seiten ein. Das könnte in einem konkreten Projekt zum Beispiel so aussehen:

```
<?require("../globalincludes/GLOBALINCLUDES.php")?>
<?require("inc/head.php")?>

<div id="rahmen">

  <div id="navigation">
    <? require("../inc/navigation.php")?>
  </div>

  <div id="inhalt">
    <h1>Hallo Welt</h1>
  </div>

</div>

<?require("inc/foot.php")?>
```

Jetzt kann sich die Seitennavigation jederzeit ändern, es kann ein neuer Link hinzukommen oder wegfallen: Sie müssen nur noch eine einzige Datei ändern.

## 4.4 Frameworks

Dies ist kein Buch über Frameworks. Wenn Sie sich noch nie mit diesen beschäftigt haben, dann können Sie diesen Abschnitt auch getrost überspringen. Wenn Sie aber schon einmal von Frameworks wie CakePHP oder dem Zend Framework gehört haben und dieses Kapitel lesen, könnten Sie sich die Frage stellen: Basteln wir uns da nicht gerade ein Framework? Warum nehmen wir nicht eines, das es schon gibt?

Auf den ersten Blick eine nicht ganz unberechtigte Frage. Zunächst einmal besteht ein solches Framework allerdings aus weit mehr als ein paar gesammelten Funktionen, Klassen und eingebundenen Dateien. Ein Framework ist, wie der Name schon sagt, ein komplexer Rahmen für die Programmierung, der eine gänzlich andere Herangehensweise an ein Projekt erfordert als die hier beschriebene. Sie programmieren nicht mehr nur in PHP, sondern INNERHALB eines Frameworks. Ein Framework ist dabei keine eigene neue Programmiersprache, Sie müssen es aber wie eine neue Sprache erlernen. Bliebe die Frage: Eignen sich Frameworks für ein Quick & Dirty-Projekt? Die Antwort ist ein klares »Ja, aber …« oder auch ein »Nein, wenn nicht …«.

Zunächst liefern Frameworks in der Tat ein oftmals schwindelerregend schnelles Ergebnis. Schauen Sie sich einmal dieses Beispiel eines Programms in CakePHP an:

```
<?
class MitarbeiterController extends AppController
{
        var $name = "Mitarbeiter";
        var $scaffold;
}
?>
```

Sie müssen diese Klasse gar nicht verstehen – es reicht aus zu wissen, dass, wenn Sie zu dieser Klasse eine passende Tabelle in Ihrer Datenbank richtig angelegt haben, diese wenigen Zeilen ausreichen, um eine komplette Umgebung zum Anlegen, Editieren und Löschen der Mitarbeiterdaten zu erstellen.

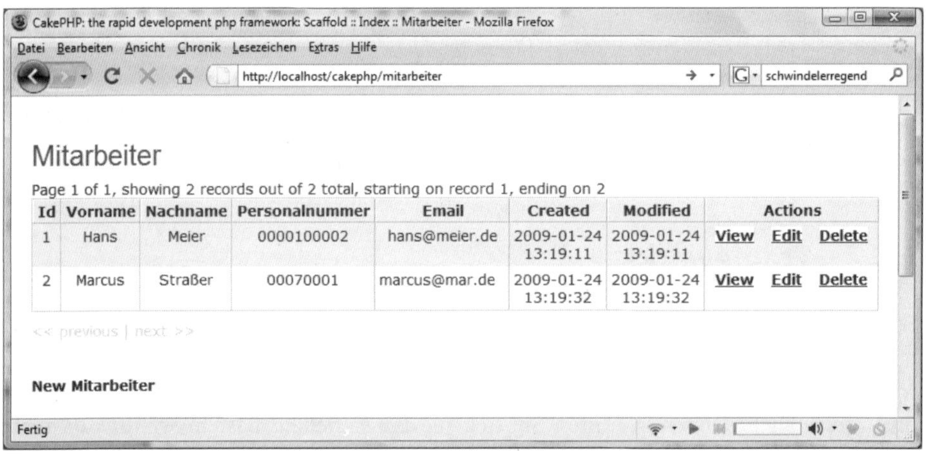


**Bild 4.11:** CakePHP – eine ganze Administration in fünf Minuten

Das ist sicher ganz schön »quick«. Warum nehmen wir dann nicht einfach CakePHP und vergessen unsere eigenen Klassen und Funktionen? Frameworks sind eine wirklich tolle Sache – allerdings nur unter zwei entscheidenden Voraussetzungen: Erstens – Sie beherrschen das Framework *wirklich*! Und zweitens – Sie bleiben in dem Rahmen, den Ihnen das Framework vorgibt. Das fast schon magisch kurze Listing oben ist beeindruckend, aber natürlich wird es in keinem realen Projekt ausreichen. Sie müssen die Oberfläche erweitern, ihr ein neues Layout geben, neue Funktionalitäten einbinden usw. Das alles geht natürlich auch in einem Framework, aber wenn Sie nicht wissen, wie es genau funktioniert, dann verbringen Sie endlose Zeit damit zu recherchieren, wie nun eine bestimmte Funktionalität innerhalb des Frameworks umzusetzen ist. Oder noch schlimmer: In der Hektik und Zeitnot des Alltags fangen Sie an, Framework und eigene Programmierung wild zu mischen. Sie beginnen, um das Framework herum zu programmieren. Eine chaotische PHP-Programmierung ist schlimm – eine chaotische Programmierung in einem Framework ist eine Katastrophe. Sie kämpfen dann nicht nur gegen Ihre eigene Unordnung, sondern auch noch gegen die Ansprüche des Frameworks.

Über die zweite Voraussetzung, die Tatsache, dass man den wortwörtlichen Rahmen eines Frameworks nur schwer verlassen kann, kann man sicher streiten. Jedes Framework bietet unzählige Möglichkeiten, nahezu jeden Wunsch zu erfüllen, jede geforderte Funktionalität dann doch umzusetzen. Aber Sie verlieren eben genau dann den oben skizzierten Vorteil der Einfachheit und Schnelligkeit. Sicher ist alles irgendwie auch in einem Framework möglich, aber seine Stärke spielt es nur dann voll aus, wenn man im Rahmen seiner Konzepte bleibt.

Ein wichtiger Aspekt soll hier am Ende nicht unerwähnt bleiben: Frameworks wie CakePHP benötigen meist bestimmte Installationsvoraussetzungen wie z. B. ein *URL-Rewriting* (das Abbilden von URL-Adressen auf konkrete Dateien und Parameter), das gerade auf Windows-Servern unter Umständen nur schwer möglich ist. Denken Sie immer daran, dass die meisten Quick & Dirty-Projekte auf einem fremden Server laufen werden, bei dem Sie nicht beliebige Forderungen stellen können.

Wie lautet also nun die Antwort auf unsere Frage: Eignen sich Frameworks für ein Quick & Dirty-Projekt? Ja – aber nur wenn Sie das Framework wirklich absolut beherrschen, vor allem seine Grenzen kennen und wissen, dass Sie diese in Ihrem Projekt nicht überschreiten werden. Wenn Sie mehr wissen wollen:

Cake PHP:

*http://cakephp.org/*

Zend Framework

*http://framework.zend.com*

# 5 Build & Write

## Quick & dirty programmieren

Es wird Zeit, endlich alle Vorbereitungen zusammenzufügen: Ausgerüstet mit den Werkzeugen aus Kapitel 3 und der Basis aus Kapitel 4 können wir jetzt beginnen, den in Kapitel 2 beschriebenen Quick & Dirty-Blog zu programmieren. Es soll hier nicht jeder Schritt genauestens gezeigt werden, sondern dieses kleine Projekt soll als Beispiel dienen, wie man quick & dirty programmiert – nicht immer schön, aber dafür effizient. Zur Erinnerung noch einmal der Aufbau und die Anforderungen an die Programmierung:

**PHASE 1 (fertig bis eine Woche vor der Messe)**

- Darstellung von Tagebuch-/Blog-Einträgen in der Webseite (sortiert nach Datum oder Thema)
- Einpflegen neuer Einträge über die Administration
- Einpflegen neuer Themen (für die Einträge) über die Administration (z. B. »Neuigkeiten«, »Wissenswertes« etc.)

**PHASE 2 (fertig bis zur Messe)**

- Möglichkeit für die Webnutzer, Einträge zu kommentieren (benötigt evtl. Anmeldeformular für Kommentarfunktion)
- Newsletter-Funktion (Inhalte des Blogs werden als Mail verschickt, benötigt An- und Abmeldeformular zum Newsletter)

Damit am Ende niemand enttäuscht ist, sei gleich gesagt, dass wir in diesem Buch lediglich auf die Phase 1 eingehen werden. Daher sei hier auch noch einmal die grobe Reihenfolge gezeigt, in der Sie die einzelnen Punkte dieser ersten Phase angehen wollten (und in welchen Kapiteln dieses Buches sie behandelt werden):

1. Datenbank (Kapitel 5)
2. Themen-Adminstration (Kapitel 5)

3. Inhalte-Administration (Kapitel 6)
4. Blog (Webseite) (Kapitel 7)

## 5.1 Namensgebung

Bevor wir mit dem eigentlichen Erstellen der Datenbank und dann der Programmierung beginnen, ist es wichtig, ein paar Worte über die Namensgebung von zum Beispiel Tabellen, Spalten oder Variablen zu verlieren.

> **Tipp**
> Sie können sich Ihr alltägliches Programmiererleben ungemein erleichtern, wenn Sie sämtliche Namen in Ihrem Projekt absolut einheitlich und nach einem festen Schema anlegen und dies konsequent beibehalten.

Nutzen Sie hierzu ausschließlich die Kleinschreibweise. Ja, auch bei Klassen. In anderen Programmiersprachen beginnen die Namen von Klassen meist mit einem Großbuchstaben. In PHP können Sie jedoch zu jedem Zeitpunkt zwischen normalen Variablen und Klassennamen unterscheiden (letztere besitzen kein »$«) und daher sollten Sie auch die Namen Ihrer Klassen (falls Sie denn wirklich welche brauchen) komplett kleinschreiben. Sie sparen sich einfach Zeit, wenn Sie nicht ständig überlegen müssen, ob etwas groß- oder kleingeschrieben werden muss. Einzige Ausnahme können konstante Variablen und global einzubindende Dateinamen sein (z. B. `$PICTURE_UPLOAD_DIR` oder *GLOBALCONSTANTS.php*). Wenn Sie konsequent alle Konstanten in diesen globalen Dateien hinterlegen, werden Sie immer wissen, wo Sie zu suchen haben, wenn Sie in der Programmierung auf eine Variable in Großbuchstaben stoßen und diese ändern wollen.

Wenn Sie schließlich eine Variable taufen wollen, so benennen Sie sie nach dem Objekt, dem »Ding«, um das es geht. In unserem Blog wären dies die Themen (*topics*) und die eigentlichen Inhalte (*entries*). Den einzelnen Eigenschaften eines Objekts stellen Sie am besten immer dessen Namen voran (`topic_name`, `entry_title`). (Wenn hier von Objekten die Rede ist, dann ist dies nicht im engeren Sinne einer objektorientierten Programmierung gemeint, sondern es geht immer allgemein um die »Dinge« an sich, die von einer Tabelle oder einer Variable beschrieben werden.) Es empfiehlt sich, die Namensgebung immer logisch zu wählen. Benennen Sie daher Tabellen und Dateien am besten nach dem Plural des Namens des Objekts:

```
entries, topics
```

Eine Tabelle enthält mehrere »Inhalte« (= entries), und die Administration für Ihre Blog-Inhalte bearbeitet nicht nur einen einzelnen Eintrag, sondern mehrere. Daher sollten Sie die zuständige Datei *entries.php* nennen. Die spezifischen Eigenschaften eines Objekts (und damit die Tabellenspalten, PHP-Variablen und Formular-Eingabefelder) bezeichnen jedoch immer genau ein »Ding« und sollten daher im Singular benannt werden:

```
entry_id

entry_title

entry_picture

...

topic_name

...
```

Viel wichtiger allerdings als die tatsächliche Bezeichnung ist, dass Sie einfach allem, was mit einer bestimmten Information in Ihrer Programmierung zu tun hat, den gleichen Namen geben. Benennen Sie wirklich *alles* gleich. Was den Titel eines Blog-Eintrags beschreibt, sollte immer `entry_title` heißen, sei es eine Datenbankspalte, eine PHP-Variable, ein Form-Element oder eine JavaScript-Variable. Es ist so nicht nur einfacher, sich die Namen zu merken, sondern Sie können auch viel Zeit durch sinnvolles »Copy & Paste & Search & Replace« sparen (mehr dazu in Kapitel 6). Zur Übersicht hier noch einmal eine Zusammenstellung, wie eine einfache und sinnvolle Namensgebung aussehen kann:

| *Name für* | *Plural oder Singular* | *Beispiele* |
|---|---|---|
| Datenbanktabelle | Plural | `entries`, `topics`, `users` |
| Dateiname | Plural | `entries.php`, `topics.php`, `users.php` |
| Tabellenspalte | Singular | `entry_id`, `entry_title` |
| PHP-Variable für ein Objekt | Singular | `$entry_id`, `$entry_title` oder als data-Array: `$data['entry_title']` |
| Form-Element | Singular | als Array-Übergabe (s. Kapitel 5.3) `data[entry_title]`, `data[entry_subtitle]` |
| JavaScript-Variable | Singular | `var entry_title;` |

**English, please?**
Müssen Variablennamen immer englisch sein? Es wird ausgesprochen selten vorkommen, dass später einmal ein englischsprachiger Programmierer Ihren Quelltext übernehmen wird. (In diesem Fall müssten Sie auch sämtliche Kommentare auf Englisch verfassen – viel Spaß!) Dennoch bevorzugen viele Programmierer englische Namen. Dafür gibt es verschiedene Gründe. Zunächst einmal sind englische Namen in der Regel kürzer und prägnanter. Darüber hinaus erspart man sich das Problem der Umlaute in der deutschen Sprache: Sollte eine Tabellenspalte vielleicht doch korrekt »Straße« und nicht »Strasse« heißen? Kann die Datenbank überhaupt damit umgehen? Und wie heißt dann die PHP-Variable? All diese Fragen und Probleme ersparen Sie sich, wenn sie in der »umlautefreien« englischen Sprache bleiben.

Außerdem kann man argumentieren, dass auch PHP selbst nur Englisch »spricht«. (Vielleicht wäre es an der Zeit, einmal ein deutsches PHP zu entwerfen. Einen gewissen Charme hätte es sicher: `wenn ($passwort=="") {drucke("Kein Passwort"); stirb(); }`) Auch wenn es letztendlich wohl nur wenige Programmierer zugeben werden, oft ist es auch ein Grund, dass englische Namen ganz einfach cooler klingen. Machen wir uns nichts vor: Eine Tabelle *user_default_settings* klingt deutlich spannender als *nutzer_standard_einstellungen*. Nicht umsonst wimmelt es in unserer gesamten deutschen Sprache inzwischen von englischen Begriffen, die man eigentlich nicht bräuchte.

Aber lassen Sie sich davon nicht einschüchtern. Insbesondere wenn Sie Schwierigkeiten mit der englischen Sprache haben, dann benutzen Sie deutsche Namen. Es wäre enorm zeitraubend, wenn Sie bei jeder neuen Variablen erst einmal im Lexikon nachschlagen müssten, wie nun eigentlich der korrekte englische Begriff lautet. Achten Sie aber immer darauf, dass Sie Umlaute und Sonderzeichen konsequent umschreiben (beispielsweise »ä« => »ae«, aber auch »ß« => »ss«).

## 5.2 Die Datenbank

Kommen wir nun zur eigentlichen Programmierung. Jetzt endlich kann es losgehen – aber womit beginnen Sie am besten? Wie in Kapitel 2 bereits gezeigt, sollten Sie immer von unten nach oben vorgehen: zunächst die Datenbank, dann die Administrationen zur Eingabe der Inhalte und Themen und schließlich die Ausgabe der Blog-Einträge in der eigentlichen Webseite.

Fangen Sie also mit der untersten Stufe an: der Datenbank. Vielleicht spüren Sie jetzt den Drang, sofort einen Bleistift oder ein entsprechendes Programm zu zücken, um Ihre Datenbank genauestens in Form eines Diagramms zu entwerfen, einer schematischen Darstellung aller Tabellen und ihrer Beziehungen zueinander. Aber brauchen Sie so etwas bei einem Quick & Dirty-Projekt? Eigentlich nicht.

Die prinzipiellen Datenbankstrukturen bei kleinen und mittleren Projekten ähneln sich ziemlich stark. Wenn Sie später einmal einige solcher Programme umgesetzt haben, werden Sie bereits bei der Besprechung der Funktionalitäten eines Programms im Kopf die passende Datenbankstruktur entwerfen. Daher empfiehlt es sich generell eigentlich nur dann, vorher ein solches Diagramm zu erstellen, wenn Sie erwarten, dass die Datenbank doch deutlich komplexer werden wird als sonst. (In diesem Fall sollten Sie sich allerdings ernsthaft fragen, ob dies in der Tat noch ein Quick & Dirty-Projekt ist.) Ansonsten verzichten Sie auf das Diagramm. Es sei denn, Sie sind neu im Geschäft und haben den typischen Aufbau noch nicht verinnerlicht. Kein Problem. In diesem Fall schnappen Sie sich einfach ein Stück Papier und malen Ihre Datenbank zu Beginn Ihrer Arbeit einmal auf. Das genügt. Versuchen Sie nur, sich die prinzipielle Struktur vor Augen zu führen. Das sollte fast immer reichen.

Natürlich gibt es einige wirklich gute Programme zur Erstellung von professionellen Diagrammen wie etwa die *MySQL Workbench*. Fangen Sie aber gar nicht erst damit an, Ihre Datenbankstruktur in solch einem Programm zu erstellen. Ihre Tabellen werden sich im Laufe des Projekts ständig ändern, und Sie verschwenden viel zu viel Zeit mit dem Versuch, Ihre schönen Grafiken immer aktuell zu halten, nur um sich dann irgendwann doch resigniert die Frage zu stellen: Warum zum Teufel mache ich das eigentlich? Ein professionell erstelltes Datenbankdiagramm sieht ungemein schick und wichtig aus, und wenn Sie ein paar davon bei sich im Büro an die Wand hängen, werden Ihnen die bewundernden Blicke der Kunden sicher sein. Aber zu sehr viel mehr sind sie in den meisten Fällen nicht zu gebrauchen. Bei unserem Quick & Dirty-Blog sähe eine einfache Skizze beispielsweise zu Beginn so aus:

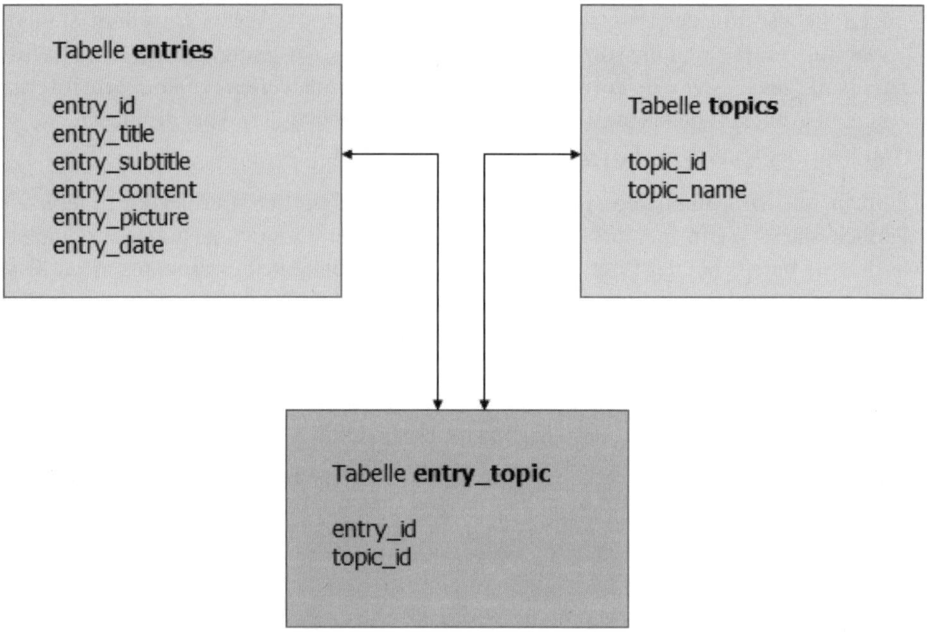


**Bild 5.1:** Datenbankdiagramm zum Q&D-Blog

Eine typische Datenbank eines Webprojekts besteht stets aus einigen »Objekt«-Tabellen (hier *topics* für die Blog-Themen und *entries* für die Blog-Einträge) und eventuell benötigten Verknüpfungstabellen. Da in unserem Fall ein Blog-Eintrag zu mehreren Themen gehören kann, gibt es die Verknüpfungstabelle *entry_topic*, die nichts weiter enthält als die ID eines Eintrags und die ID eines Themas und somit festlegt: Dieser Blog-Eintrag gehört zu diesem Thema. (Man spricht hier auch von einer n-zu-n-Beziehung.)

Ich möchte hier nicht genauer auf den Aufbau von Datenbanken eingehen. Es sei jedoch gesagt, dass sich der hier gezeigte Aufbau fast überall wiederfinden lässt: Sei es in einem Shop, in dem Sie Artikel bestimmten Bereichen zuordnen, oder in einem Forum, in dem Sie Beiträge einem Nutzer zuordnen. Sie werden immer Tabellen anlegen, die ein bestimmtes »Objekt« in Ihrem System darstellen (Nutzer, Artikel, Forumseinträge etc.), und andere, die die Beziehungen dieser Objekte untereinander abbilden. Wenn Sie einige solcher Projekte umgesetzt haben, werden Sie diese Diagramme nicht mehr brauchen. Schnappen Sie sich dann einfach die Anforderungen an das Programm, und setzen Sie diese direkt in Datenbanktabellen um. Diese Anforderung klingt vielleicht so:

»Ein Blog-Eintrag sollte bestehen aus: Titel, Untertitel, Text und einem Bild. Und natürlich sollte das Datum mitgespeichert werden, und es soll möglich sein, jedem Eintrag ein oder mehrere Themen zuzuordnen.«

Mehr brauchen Sie doch gar nicht, um Ihre Datenbank anzulegen. Sie benötigen eine Tabelle für die Blog-Einträge, eine Tabelle für die Blog-Themen und eine Tabelle, die Einträge und Themen miteinander verknüpft. Nichts leichter als das:

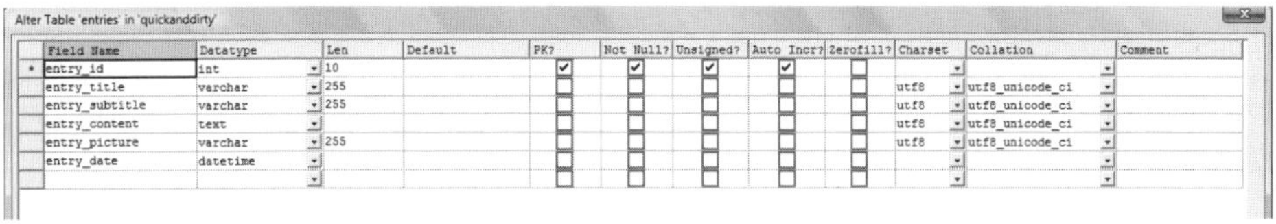
Alter Table 'entries' in 'quickanddirty'

| Field Name | Datatype | Len | Default | PK? | Not Null? | Unsigned? | Auto Incr? | Zerofill? | Charset | Collation | Comment |
|---|---|---|---|---|---|---|---|---|---|---|---|
| entry_id | int | 10 | | ✓ | ✓ | ✓ | ✓ | | | | |
| entry_title | varchar | 255 | | | | | | | utf8 | utf8_unicode_ci | |
| entry_subtitle | varchar | 255 | | | | | | | utf8 | utf8_unicode_ci | |
| entry_content | text | | | | | | | | utf8 | utf8_unicode_ci | |
| entry_picture | varchar | 255 | | | | | | | utf8 | utf8_unicode_ci | |
| entry_date | datetime | | | | | | | | | | |

**Bild 5.2:** Tabelle *entries* für die Blog-Inhalte

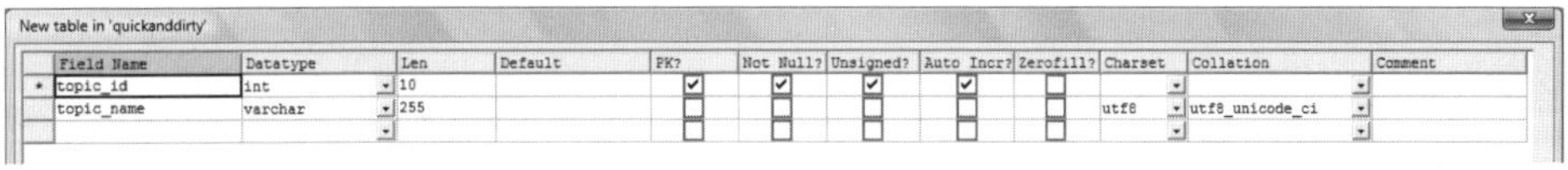
New table in 'quickanddirty'

| Field Name | Datatype | Len | Default | PK? | Not Null? | Unsigned? | Auto Incr? | Zerofill? | Charset | Collation | Comment |
|---|---|---|---|---|---|---|---|---|---|---|---|
| topic_id | int | 10 | | ✓ | ✓ | ✓ | ✓ | | | | |
| topic_name | varchar | 255 | | | | | | | utf8 | utf8_unicode_ci | |

**Bild 5.3:** Tabelle *topics* für die Themen

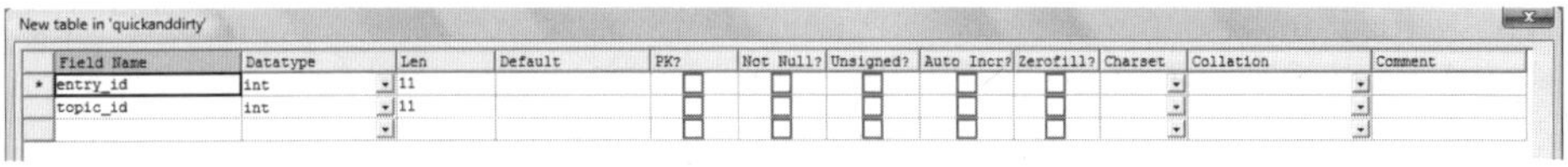
New table in 'quickanddirty'

| Field Name | Datatype | Len | Default | PK? | Not Null? | Unsigned? | Auto Incr? | Zerofill? | Charset | Collation | Comment |
|---|---|---|---|---|---|---|---|---|---|---|---|
| entry_id | int | 11 | | | | | | | | | |
| topic_id | int | 11 | | | | | | | | | |

**Bild 5.4:** Tabelle *entry_topic* zur Verknüpfung der Inhalte und Themen

Versuchen Sie nicht, bereits jetzt eine allumfassende Datenbank zu erstellen, die in dieser Form bis zum Ende des Projekts Bestand haben soll. Finden Sie sich damit ab, dass sich Ihre Tabellen noch oft ändern werden. In jedem Projekt werden im Laufe der Arbeit neue Anforderungen hinzukommen, und Sie werden ständig Tabellenspalten neu anlegen oder löschen.

## 5.3 Die Programmierung – die Themen-Administration

So weit, so gut – die Datenbank steht, es wird endlich Zeit für etwas richtige PHP-Programmierung. Als Ausgangspunkt dienen die Ordnerstruktur aus Kapitel 4 und die dort angelegten Include-Dateien.

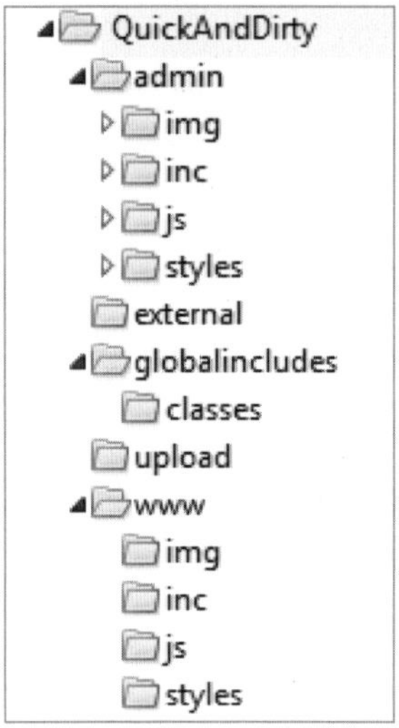


**Bild 5.5:** Die Basisstruktur für unser Projekt

Wir werden insbesondere die besprochene Datenbankklasse verwenden und haben bereits die Dateien *GLOBALCONSTANTS.php*, *GLOBALINCLUDES.php*, *head.php* und *foot.php* in den jeweiligen *inc*-Ordnern erstellt, um das Grundgerüst aller HTML-Seiten aufzubauen.

Als Erstes soll nun die Themen-Administration erstellt werden. Über diese Seite soll es dem Kunden später möglich sein, die einzelnen Themen (*topics*) anzulegen und zu verwalten (mögliche Themen sind z. B. »Neuigkeiten«, »Sonstiges« usw.). In diese werden die eigentlichen Blog-Inhalte später einsortiert.

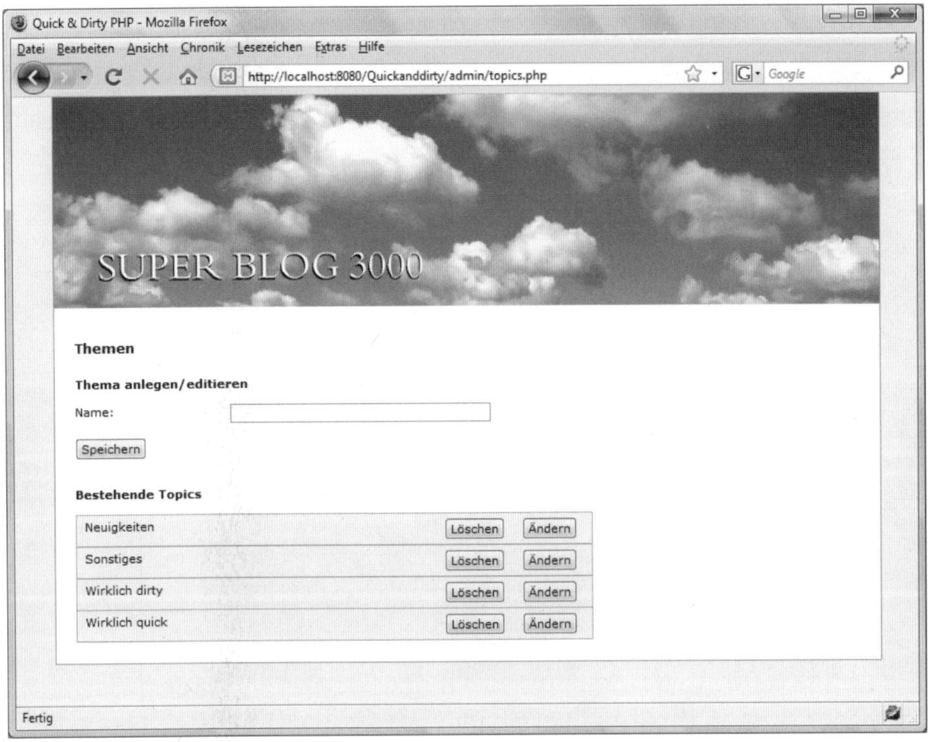


**Bild 5.6:** So soll die Administration für die Blog-Themen später einmal aussehen.

## 5.3.1 Prinzipielle Struktur der PHP-Datei

Wie aber fangen Sie an? Einfach drauflos programmieren? Nein, ein paar grundlegende Gedanken können nicht schaden, und ein wenig Struktur sollten Sie schon einhalten, damit Ihre Programmierung nicht im totalen Chaos endet. Prinzipiell empfiehlt es sich, den Quellcode einer PHP-Seite immer in zwei Bereiche aufzuteilen: einen PHP-Programmteil, in dem Daten gelesen, geschrieben und verarbeitet werden, und einen HTML-Teil, der die Ausgabe im Browser erstellt (z. B. das Eingabeformular). Natürlich könnten Sie theoretisch auch alles wild durcheinander schreiben, also einen einzigen großen Mix aus PHP und HTML produzieren. Die Funktionalität wäre dieselbe, der erste Aufwand auch, aber spätestens dann, wenn Sie sich durch Hunderte von Zeilen eines solchen Gemischs wühlen müssen, werden Sie sich wünschen, Sie hätten vorher ein wenig Ordnung gehalten.

Es gibt Programmierkonzepte (wie das *Model-View-Controller-Pattern*), die diese Bereiche auch physisch in verschiedene Dateien oder sogar Klassen trennen. Bei einem Quick

& Dirty-Projekt ist so etwas aber nicht notwendig, sondern Sie sollten ruhig alles, was zu einer PHP-Seite gehört, auch in eine einzelne Datei schreiben.

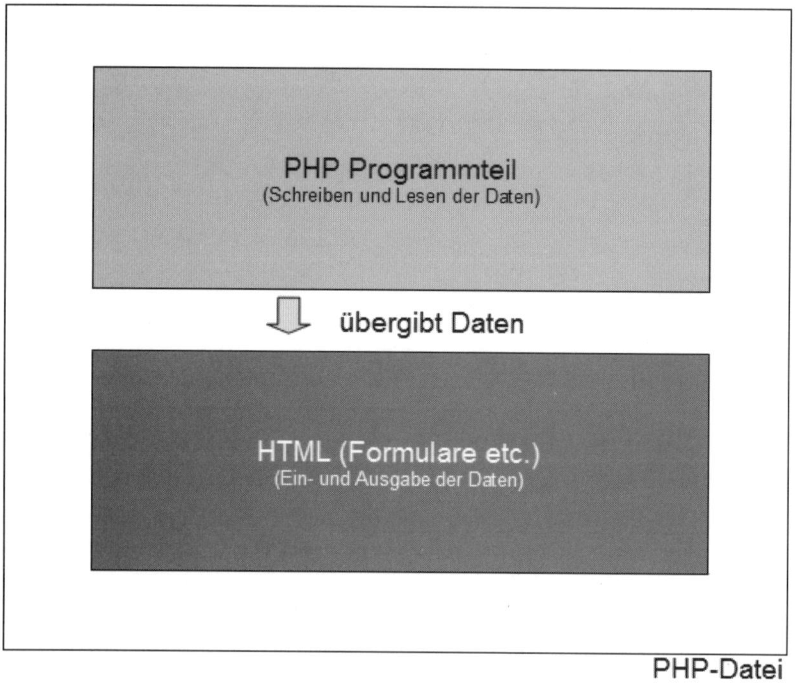


**Bild 5.7:** Teilen Sie Ihre PHP-Dateien in zwei Bereiche ein.

Konkret für unsere Themen-Administration bedeutet das, dass im oberen PHP-Bereich die Themen gelesen, geschrieben und gelöscht werden, während im unteren HTML-Bereich das Formular zur Eingabe der Themen erstellt und eine Liste aller bereits vorhandenen Einträge angezeigt werden.

```
<?
   /*
      PHP-Programmierung
      Liest Daten der Themen aus, schreibt Themen, löscht Themen etc.
   */
?>
<!-- Eingabeformular für die Themen  -->
<!-- Ausgabe der vorhandenen Themen  -->
```

Prinzipieller Aufbau der Themen-Administration

## 5.3.2 Der HTML-Bereich – ein erstes Formular

Lassen Sie uns zuerst den unteren Teil, also das Eingabeformular und die Ausgabe der bestehenden Themen, füllen:

```
<?

   /*
      PHP-Programmierung
      Liest Daten der Themen aus, schreibt Themen, löscht Themen etc.
   */

?>

<?require("inc/head.php")?>

<h1>Themen</h1>

<b>Thema anlegen/editieren</b><br /><br />

<label>Name:</label><input type="text" name="data[topic_name]"
id="data[topic_name]" value="<?=$db->str_unesc($data['topic_name'])?>" /><br
/><br />

<input type="submit" name="speichern" value="Speichern" />

<br /><br /><br />

<b>Bestehende Themen</b><br /><br />

<table border="0" cellpadding="0" cellspacing="0" width="500">

   <?foreach($topics as $id=>$topic) {?>

      <tr>
         <td width="70%"><?=$db->str_unesc($topic['topic_name'])?></td>
         <td width="15%"><input type="button" value="L&ouml;schen"
onClick="if (confirm('Ganz in echt?'))
document.form1.formaction.value='del';
document.form1.formobject.value='<?=$id?>'; document.form1.submit();"
/></td>
         <td width="15%"><input type="button" value="&Auml;ndern"
onClick="document.form1.formaction.value='edit';
document.form1.formobject.value='<?=$id?>'; document.form1.submit();"
/></td>
```

```
    </tr>

  <?}?>

</table>

<input type="hidden" name="formaction" value="add" />
<input type="hidden" name="formobject" value="<?=$formobject?>" />

<? require("inc/foot.php")?>
```

*admin/topics.php*

**Tipp**

**Keine Angst vor <br /> und Tabellen**

Noch vor zehn Jahren wurde das Grundgerüst zahlreicher Webseiten aus Tabellen aufgebaut. Viele Programmierer wussten es nicht besser, und viele Browser boten auch keine echte Alternative. Heute hat sich die Erkenntnis und die dazu gehörige Technik durchgesetzt, dass man eine Webseite nicht mehr mit Tabellen, sondern mit `<div>`-Elementen und entsprechenden Style-Angaben gestalten und strukturieren sollte. Auch wenn die oft vorgebrachten Gründe hierfür, wie Barrierefreiheit und die Möglichkeit des schnellen »Umschaltens« zwischen zwei verschiedenen Layouts, nur in seltenen Fällen eine echte Rolle spielen, so ist diese Vorgehensweise allein schon deshalb dringend zu empfehlen, weil sie den Quelltext deutlich übersichtlicher und lesbarer macht.

Dennoch ist es oft so, dass einige Programmierer hier über das Ziel hinausschießen und aus der Verwendung von Styles und `<div>`-Elementen eine fast schon dogmatische Religion machen. In ihren Quelltexten werden Sie keine Tabelle (außer bei echten tabellarischen Aufzählungen) und kaum ein `<br />` zur Gestaltung der Seite finden. HTML ist aber keine Religion, und auch hier sollten Sie versuchen, den goldenen Mittelweg zwischen Aufwand und Nutzen zu finden: Sie sollten in der Tat davon absehen, das Grundgerüst einer Seite in Tabellen anzulegen. Wenn es aber für Sie einfacher ist, das Eingabeformular mittels einer Tabelle zu gestalten, anstatt über passende `<div>`-Elemente grübeln zu müssen, dann machen Sie es! Wenn Sie ein wenig Abstand zwischen zwei Elementen brauchen und dies mit drei hintereinandergestellten `<br />`-Tags erreichen können, dann machen Sie es! Es geht nicht darum, einen Schönheitspreis zu gewinnen, sondern effektiv zu programmieren.

Zunächst sollten Sie feststellen, dass wir die Dateien *head.php* und *foot.php* einbinden. Somit brauchen wir uns keine Gedanken um den eigentlichen HTML-Rahmen der Seite zu machen, sondern können uns ganz auf den Inhalt konzentrieren. Hier erstellen wir zunächst das Formular zur Eingabe eines Blog-Themas. Da ein solches Thema nur aus einem Namen besteht, ist das Formular denkbar simpel.

```
...

<b>Thema anlegen/editieren</b><br /><br />

<label>Name:</label><input type="text" name="data[topic_name]"
id="data[topic_name]" value="<?=$db->str_unesc($data['topic_name'])?>" /><br
/><br />

<input type="submit" name="speichern" value="Speichern" />

...
```

Vielleicht wundern Sie sich über die seltsamen Namen der Form-Elemente. Wir machen uns hier die Fähigkeit von PHP zunutze, Form-Daten direkt in ein Array zu lesen. Würde die Textbox einfach *topic_name* heißen, so könnten wir nach dem Abschicken des Formulars den eingegebenen Inhalt wie gewohnt über die Variable

```
$topic_name = $_POST["topic_name"];
```

auslesen. In einem Formular mit vielen Eingabefeldern kann das aber eine Menge Schreibarbeit bedeuten. Benutzen wir nun aber im Namen des Eingabefeldes eckige Klammern `[]` zur Kennzeichnung eines Arrays (also wie hier `data[topic_name]`), so erstellt PHP nach dem Abschicken des Formulars automatisch ein Array, wobei der Text in den eckigen Klammern als Index verwendet wird. Wenn Sie nach dem Abschicken jetzt

```
$data=$_POST["data"];
```

auslesen, so enthält `$data` automatisch alle Formulardaten, hier also in `$data["topic_name"]` den eingegebenen Namen des Themas. Achten Sie nur darauf, dass Sie bei den Namen der HTML-Input-Felder im Gegensatz zu den PHP-Variablen keine Anführungszeichen oder Hochkommata verwenden dürfen.

```
<input type="text" name="data['topic_name']" ...
```

Diese Schreibweise würde also nicht zu dem gewünschten Ergebnis führen. Zugegeben, hier bei unseren Blog-Themen, mit einem einzigen Eingabefeld, wird der Vorteil nicht sofort ersichtlich. Wenn Sie aber, wie später bei den Blog-Inhalten, eine ganze Reihe von Formularfeldern verwenden, dann werden Sie es sehr zu schätzen wissen, wenn alle Daten in einem einzigen Array gesammelt vorliegen. Sie können auf diese Elemente durchaus auch weiterhin per JavaScript zugreifen. Wenn Sie dem Element wie in diesem Beispiel eine entsprechende ID gegeben haben, nutzen Sie hierzu einfach die `getElementById()`-Funktion:

```
if (document.getElementById('data[topic_name]').value=='') alert('Bitte
geben Sie einen Namen ein!');
```

Oder greifen Sie direkt auf das `element`-Array des Form-Objekts zu:

```
if (document.form1.elements['data[topic_name]'].value=='') alert('Bitte
geben Sie einen Namen ein!');
```

`form1` ist hierbei der Name unserer HTML-Form, den Sie in der *head.php* finden. Achten Sie darauf, den Index im Namen des Formularelements, hier `topic_name`, exakt so zu wählen wie den zugehörigen Spaltennamen in der Datenbank. Wie schon zu Beginn des Kapitels beschrieben, ist es absolut frustrierend, unnötig zeitraubend und fehleranfällig, wenn Sie ständig überlegen oder nachschlagen müssen, ob ein Eingabefeld nun »Topicname« hieß oder »topic_name« oder »topicname«, oder war es vielleicht doch eher »Thema«?

Unter der Eingabemaske finden Sie schließlich die Auflistung aller bestehenden Themen. Ein im PHP-Teil noch zu füllendes Array `$topics` wird hier durchlaufen, und für jeden Eintrag wird eine Zeile mit dem Namen des Themas und ein *Löschen*- und *Ändern*-Button erstellt.

```
<b>Bestehende Themen</b><br /><br />

<table border="0" cellpadding="0" cellspacing="0" width="500">

   <?foreach($topics as $id=>$topic) {?>

         <tr>
            <td width="70%"><?=$db->str_unesc($topic['topic_name'])?></td>
            <td width="15%"><input type="button" value="L&ouml;schen"
onClick="if (confirm('Ganz in echt?'))
document.form1.formaction.value='del';
document.form1.formobject.value='<?=$id?>'; document.form1.submit();"
/></td>
            <td width="15%"><input type="button" value="&Auml;ndern"
onClick="document.form1.formaction.value='edit';
document.form1.formobject.value='<?=$id?>'; document.form1.submit();"
```

```
/></td>
        </tr>

  <?}?>

</table>
```

Irgendwoher muss Ihre PHP-Programmierung wissen, was sie genau zu tun hat, ob ein Datensatz angelegt, ein Eintrag gelöscht oder bearbeitet werden soll. Hierfür nutzen wir zwei Variablen: `$formaction` und `$formobject`, die wir im Formular als versteckte (`hidden`) Input-Felder anlegen und beim Klicken der Buttons zum Löschen und Editieren über JavaScript neu setzen. `$formaction` soll hierbei die Information enthalten, *was* zu tun ist, `$formobject` die Information, *womit* (also welcher Eintrag gelöscht oder geändert werden soll). Da wir bei einem ersten Aufruf der Seite und dem Ausfüllen des Formulars einen neuen Themeneintrag hinzufügen wollen, hat das `hidden`-Feld `formaction` zunächst einmal den Wert `add`.

### 5.3.3 Der PHP-Programmbereich – erste Aktionen

Was es mit diesen Variablen genau auf sich hat, wird sofort ersichtlich, wenn wir die eigentliche PHP-Programmierung hinzufügen und somit nun den gesamten Quelltext der Seite vor uns haben:

```
<?require("../globalincludes/GLOBALINCLUDES.php")?>
<?
  $formaction = $_POST["formaction"];
  $formobject = $_POST["formobject"];
  $data = $_POST["data"];

  switch ($formaction)
  {
    // Neuen Eintrag hinzufügen / Eintrag editieren
    case 'add':

      if ($formobject=="")     // Neuen Eintrag hinzufügen
      {
        $sql = "INSERT INTO topics SET ";
      }
      else          // Bestehenden Eintrag aktualisieren
      {
        $sql = "UPDATE topics SET ";
      }
```

```
        // Zu schreibende Spalten - identisch für INSERT oder UPDATE
        $sql .= "topic_name='".$db->str_esc($data['topic_name'])."'";

        if ($formobject=="")  // Neuen Eintrag hinzufügen
        {
           $db->query($sql);
        }
        else          // Bestehenden Eintrag aktualisieren
        {
           $sql .= "WHERE topic_id=".$formobject;
           $db->query($sql);
        }

        // Zurücksetzen, damit Formularfelder wieder leer
        $data = array();

        break;

     // Zu ändernde Daten holen
     case 'edit':

        $sql = "SELECT * FROM topics WHERE topic_id=".$db-
>str_esc($formobject);
        $rs = $db->query($sql);
        $data = $rs[0];
        break;

     // Eintrag löschen
     case 'del':

        $sql = "DELETE FROM topics WHERE topic_id=".$db->str_esc($formobject);
        $db->query($sql);
        $formobject = "";
        $data=array();
        break;
  }

  // Hole bestehende Topics
  $topics = array();
  $sql = "SELECT * FROM topics ORDER BY topic_name";
  $_topics = $db->query($sql);
  if (count($_topics)>0) foreach ($_topics as $topic)
  {
     $topics[$topic['topic_id']] = $topic;
```

```
  }

?>
<?require("inc/head.php")?>

<h1>Themen</h1>

<b>Thema anlegen/editieren</b><br /><br />

<label>Name:</label><input type="text" name="data[topic_name]"
id="data[topic_name]" value="<?=$db->str_unesc($data['topic_name'])?>" /><br
/><br />
<input type="submit" name="speichern" value="Speichern" />

<br /><br /><br />

<b>Bestehende Themen</b><br /><br />

<table border="0" cellpadding="0" cellspacing="0" width="500">

  <?foreach($topics as $id=>$topic) {?>

        <tr>
            <td width="70%"><?=$db->str_unesc($topic['topic_name'])?></td>
            <td width="15%"><input type="button" value="L&ouml;schen"
onClick="if (confirm('Ganz in echt?'))
document.form1.formaction.value='del';
document.form1.formobject.value='<?=$id?>'; document.form1.submit();"
/></td>
            <td width="15%"><input type="button" value="&Auml;ndern"
onClick="document.form1.formaction.value='edit';
document.form1.formobject.value='<?=$id?>'; document.form1.submit();"
/></td>
        </tr>

  <?}?>

</table>

<input type="hidden" name="formaction" value="add" />
<input type="hidden" name="formobject" value="<?=$formobject?>" />

<? require("inc/foot.php")?>
```

*admin/topics.php*

Zunächst einmal werden die Inhalte von `$formaction`, `$formobject` und `$data` aus dem `$_POST`-Array gelesen. In `$data` werden, wie schon erwähnt, die Daten des Formulars gespeichert. Da Sie die Daten in den Input-Feldern als Array angelegt haben, genügt auch bei größeren Formularen eine einzige Zeile, um alle Daten aus dem entsprechenden `$_POST`-Array auszulesen.

Es folgt die eigentliche Arbeit des Programms, aufgeteilt durch eine `switch`-Anweisung, die je nach Wert von `$formaction` angibt, was nun eigentlich zu tun ist: entweder ein Thema in die Datenbank schreiben (wenn Sie auf den *Submit*-Button geklickt haben: `case "add"`), die Daten eines zu ändernden Eintrags aus der Datenbank lesen (wenn Sie auf den *Ändern*-Button eines Themas geklickt haben: `case "edit")` oder einen Eintrag löschen (wenn Sie auf den *Löschen*-Button eines Themas geklickt haben: `case "del"`).

Die letzten beiden Aktionen erklären sich eigentlich von selbst. In `$formobject` steht die ID des zu holenden bzw. zu löschenden Eintrags, so wie sie über das `hidden`-Feld übergeben wurde, und über diese wird der entsprechende Eintrag aus der Datenbank geholt bzw. gelöscht.

```
...

   switch ($formaction)
   {

...

      // Zu ändernde Daten holen
      case 'edit':

         $sql = "SELECT * FROM topics WHERE topic_id=".$db-
>str_esc($formobject);
         $rs = $db->query($sql);
         $data = $rs[0];
         break;

      // Eintrag löschen
      case 'del':

         $sql = "DELETE FROM topics WHERE topic_id=".$db-
>str_esc($formobject);
         $db->query($sql);
         $formobject = "";
```

```
        $data=array();
        break;
  }

...
```

*admin/topics.php*

Beachten Sie, dass wir hier konsequent die Funktionen `$db->str_esc()` benutzen, um den Wert von `$formobject` in den SQL-String einzubinden. Auch wenn dieser Wert eigentlich aus einem `hidden`-Feld stammt, können Sie nie sicher sein, dass nicht irgendjemand daran herumgespielt hat. Die Daten eines zu ändernden Themas werden wieder in die Variable `$data` geschrieben:

```
$data = $rs[0];
```

Ihre Datenbankklasse liefert immer ein mehrdimensionales Array mit den benötigten Daten zurück, und da wir in diesem Fall nur einen einzigen (nämlich den zu ändernden) Eintrag auslesen, übergeben wir einfach den ersten Wert (`$rs[0]`) an die Variable `$data`. Somit können Sie im unteren HTML-Teil im Formular den so ermittelten Namen des zu ändernden Themas in das Input-Feld eintragen. Die Funktion `$db->str_unesc()` sorgt, wie in Kapitel 4 gezeigt, für eine bereinigte Ausgabe der Datenbankdaten.

```
<input type="text" name="data[topic_name]" id="data[topic_name]"
value="<?=$db->str_unesc($data['topic_name'])?>" />
```

Allein an dieser Zeile können Sie sehen, wie wichtig die konsequente Namensgebung der Felder und Variablen ist und wie sehr sie den Umgang mit diesen erleichtert. Die erste Aktion (`add`) zum Eintragen eines Themas übernimmt sowohl die Arbeit für das Anlegen eines ganz neuen Themas wie auch für das Aktualisieren eines bereits bestehenden. Die Unterscheidung findet über die Variable `$formobject` statt. Ist diese gesetzt, so wird der Datenbankeintrag mit `UPDATE` aktualisiert, ist sie leer, so wird der Eintrag mit `INSERT` neu in die Datenbank eingetragen.

```
...

  switch ($formaction)
  {
        if ($formobject=="")      // Neuen Eintrag hinzufügen
        {
           $sql = "INSERT INTO topics SET ";
        }
        else         // Bestehenden Eintrag aktualisieren
        {
```

```
            $sql = "UPDATE topics SET ";
        }

        // Zu schreibende Spalten - identisch für INSERT oder UPDATE
        $sql .= "topic_name='".$db->str_esc($data['topic_name'])."'";

        if ($formobject=="")  // Neuen Eintrag hinzufügen
        {
            $db->query($sql);
        }
        else                 // Bestehenden Eintrag aktualisieren
        {
            $sql .= "WHERE topic_id=".$formobject;
            $db->query($sql);
        }

        // Zurücksetzen, damit Formularfelder wieder leer
        $data = array();

        break;
...
    }
...
```

Um hier quick & dirty die passenden SQL-Strings zu erstellen, können Sie sich die Möglichkeit des `INSERT INTO SET` von MySQL zunutze machen. In »normalem« SQL, wie es von den meisten Datenbanken verstanden würde, müsste ein fertiger SQL-String zum Einfügen eines neuen Datensatzes eigentlich so aussehen:

```
INSERT INTO topics (topic_name) VALUES ('Witziges')
```

Und für das Aktualisieren:

```
UPDATE topics SET topic_name='Nicht mehr witzig' WHERE topic_id=123
```

Gerade wenn Sie einen SQL-String für sehr viele Felder zusammenstellen, kann es ziemlich nervig sein, dass Sie einen einmal erstellten `INSERT`-SQL-String für ein analoges `UPDATE` von Grund auf neu zusammenstellen müssen, einfach weil sich die Syntax komplett unterscheidet.

MySQL bietet hier die oft übersehene Möglichkeit, auch bei einem `INSERT`-Befehl die Syntax des `UPDATE`-Befehls zu nutzen und über `SET` den einzelnen Spalten nacheinander die gewünschten Werte zuzuweisen:

```
INSERT INTO topics SET topic_name='Witziges'
```

Somit können Sie sowohl für den `INSERT`- als auch den `UPDATE`-Befehl den SQL-String fast identisch aus den zu füllenden Tabellenspalten zusammenstellen. Sie sollten diese Syntax natürlich nur verwenden, wenn Sie sicher sind, dass Ihre Anwendung nur auf MySQL laufen wird, was wohl fast immer der Fall sein wird. Andere Datenbanksysteme wie MSSQL unterstützen diese Syntax möglicherweise nicht.

Die hier gezeigte Zusammenstellung des `INSERT`- bzw. `UPDATE`-Statements mag auf den ersten Blick ein wenig umständlich aussehen. Immerhin soll nur ein einziges Feld gefüllt werden. Es lohnt sich jedoch, sich diese Schreibweise anzugewöhnen, weil Sie so die Auflistung aller zu schreibenden oder zu aktualisierenden Felder vom restlichen SQL-String trennen und diese sowohl für den `INSERT`- als auch den `UPDATE`-Befehl nutzen können. Wenn Sie später beispielsweise eine Nutzer-Administration programmieren, in der Sie alle Daten eines Users in der Datenbank speichern wollen, müssen Sie diese Programmierung nur um die entsprechenden Spalten erweitern:

```
...

if ($formobject=="")     // Neuen Eintrag hinzufügen
{
   $sql = "INSERT INTO topics SET ";
}
else         // Bestehenden Eintrag aktualisieren
{
   $sql = "UPDATE topics SET ";
}

// Zu schreibende Spalten - identisch für INSERT oder UPDATE
$sql .= "user_firstname='".$db->str_esc($data['user_firstname'])."',";
$sql .= "user_lastname='".$db->str_esc($data['user_lastname'])."',";
$sql .= "user_email='".$db->str_esc($data['user_email'])."',";
$sql .= "user_street='".$db->str_esc($data['user_street'])."',";
$sql .= "user_city='".$db->str_esc($data['user_city'])."',";
$sql .= "user_country='".$db->str_esc($data['user_country'])."',";
$sql .= "user_phone='".$db->str_esc($data['user_phone'])."'";


if ($formobject=="") // Neuen Eintrag hinzufügen
{
```

```
    $db->query($sql);
}
else        // Bestehenden Eintrag aktualisieren
{
    $sql .= "WHERE user_id=".$formobject;
    $db->query($sql);
}
...
```

Und sollte später einmal eine neue Spalte hinzukommen, duplizieren Sie einfach eine der mittleren Zeilen und fügen den neuen Spaltennamen ein. Sie ersparen es sich somit, bei jeder Änderung zwei SQL-Strings auf unterschiedliche Weise ändern zu müssen (einen für `INSERT` und einen für `UPDATE`). Damit ist der »PHP-Teil« der Seite schon fast fertig, es fehlt nur noch das Auslesen der bereits bestehenden Themen aus der Datenbank:

```
...

// Hole bestehende Themen
$topics = array();
$sql = "SELECT * FROM topics ORDER BY topic_name";
$rs = $db->query($sql);
if (count($rs)>0) foreach ($rs as $row)
{
    $topics[$row['topic_id']] = $row;
}

...
```

*admin/topics.php*

`$rs` soll hier für *record set* und `$row` für eine gelesene Zeile in der Datenbank stehen. Wir erstellen und befüllen hier ein Array, in das wir sämtliche vorhandenen Themen schreiben (`$topics`). Da die Datenbankklasse die Informationen selbst in der Form eines Arrays zurückliefert, können wir hier diese Daten direkt übernehmen:

```
$topics[$row['topic_id']] = $row;
```

Um später einfacher auf die einzelnen Themen zugreifen zu können, benutzen wir als Array-Schlüssel den `ID`-Wert aus der `topics`-Tabelle. Wenn Sie später also auf den Namen des Themas mit der `ID=3` zugreifen wollen, dann sieht das Ganze beispielsweise so aus:

```
echo $topics[3]['topic_name'];
```

Man könnte meinen, dass diese Zeilen eigentlich nach unten in den HTML-Bereich gehören, immerhin werden dort die vorhandenen Elemente auch erst ausgegeben. Ein katastrophaler Fehler wäre das sicher nicht, aber wie zu Beginn erwähnt, ist es meist besser zu versuchen, Programmierung und Datenausgabe weitestgehend zu trennen. So wissen Sie immer ganz genau, wo Sie etwas suchen müssen.

**Doch lieber eine Klasse für sich?**

Insbesondere Programmierer, die von einer schwergewichtigen Programmiersprache wie C++ oder Java kommen, werden sich spätestens an dieser Stelle fragen, ob es nicht sinnvoller wäre, für die Blog-Themen und später die Blog-Inhalte einzelne PHP-Klassen anzulegen. In diesen Klassen könnte man die hier beschriebenen Funktionalitäten kapseln, wie das Schreiben und Auslesen der Daten. Innerhalb der eigentlichen Administration würden Sie dann nur noch diese Klassenfunktionen nutzen.

Ja – das könnten Sie, müssen Sie aber nicht. Klassen sind eine feine Sache, aber sie lohnen sich eigentlich erst dann, wenn Sie wirklich vorhaben, ihre Funktionen an zahlreichen unterschiedlichen Stellen in Ihrer Programmierung zu verwenden (wie unsere Datenbankklasse). Das ist hier nicht der Fall. Warum sollten Sie das Schreiben und Aktualisieren der Daten in eine Klasse auslagern, wenn Sie sie doch ausschließlich hier in dieser einen Administrationsseite brauchen? Warum die Dinge komplizierter machen, nur um eine Klasse zu haben?

PHP ist nicht Java, und Sie sollten eine Klasse nur dann erstellen, wenn sie sinnvoll an vielen verschiedenen Stellen Ihres Projekts (oder vielleicht sogar in mehreren Projekten) eingesetzt werden kann – und nicht nur um sich mal wie ein »richtiger« Programmierer zu fühlen und Ihren Freunden stolz erzählen zu können: »Hey, ich entwickle jetzt auch objektorientiert.«

### 5.3.4 Einrücken, Auskommentieren und Co.

An dieser Stelle soll kurz erwähnt werden, dass Sie auch bei einem Quick & Dirty-Projekt unbedingt auf die Struktur und Schreibweise Ihres Quelltextes achten sollten. Es kann nicht oft genug wiederholt werden: Quick & dirty bedeutet *nicht*, chaotisch eine Programmierung herunterzurattern. So eine Arbeit ist nur auf den ersten Blick schnell. Sie werden später viel, viel mehr Zeit damit verbringen, Ihr Chaos wieder zu verstehen, als Sie benötigt hätten, ein paar einfache Regeln einzuhalten.

Es gibt die verschiedensten Ansichten darüber, wie genau man die Zeilen eines Quelltextes einrücken sollte. Sicher ist aber, dass Sie es tun sollten, und dies gilt sowohl für den PHP- wie auch den HTML-Bereich. Gewöhnen Sie sich unbedingt an, jede

Sinneinheit in Ihrem Quelltext mit einem Tabulator einzurücken. Betrachten wir noch einmal die Programmierung in der Themenseite. Würden Sie gänzlich auf Einrückungen verzichten, sähe der Quelltext so aus:

```
<?require("../globalincludes/GLOBALINCLUDES.php")?>
<?
$formaction = $_POST["formaction"];
$formobject = $_POST["formobject"];
$data = $_POST["data"];

switch ($formaction)
{
if ($formobject=="") // Neuen Eintrag hinzufügen
{
$sql = "INSERT INTO topics SET ";
}
else // Bestehenden Eintrag aktualisieren
{
$sql = "UPDATE topics SET ";
}
// Zu schreibende Spalten - identisch für INSERT oder UPDATE
$sql .= "topic_name='".$db->str_esc($data['topic_name'])."'";

if ($formobject=="") // Neuen Eintrag hinzufügen
{
$db->query($sql);
}
else // Bestehenden Eintrag aktualisieren
{
$sql .= "WHERE topic_id=".$formobject;
$db->query($sql);
}
// Zurücksetzen, damit Formularfelder wieder leer
$data = array();

break;

// Zu ändernde Daten holen
case 'edit':

$sql = "SELECT * FROM topics WHERE topic_id=".$db->str_esc($formobject);
$rs = $db->query($sql);
$data = $rs[0];
break;
```

```
// Eintrag löschen
case 'del':

$sql = "DELETE FROM topics WHERE topic_id=".$db->str_esc($formobject);
$db->query($sql);
$formobject = "";
$data=array();
break;
}

// Hole bestehende Topics
$topics = array();
$sql = "SELECT * FROM topics ORDER BY topic_name";
$_topics = $db->query($sql);
if (count($_topics)>0) foreach ($_topics as $topic)
{
$topics[$topic['topic_id']] = $topic;
}

?>
<?require("inc/head.php")?>

<h1>Themen</h1>

<b>Thema anlegen/editieren</b><br /><br />

<label>Name:</label><input type="text" name="data[topic_name]"
id="data[topic_name]" value="<?=$db->str_unesc($data['topic_name'])?>" /><br
/><br />
<input type="submit" name="speichern" value="Speichern" />

<br /><br /><br />

<b>Bestehende Themen</b><br /><br />

<table border="0" cellpadding="0" cellspacing="0" width="500">

<?foreach($topics as $id=>$topic) {?>

<tr>
<td width="70%"><?=$db->str_unesc($topic['topic_name'])?></td>
<td width="15%"><input type="button" value="L&ouml;schen" onClick="if
(confirm('Ganz in echt?')) document.form1.formaction.value='del';
```

```
document.form1.formobject.value='<?=$id?>'; document.form1.submit();"
/></td>
<td width="15%"><input type="button" value="&Auml;ndern"
onClick="document.form1.formaction.value='edit';
document.form1.formobject.value='<?=$id?>'; document.form1.submit();"
/></td>
</tr>

<?}?>

</table>

<input type="hidden" name="formaction" value="add" />
<input type="hidden" name="formobject" value="<?=$formobject?>" />

<? require("inc/foot.php")?>
```

Hm, nicht wirklich gut zu lesen. Aber noch viel schlimmer als gar keine Einrückung ist eine falsche ohne jedes System. Besonders wenn man hektisch an einem ursprünglich gut formatierten Quelltext arbeitet und dort ohne Rücksicht auf Verluste Zeilen löscht und hinzufügt, kann eine Programmierung entstehen, die einfach nur noch vollkommen unübersichtlich ist:

```
...

$formaction = $_POST["formaction"];
$formobject = $_POST["formobject"];
$data = $_POST["data"];

   switch ($formaction)
   {
      // Neuen Eintrag hinzufügen / Eintrag editieren
      case 'add':


         if ($formobject=="")     // Neuen Eintrag hinzufügen
         {
            $sql = "INSERT INTO topics SET ";
            } else // Bestehenden Eintrag aktualisieren {
            $sql = "UPDATE topics SET ";
   }

         // Zu schreibende Spalten - identisch für INSERT oder UPDATE
         $sql .= "topic_name='".$db->str_esc($data['topic_name'])."'";
```

```
        if ($formobject=="") // Neuen Eintrag hinzufügen
              $db->query($sql);
        else  // Bestehenden Eintrag aktualisieren
        {
           $sql .= "WHERE topic_id=".$formobject;
           $db->query($sql);
        }
// Zurücksetzen, damit Formularfelder wieder leer
$data = array();
        break;

     // Zu ändernde Daten holen
     case 'edit':
     $sql = "SELECT * FROM topics WHERE topic_id=".$db-
>str_esc($formobject);
     $rs = $db->query($sql);
     $data = $rs[0];
     break;

     // Eintrag löschen
     case 'del':

        $sql = "DELETE FROM topics WHERE topic_id=".$db-
>str_esc($formobject);
        $db->query($sql);
        $formobject = "";
        $data=array();
        break;
  }
...
```

Könnten Sie bei einem ersten Blick auf diesen Quelltext sofort sagen, welche schließende geschweifte Klammer zu welcher öffnenden gehört? Auch bei einem Quick & Dirty-Projekt muss es immer das Ziel sein, einen Quelltext zu schaffen, den Sie später jederzeit wieder so schnell wie möglich verstehen können.

Hierzu gehört auch das leidige Thema des Auskommentierens. Während Ihrer Entwicklung wird es immer wieder vorkommen, dass Sie bestimmte Bereiche in Ihrer Programmierung zeitweise deaktivieren wollen. Das kann zu Testzwecken geschehen oder weil ein Kunde erst einmal doch nicht die schicke Dropdown-Box haben will, Sie aber schon ahnen, dass er seine Meinung diesbezüglich doch bald wieder ändern wird. Es gibt jedoch kaum etwas Verwirrenderes, als nach einigen Monaten einen alten

Quelltext zu betrachten, dort einen auskommentierten Bereich zu finden und sich zu fragen: Ist das wichtig? Kann das weg? Habe ich das damals auskommentiert, weil es wirklich nicht mehr gebraucht wird, oder habe ich etwas getestet und vergessen, es wieder einzukommentieren?

Das entscheidende Wort ist hier »zeitweise«. Kommentieren Sie Bereiche nur vorübergehend aus. Wenn sie dann tatsächlich nicht mehr gebraucht werden, löschen Sie die Zeilen sofort. (Hören Sie bloß nicht auf die kleine Stimme, die Ihnen einzureden versucht: »Vielleicht, vielleicht brauchen wir das aber noch mal!«) Und sollte es doch wirklich einmal für einen längeren Zeitraum sein, dann helfen Sie Ihrem zukünftigen Ich (oder dem armen anderen Programmierer, der Ihr Projekt übernommen hat) und schreiben Sie zumindest einen kurzen Hinweis:

```
...

  switch ($formaction)
  {

...


/*

    ### 30.06.2009: Einträge sollen nicht mehr gelöscht werden können -
aber das kommt bestimmt bald wieder rein, wetten?
    // Eintrag löschen
    case 'del':

      $sql = "DELETE FROM topics WHERE topic_id=".$db->str_esc($formobject);
      $db->query($sql);
      $formobject = "";
      $data=array();
      break;

*/

  }

...
```

### 5.3.5 Optik – das Auge arbeitet mit

Abschließend noch ein Wort zur Optik der Seite: Bei den hier besprochenen Dateien handelt es sich um die Administration, also Seiten, die später nur der Kunde zu Gesicht bekommen wird und die ausschließlich der Eingabe der Blog-Daten dienen. Man könnte meinen, dass man daher keine Zeit damit verschwenden sollte, diesen Teil der Anwendung »schön« zu machen, schließlich wollen wir quick & dirty vorgehen. Also sollte es doch reichen, wenn der eigentliche Blog später hübsch ist, oder nicht? Ist doch völlig egal, wie die Administration aussieht, solange sie funktioniert? Nein, das ist es nicht.

Kunden sind meist keine Programmierer und nehmen eine Seite zunächst immer optisch wahr. Sie werden mehr als einmal frustriert sein, weil ein Kunde Ihre komplizierte Programmierung nicht zu würdigen weiß, aber die neue Hintergrundgrafik einfach toll findet. Wenn es daher nur ein paar Handgriffe kostet, dann machen Sie auch Ihre rein administrativen Seiten ein bisschen hübsch, selbst wenn es auf den ersten Blick vielleicht unnötig erscheint. Natürlich erfüllt so etwas hier seine eigentliche Aufgabe und reicht theoretisch auch völlig aus, um Inhalte einzugeben und zu administrieren:

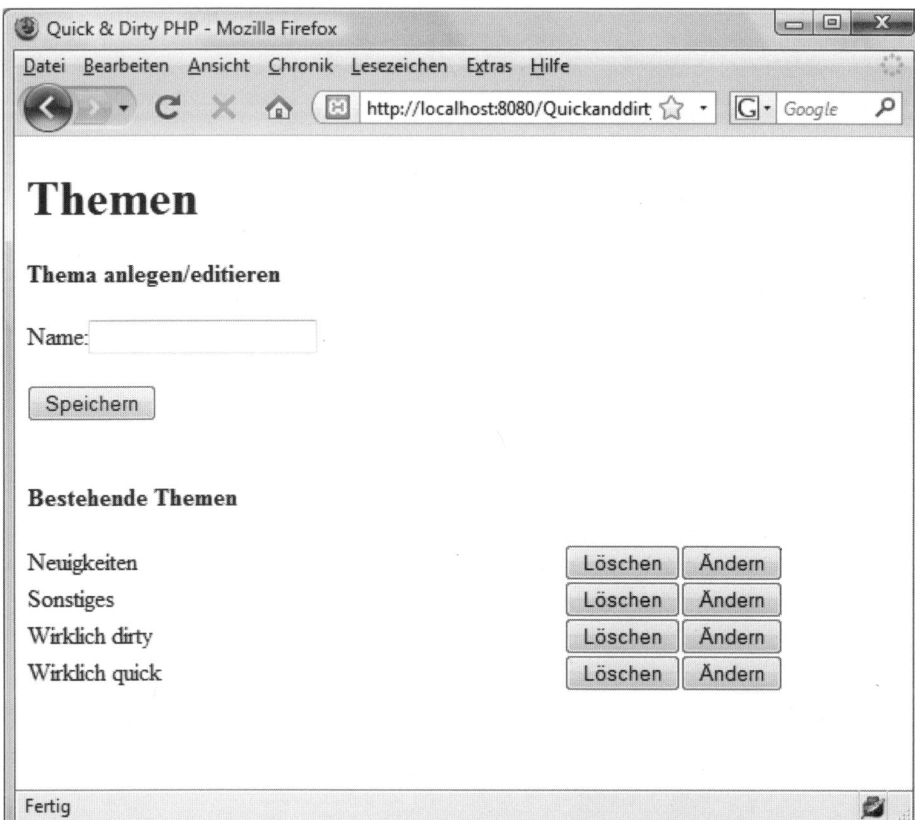


**Bild 5.8:** Zeitreise in die 90er – so muss eine Quick & Dirty-Administration nicht aussehen!

So eine Seite sieht vor allem erst einmal billig aus. Sie selbst werden sich damit nicht wohl fühlen – und der Kunde erst recht nicht. Quick & dirty bedeutet nicht, sich immer und überall mit dem absoluten Minimum an Aufwand zu begnügen. Wo immer es kleine Dinge gibt, die eine große Wirkung haben können, dann sollten Sie sie in Erwägung ziehen. Hier kostet es nur ein paar Handgriffe, ein paar Style-Angaben und eine nette Kopfgrafik, die Sie später sowieso noch im Blog verwenden werden, um aus einer billigen Administrationsseite eine schöne zu machen, die dem Kunden das Gefühl gibt, etwas für sein Geld zu bekommen. Für unsere Themen-Administration bedeutet das schlicht, dass wir die Dateien *head.php* und *foot.php* um ein paar `div`-Elemente und eine Kopfgrafik erweitern:

```
<!DOCTYPE html PUBLIC "-//W3C//DTD HTML 4.01 Transitional//EN"
"http://www.w3.org/TR/html4/transitional.dtd">
<html>
<head>
   <title><?if (isset($seitentitel)) echo $seitentitel; else echo "Quick
&amp; Dirty PHP";?></title>
   <meta http-equiv="content-type" content="text/html;charset=utf-8" />
   <link rel="stylesheet" type="text/css" href="styles/styles.css" />
</head>
<body>
<form name="form1" action="<?=$_SERVER["PHP_SELF"]?>" method="post"
enctype="multipart/form-data">
   <div id="centerbox">
      <div id="mainbox">
         <img src="img/head.png" border="0" />
         <div id="paddingbox">
```

*admin/inc/head.php*

```
         </div>
      </div>
   </div>
</form>
</body>
</html>
```

*admin/inc/foot.php*

Jetzt erstellen wir noch ein paar einfache Style-Angaben – vor allem ersetzen wir die schreckliche Schrift Times New Roman, zentrieren die Seite und geben ihr eine Hintergrundfarbe und einen netten Rahmen:

```
body  { background-color:#F0F0F0; margin:0px; font-family:Verdana;
color:#000; font-size:11px; }
a  { color:#000000;  }

table { border-top:1px solid #999; border-right:1px solid #999; border-
left:1px solid #999;}
td { background-color:#f0f0f0; vertical-align:top; padding:4px 8px; border-
bottom:1px solid #999}

#centerbox { width:800px; margin:auto; padding-bottom:20px; }
#mainbox { width:800px; float:left; border-left:1px solid #999; border-
right:1px solid #999; border-bottom:1px solid #999; background-color:#fff; }

#paddingbox { width:760px; padding:20px; float:left; }

#footer { font-family:Verdana; color:#999; font-size:10px; }

h1 { font-family:Verdana; color:#000; font-size:13px; font-weight:bold;
margin-top:10px; margin-bottom:20px; }

input[type="text"], input[type="password"] { width:400px; font-
family:Verdana; font-size:13px; border:1px solid #999}
input[type="button"], input[type="submit"] { font-family:Verdana; font-
size:11px; }

label { width: 150px; float:left; }

textarea  { width:400px; height:100px; font-family:Verdana; font-size:13px;
border:1px solid #999}
```

*admin/styles/styles.css*

Und schon sieht Ihre Seite ganz ansprechend aus:

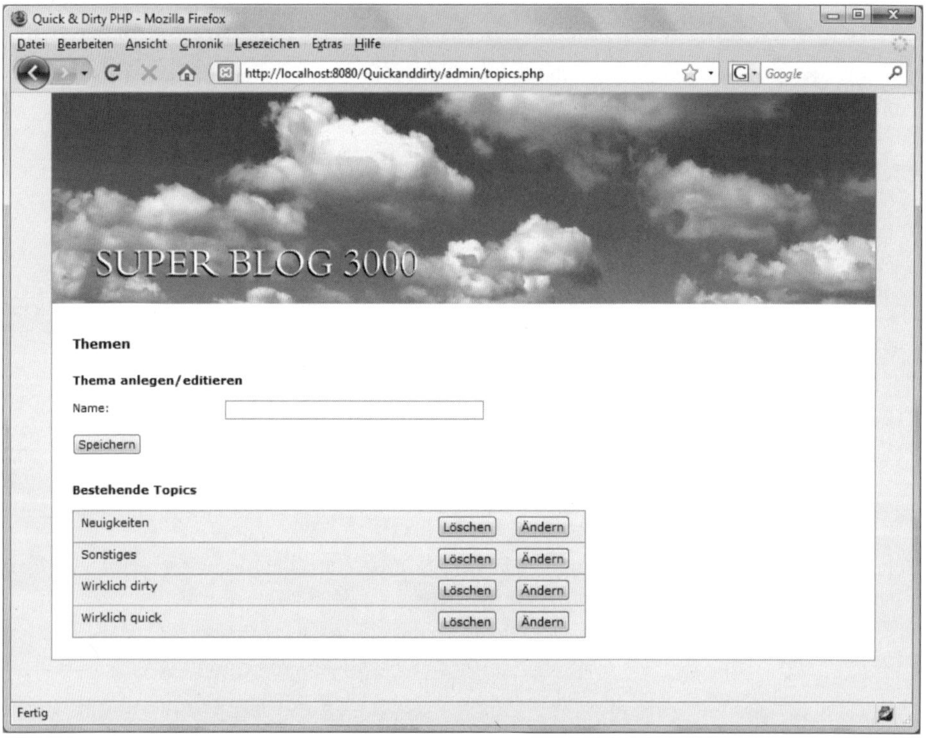


**Bild 5.9:** Ein paar Styles und eine Grafik machen schon einen großen Unterschied.

Es hat vielleicht eine halbe Stunde gedauert, um von der billigen Version zu dieser zu gelangen. Die Wirkung ist aber eine vollkommen andere, sei es beim Kunden oder bei Ihnen selbst, wenn Sie sich diese Seite ansehen und sich damit beschäftigen. Sollte das jetzt alles ein wenig zu schnell gegangen sein: In Kapitel 7 werden die Style-Angaben und der HTML-Aufbau bei der Programmierung des eigentlichen Blogs noch näher beschrieben. Hier geht es nur darum, zu zeigen, dass schon kleine Änderungen am Äußeren einer Seite große Effekte erzielen können.

Auch wenn man es sich selten wirklich bewusst macht: Die Qualität Ihrer Arbeit an einem Programm hat auch immer etwas damit zu tun, wie sich dieses anfühlt. Auch wenn das jetzt vielleicht eine Spur zu esoterisch klingt, so ist es doch ganz einfach: Wenn der Quelltext oder das Äußere Ihrer Seite auf Sie chaotisch und hässlich wirkt, so werden Sie eher dazu neigen, auch chaotisch und ineffizient zu arbeiten. Wenn die Programmierung und das Aussehen hingegen einen geordneten und schönen Eindruck hinterlassen, dann werden Sie auch weiterhin geordnet und effizient (und damit »quick«) zu Werke gehen.

# 6 Copy & Paste und Search & Replace

## Warum alles neu machen, wenn man doch kopieren kann?

**Tipp**
*Copy & Paste* und *Search & Replace* sind Ihre Freunde. So viel wie möglich zu kopieren und einzufügen ist kein Zeichen eines schlechten Programmierstils, sondern ein wichtiges Mittel zum effektiven Programmieren – wenn man es richtig, effizient und vor allem nicht willkürlich einsetzt.

Seien wir einmal ehrlich: Gut ein Viertel aller Programmierarbeit besteht aus dem Kopieren bereits vorhandener Programmzeilen (*Copy & Paste*). Nein, seien wir wirklich ehrlich: Es ist wohl eher die Hälfte (die andere Hälfte ist Fehlerbehebung). Bei einem Quick & Dirty-Projekt ist das aber kein Zeichen von schlechtem Stil, sondern ein absolut notwendiger Weg, um schnell im Projekt voranzukommen, vorausgesetzt, Sie wissen, wie man wirklich clever kopiert. Wenn Sie wahl- und gedankenlos Bereiche hin und her kopieren, dann wäre es meist doch besser gewesen, Sie hätten einfach alles noch mal von vorn und neu geschrieben.

Wie schon in vorherigen Kapiteln gezeigt, sind verschiedene Webseiten (Shop, Forum oder Blog) erst einmal unterschiedlich, und selbst die einzelnen Bereiche innerhalb einer Anwendung sind nicht gleich (ein Blog-Eintrag ist nun einmal etwas anderes als ein Blog-Thema). Dennoch ist der prinzipielle Aufbau meist sehr ähnlich: Immer handelt es sich um verschiedene Objekte (sei es ein Shop-Produkt, ein Forumseintrag oder ein Blog-Thema), die verschiedene Eigenschaften haben (Preis, Name, Datum etc.). Und gerade in der Administration sind die Aktionen zu diesen Objekten im Grunde immer identisch: Es soll neu angelegt, verändert und gelöscht werden können. Wenn Sie also die Programmierung für die Blog-Themen jetzt schon fertig haben, warum dann nicht einfach diese Programmierung kopieren und als Basis für die Blog-Inhalte nehmen?

Genau das soll jetzt der Weg sein, um die anstehende Administration der eigentlichen Einträge (`entries`) zu programmieren, also die Seite, über die später die Inhalte des Blogs eingegeben, geändert und gelöscht werden.

## 6.1 Kopieren, einfügen, suchen und ersetzen

Kopieren Sie zunächst einmal ganz dreist die komplette *topics.php*-Datei, und benennen Sie sie um in *entries.php*. Denken Sie immer daran: Verwenden Sie überall die gleichen logischen Namen: Die Tabelle, die Blog-Inhalte enthält, heißt *entries*, also sollten Sie die Datei, die Blog-Inhalte verwalten soll, auch *entries.php* nennen. Öffnen Sie die kopierte Datei dann in Ihrer Entwicklungsumgebung. (Wenn Sie sich noch einmal vor Augen führen wollen, wie der Quelltext aussieht, dann werfen Sie einen Blick auf das Listing in Kapitel 5.) Bei den nächsten Schritten wird noch einmal deutlich werden, wie wichtig und hilfreich eine durchgehend logische und einheitliche Namensgebung ist, denn sie macht uns das Leben jetzt sehr leicht: Ersetzen Sie im Quelltext von *entries.php* mithilfe der Funktion *Alle ersetzen* Ihres Texteditors folgende Begriffe:

```
topics=> entries

topic => entry
```

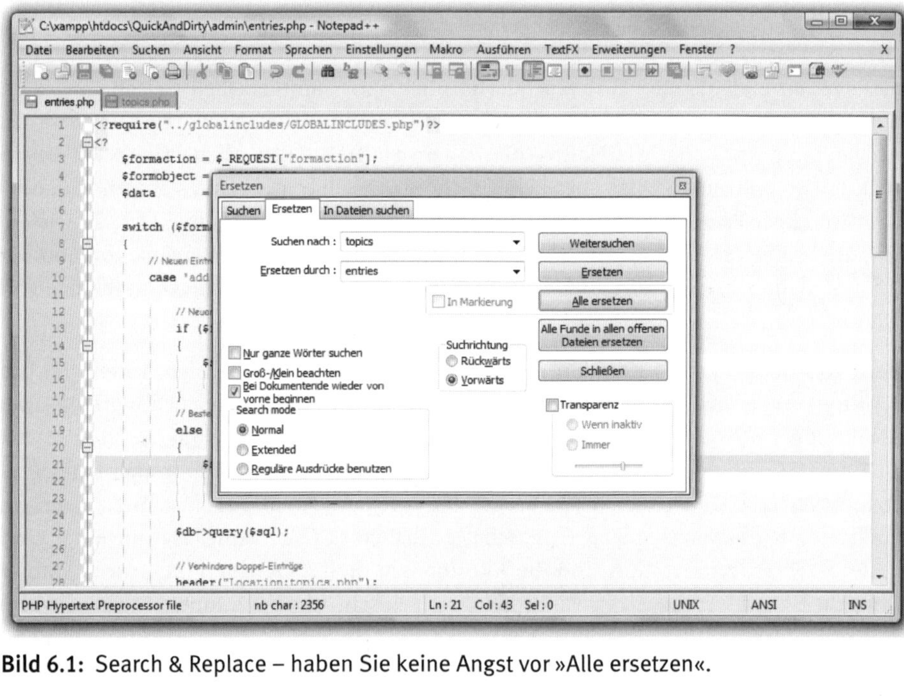


**Bild 6.1:** Search & Replace – haben Sie keine Angst vor »Alle ersetzen«.

Achten Sie insbesondere bei Begriffen wie *entry* unbedingt darauf, *zuerst* Variablen im Plural und dann im Singular zu ersetzen, ansonsten kreieren Sie plötzlich »entrys«, und das ist nicht nur grammatikalisch falsch, sondern passt auch nicht mehr zu Ihrer Datenbanktabelle. Betrachten Sie jetzt einmal den Quelltext, um zu sehen, was das ganze Ersetzen bereits gebracht hat und was das alles eigentlich soll:

```
<?require("../globalincludes/GLOBALINCLUDES.php")?>
<?
  $formaction = $_POST["formaction"];
  $formobject = $_POST["formobject"];
  $data = $_POST["data"];

  switch ($formaction)
  {
      if ($formobject=="")     // Neuen Eintrag hinzufügen
      {
        $sql = "INSERT INTO entries SET ";
      }
      else        // Bestehenden Eintrag aktualisieren
      {
        $sql = "UPDATE entries SET ";
      }

      // Zu schreibende Spalten - identisch für INSERT oder UPDATE
      $sql .= "entry_name='".$db->str_esc($data['entry_name'])."'";

      if ($formobject=="")  // Neuen Eintrag hinzufügen
      {
        $db->query($sql);
      }
      else        // Bestehenden Eintrag aktualisieren
      {
        $sql .= "WHERE entry_id=".$formobject;
        $db->query($sql);
      }

      // Zurücksetzen, damit Formularfelder wieder leer
      $data = array();

      break;

    // Zu ändernde Daten holen
    case 'edit':
```

```
         $sql = "SELECT * FROM entries WHERE entry_id=".$db-
>str_esc($formobject);
         $rs = $db->query($sql);
         $data = $rs[0];
         break;

      // Eintrag löschen
      case 'del':

         $sql = "DELETE FROM entries WHERE entry_id=".$db-
>str_esc($formobject);
         $db->query($sql);
         $formobject = "";
         $data=array();
         break;
   }

   // Hole bestehende entries
   $entries = array();
   $sql = "SELECT * FROM entries ORDER BY entry_name";
   $_entries = $db->query($sql);
   if (count($_entries)>0) foreach ($_entries as $entry)
   {
      $entries[$entry['entry_id']] = $entry;
   }

?>
<?require("inc/head.php")?>

<h1>Themen</h1>

<b>Thema anlegen/editieren</b><br /><br />

<input type="text" name="data[entry_name]" id="data[entry_name]"
value="<?=$db->str_unesc($data['entry_name'])?>" /><br /><br />
<input type="submit" name="speichern" value="Speichern" />

<br /><br /><br />

<b>Bestehende Themen</b><br /><br />

<table border="0" cellpadding="0" cellspacing="0" width="500">

   <?foreach($entries as $id=>$entry) {?>
```

```
        <tr>
            <td width="70%"><?=$db->str_unesc($entry['entry_name'])?></td>
            <td width="15%"><input type="button" value="L&ouml;schen"
onClick="if (confirm('Ganz in echt?'))
document.form1.formaction.value='del';
document.form1.formobject.value='<?=$id?>'; document.form1.submit();"
/></td>
            <td width="15%"><input type="button" value="&Auml;ndern"
onClick="document.form1.formaction.value='edit';
document.form1.formobject.value='<?=$id?>'; document.form1.submit();"
/></td>
        </tr>

   <?}?>

</table>

<input type="hidden" name="formaction" value="add" />
<input type="hidden" name="formobject" value="<?=$formobject?>" />

<? require("inc/foot.php")?>
```

*admin/entries.php*

Sicher, es fehlt noch eine ganze Menge, aber wenn Sie bedenken, dass es uns nur wenige Sekunden gekostet hat, diesen Quellcode zu erstellen, dann sehen einige Bereiche doch schon sehr vielversprechend aus. Betrachten wir doch einmal die Aktionen zum Löschen eines Eintrags und zum Holen der Daten beim Editieren:

```
...

// Zu ändernde Daten holen
case 'edit':

   $sql = "SELECT * FROM entries WHERE entry_id=".$db->str_esc($formobject);
   $rs = $db->query($sql);
   $data = $rs[0];
   break;

// Einträge löschen
case 'del':

   $sql = "DELETE FROM entries WHERE entry_id=".$db->str_esc($formobject);
   $db->query($sql);
```

```
    $formobject = "";
    $data=array();
    break;

...
```

*admin/entries.php*

Hier müssen Sie fast gar nichts mehr ändern. Später werden Sie beim Holen der zu ändernden Daten noch die zugeordneten Themen (»topics«) aus der Datenbank lesen müssen, aber für einen ersten Schritt ist das schon einmal nicht schlecht, oder?

Wie geht es weiter? Beginnen Sie erst einmal damit, den reinen Text im Listing anzupassen. Ändern Sie also beispielsweise »Themen« in »Inhalte«, »Thema anlegen/editieren« in »Inhalte anlegen/editieren« usw. Schauen Sie sich dann die Eingabemaske an:

```
...

<label>Name:</label><input type="text" name="data[entry_name]"
id="data[entry_name]" value="<?=$db->str_unesc($data['entry_name'])?>" /><br
/><br />

<input type="submit" name="speichern" value="Speichern" />

...
```

*admin / entries.php*

`entry_name` gibt es doch gar nicht, wohl aber `entry_title`. Also noch einmal ein Suchen/Ersetzen-Vorgang über das gesamte Dokument, bitte:

`entry_name => entry_title`

Wenn wir jetzt noch den Text im `<label>` anpassen, sieht es gleich viel besser aus:

```
...

<label>Titel:</label><input type="text" name="data[entry_title]"
id="data[entry_title]" value="<?=$db->str_unesc($data['entry_title'])?>"
/><br /><br />

<input type="submit" name="speichern" value="Speichern" />

...
```

*admin/entries.php*

Nun besteht ein Blog-Eintrag nicht nur aus einem Titel, sondern soll auch noch einen Untertitel, einen Text und ein Bild haben. Erweitern wir also entsprechend das Formular um die hierfür benötigten Eingabefelder. Aber bloß nicht neu programmieren: Copy & Paste ist das Motto! Fast alle Entwicklungsumgebungen besitzen eine Tastenkombination, um eine Zeile zu verdoppeln (bei Notepad++ ist dies zum Beispiel STRG+D). Diese Funktion ist beim alltäglichen Programmieren sehr, sehr hilfreich. Setzen Sie den Cursor in die Zeile mit dem Textfeld für `entry_title`, und drücken Sie dreimal STRG+D, um so die Felder für den Untertitel, den Text und das Bild zu schaffen.

```
...

<label>Titel:</label><input type="text" name="data[entry_title]"
id="data[entry_title]" value="<?=$db->str_unesc($data['entry_title'])?>"
/><br /><br />

<label>Titel:</label><input type="text" name="data[entry_title]"
id="data[entry_title]" value="<?=$db->str_unesc($data['entry_title'])?>"
/><br /><br />

<label>Titel:</label><input type="text" name="data[entry_title]"
id="data[entry_title]" value="<?=$db->str_unesc($data['entry_title'])?>"
/><br /><br />

<label>Titel:</label><input type="text" name="data[entry_title]"
id="data[entry_title]" value="<?=$db->str_unesc($data['entry_title'])?>"
/><br /><br />

...
```

*admin/entries.php*

So weit, so gut. Jetzt sollten wir zunächst die `<label>`-Werte und die Indizes der Formularnamen anpassen, entsprechend den Bezeichnungen in der Datenbank. So würde beispielsweise in der zweiten Zeile aus `entry_title` ein `entry_subtitle`:

```
...

<label>Titel:</label><input type="text" name="data[entry_title]"
id="data[entry_title]" value="<?=$db->str_unesc($data['entry_title'])?>"
/><br /><br />

<label>Untertitel:</label><input type="text" name="data[entry_subtitle]"
id="data[entry_subtitle]" value="<?=$db-
>str_unesc($data['entry_subtitle'])?>" /><br /><br />
```

```
<label>Text:</label><input type="text" name="data[entry_content]"
id="data[entry_content]" value="<?=$db->str_unesc($data['entry_content'])?>"
/><br /><br />

<label>Bild:</label><input type="text" name="data[entry_picture]"
id="data[entry_picture]" value="<?=$db->str_unesc($data['entry_picture'])?>"
/><br /><br />

...
```

*admin/entries.php*

Schon mal nicht schlecht, jedoch hat das Ganze im Moment noch zwei Schönheitsfehler: Der Text eines Blog-Eintrags sollte nicht in einer einfachen Input-Box eingegeben werden, sondern besser in einer *Textarea*, und für das Bild benötigen wir ein *File-Input*-Element. Hier müssen Sie jetzt tatsächlich ein wenig tippen.

```
...

<label>Titel:</label><input type="text" name="data[entry_title]"
id="data[entry_title]" value="<?=$db->str_unesc($data['entry_title'])?>"
/><br /><br />

<label>Untertitel:</label><input type="text" name="data[entry_subtitle]"
id="data[entry_subtitle]" value="<?=$db-
>str_unesc($data['entry_subtitle'])?>" /><br /><br />

<label>Text:</label><textarea name="data[entry_content]"
id="data[entry_content]"><?=$db-
>str_unesc($data['entry_content'])?></textarea><br /><br />

<label>Bild:</label><input type="file" name="entry_picture"
id="entry_picture" /><br /><br />
...
```

*admin/entries.php*

Beachten Sie, dass wir das File-Element nicht `data[entry_picture]` nennen, sondern nur `entry_picture`. File-Elemente werden von PHP später gänzlich anders behandelt als alle anderen Form-Elemente (nämlich über das `$_FILES`-Array), und daher werden wir unser Array `data` dort nicht brauchen. Es ist sogar so, dass sich das `$_FILES`-Array ein wenig verwirrend verhält, wenn man ihm einen Namen wie `data[entry_picture]` anbietet, daher sollten Sie bei solchen Eingabefeldern darauf verzichten. Wenn wir uns das Ergebnis jetzt einmal im Browser anschauen, dann sehen wir, dass wir innerhalb weniger Minuten und fast nur mithilfe von Copy & Paste schon ein erstes Eingabeformular für unsere Blog-Inhalte geschaffen haben:

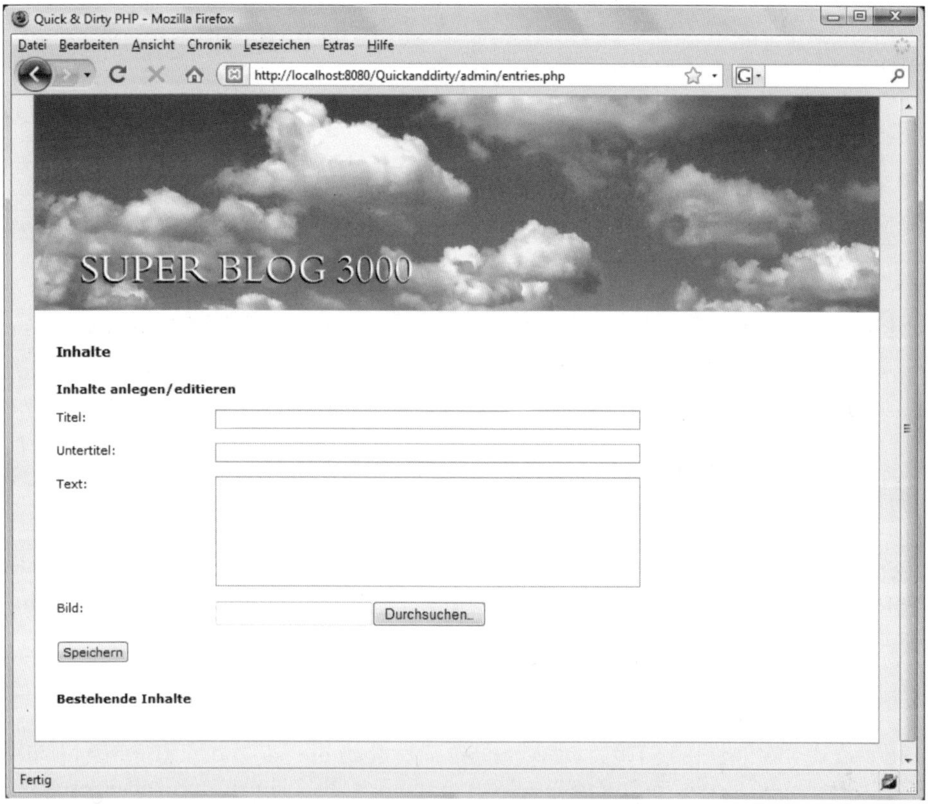


**Bild 6.2:** So schnell, so gut: das erste Formular für die Blog-Inhalte

Eigentlich fehlt jetzt nur noch die Zuweisung der Blog-Themen, aber um die werden wir uns erst später kümmern. Lässt sich das Formular auch schon nutzen? Noch nicht ganz. Es wird Zeit, sich die PHP-Programmierung im oberen Bereich des Skripts anzuschauen, insbesondere die Anweisungen zum Speichern eines Eintrags. Durch das gezielte Suchen und Ersetzen sieht dieser Teil auch schon ganz vernünftig (wenn auch noch unvollständig) aus:

```
...

if ($formobject=="")     // Neuen Eintrag hinzufügen
{
   $sql = "INSERT INTO entries SET ";
```

```
}
else        // Bestehenden Eintrag aktualisieren
{
   $sql = "UPDATE entries SET ";
}

// Zu schreibende Spalten - identisch für INSERT oder UPDATE
$sql .= "entry_title='".$db->str_esc($data['entry_title'])."'";

if ($formobject=="") // Neuen Eintrag hinzufügen
{
   $db->query($sql);
}
else        // Bestehenden Eintrag aktualisieren
{
   $sql .= "WHERE entry_id=".$formobject;
   $db->query($sql);
}
...
```

*admin/entries.php*

Hier fehlt nun ebenfalls die Programmierung für die zusätzlichen Eigenschaften wie Untertitel und Bild. Und auch hier kann uns die Tastenkombination STRG+D eine große Hilfe sein. Setzen Sie den Cursor in die Zeile:

```
$sql .= "entry_title='".$db->str_esc($data['entry_title'])."'";
```

und drücken Sie dreimal STRG+D. Wenn Sie jetzt noch die passenden Kommata in der SQL-Anweisung setzen, müssen Sie wieder nur noch die Namen der Tabellenspalten anpassen (`entry_title => entry_subtitle`, etc.) – und schon sieht das Ganze so aus:

```
...

// Neuen Eintrag hinzufügen
if ($formobject=="")    // Neuen Eintrag hinzufügen
{
   $sql = "INSERT INTO entries SET ";
}
else        // Bestehenden Eintrag aktualisieren
{
   $sql = "UPDATE entries SET ";
}

// Zu schreibende Spalten - identisch für INSERT oder UPDATE
```

```
$sql.=" entry_title='".$db->str_esc($data['entry_title'])."', ";
$sql.=" entry_subtitle='".$db->str_esc($data['entry_subtitle'])."', ";
$sql.=" entry_content='".$db->str_esc($data['entry_content'])."', ";
$sql.=" entry_picture='".$db->str_esc($data['entry_picture'])."' ";

if ($formobject=="") // Neuen Eintrag hinzufügen
{
   $db->query($sql);
}
else        // Bestehenden Eintrag aktualisieren
{
   $sql .= "WHERE entry_id=".$formobject;
   $db->query($sql);
}

...
```

*admin/entries.php*

Moment! So einfach geht das mit dem Hochladen eines Bildes doch gar nicht. Und sollte beim ersten Speichern nicht auch noch das Datum in die Spalte `entry_date` eingetragen werden? Letzteres ist schnell erledigt. Fügen Sie einfach in den Zweig für die `INSERT`-Anweisung des zweiten `if`-Befehls eine entsprechende Zeile ein:

```
...

if ($formobject=="")     // Neuen Eintrag hinzufügen
{
   $sql = "INSERT INTO entries SET ";
}
else        // Bestehenden Eintrag aktualisieren
{
   $sql = "UPDATE entries SET ";
}

// Zu schreibende Spalten - identisch für INSERT oder UPDATE
$sql.=" entry_title='".$db->str_esc($data['entry_title'])."', ";
$sql.=" entry_subtitle='".$db->str_esc($data['entry_subtitle'])."', ";
$sql.=" entry_content='".$db->str_esc($data['entry_content'])."', ";
$sql.=" entry_picture='".$db->str_esc($data['entry_picture'])."' ";

if ($formobject=="") // Neuen Eintrag hinzufügen
{
   $sql.=", entry_date='".date("Y-m-d H:i:s")."' ";
   $db->query($sql);
```

```
}
else        // Bestehenden Eintrag aktualisieren
{
   $sql .= "WHERE entry_id=".$formobject;
   $db->query($sql);
}

...
```

*admin/entries.php*

`date("Y-m-d H:i:s")` liefert einen Datums-String des aktuellen Zeitpunkts in einer Form, die MySQL verstehen kann (z. B. »2009-07-04 18:12:40«). Mit dem hochzuladenden Bild wird es da schon schwieriger, und Sie kommen an dieser Stelle zum ersten Mal an einen Punkt, wo Sie tatsächlich etwas Neues hinzuprogrammieren müssen. Die Administration für Themen hatte schlicht keine Bilder oder Dateien, die hochgeladen werden können, daher müssen Sie die benötigten Anweisungen hier neu hinzufügen.

Ich möchte jetzt nicht auf den genauen Mechanismus des Datei-Uploads in PHP eingehen. Nur ein Tipp an dieser Stelle: Bedenken Sie immer, dass der User beim Aktualisieren eines Eintrags auch die Möglichkeit haben muss, ein bestehendes Bild beizubehalten. In diesem Fall ist das Eingabefeld für das Bild leer, Sie dürfen diesen leeren Wert aber nicht in die Datenbank übertragen, da sonst der Eintrag für das bestehende Bild gelöscht werden würde.

Es empfiehlt sich hier, den Abschnitt für das Eintragen des Bildnamens doch wieder aus dem SQL-Statement zu lösen und nur unter der Bedingung zusammenzustellen, dass wirklich ein Bild hochgeladen wurde. Wurde keine Datei ausgewählt, so bleibt der entsprechende String leer, und somit findet keine Änderung des Bildnamens in der Datenbank statt.

```
...

// Bild-Datei hochladen
$picture_sql = "";
if (move_uploaded_file($_FILES['entry_picture']['tmp_name'],
$PICTURE_UPLOAD_DIR.$_FILES['entry_picture']['name']))
{
   // Zusatz für SQL-Befehl, nur dann, wenn auch tatsächlich ein Bild
hochgeladen wurde
   $picture_sql = ", entry_picture='".$db-
>str_esc($_FILES['entry_picture']['name'])."' ";
}

if ($formobject=="")     // Neuen Eintrag hinzufügen
```

```
{
   $sql = "INSERT INTO entries SET ";
}
else        // Bestehenden Eintrag aktualisieren
{
   $sql = "UPDATE entries SET ";
}

// Zu schreibende Spalten - identisch für INSERT oder UPDATE
$sql.=" entry_title='".$db->str_esc($data['entry_title'])."', ";
$sql.=" entry_subtitle='".$db->str_esc($data['entry_subtitle'])."', ";
$sql.=" entry_content='".$db->str_esc($data['entry_content'])."' ";
$sql.= $picture_sql;

if ($formobject=="") // Neuen Eintrag hinzufügen
{
   $sql.=", entry_date='".date("Y-m-d H:i:s")."' ";
   $db->query($sql);
}
else        // Bestehenden Eintrag aktualisieren
{
   $sql .= "WHERE entry_id=".$formobject;
   $db->query($sql);
}

...
```

*admin/entries.php*

Im SQL-Statement wurde diese Zeile

```
$sql.=" entry_picture='".$db->str_esc($data['entry_picture'])."' ";
```

ersetzt durch den folgenden String:

```
$sql.= $picture_sql;
```

Dieser wird nur dann gefüllt, wenn tatsächlich ein Bild zum Hochladen ausgewählt wurde:

```
...

// Bilddatei hochladen
$picture_sql = "";
if (move_upload[kt1]_file($_FILES['entry_picture']['tmp_name'],
$PICTURE_UPLOAD_DIR.$_FILES['entry_picture']['name']))
```

```
{
   // Zusatz für SQL-Befehl, nur dann, wenn auch tatsächlich ein Bild
hochgeladen wurde
   $picture_sql = ", entry_picture='".$db-
>str_esc($_FILES['entry_picture']['name'])."' ";
}

...
```

*admin/entries.php*

Dieser Abschnitt lädt zum einen über `move_upload_file()` die Datei auf den Server. Zum anderen stellt er für die Blog-Inhalte das besagte SQL-Fragment zusammen, wenn tatsächlich ein Bild vom Nutzer hochgeladen wurde. Nur in diesem Fall wird der Name der Bilddatei in der Datenbank gespeichert. Wurde beim Aktualisieren eines Eintrags kein neues Bild ausgewählt, so ist `$picture_sql` leer, und der Name des aktuellen Bildes bleibt bestehen, da im SQL-String ein neuer Wert für die Spalte `entry_picture` schlichtweg nicht vorkommt. Wo genau die Bilder gespeichert werden sollen, legen wir hier übrigens über die Variable `$PICTURE_UPLOAD_DIR` fest, die Sie in Ihrer *GLOBALCONSTANTS.php* (siehe Kapitel 4) setzen sollten:

```
...

// Verzeichnis für Bilder-Upload
$PICTURE_UPLOAD_DIR = $basedir.'/upload/';

...
```

*globalincludes/GLOBALCONSTANTS.php*

Und weiter? Nichts weiter! Ihre Administration zur Bearbeitung der Blog-Themen ist damit in einer ersten Version schon fertig. Probieren Sie es einfach aus. Tragen Sie ein paar Testdaten ein, und schicken Sie das Formular ab.

**Bild 6.3:** Mal sehen, was passiert.

Nach dem Abschicken des Formulars erscheint Ihr neuer Eintrag in der Liste der bestehenden Inhalte:

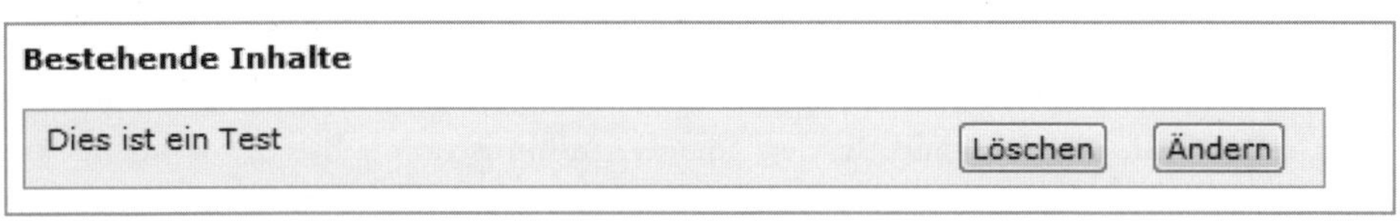


**Bild 6.4:** Der Blog-Eintrag erscheint in der Inhaltsliste.

Und ein Blick in die Datenbank zeigt uns, dass wirklich alle Daten korrekt erfasst wurden:

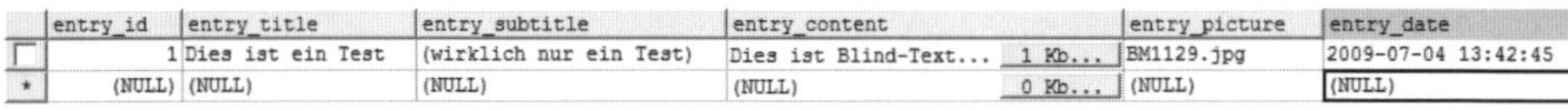

| | entry_id | entry_title | entry_subtitle | entry_content | | entry_picture | entry_date |
|---|---|---|---|---|---|---|---|
| | 1 | Dies ist ein Test | (wirklich nur ein Test) | Dies ist Blind-Text... | 1 Kb... | BM1129.jpg | 2009-07-04 13:42:45 |
| * | (NULL) | (NULL) | (NULL) | (NULL) | 0 Kb... | (NULL) | (NULL) |

**Bild 6.5:** Alle Inhalte wurden richtig erfasst

Aber es geht noch weiter: Auch die Möglichkeit des Löschens und Editierens eines Eintrags ist bereits voll funktionsfähig. Bitte führen Sie sich noch einmal genau vor Augen, was Sie hier bisher gemacht haben: Sie haben die bestehende Administration für die Blog-Themen kopiert und innerhalb der Programmierung verschiedene Zeilen dupliziert und angepasst. Nur die Bearbeitung der hochgeladenen Bilder mussten Sie tatsächlich neu schreiben, fast alles andere haben Sie mit Copy & Paste sowie Search & Replace erledigt. Wenn Sie ein wenig Übung in diesem Vorgehen haben, dann können Sie diese Programmierung innerhalb weniger Minuten erstellen.

Natürlich ist Copy & Paste kein allmächtiger Alleskönner, auch hier haben wir einige Dinge händisch korrigieren müssen, und niemals sollten Sie einer so erstellen Programmierung blind vertrauen (wie Sie überhaupt niemals Ihrer Programmierung blind vertrauen sollten). Es geht auch gar nicht darum, zu behaupten, dass das Kopieren von ganzen Skripten oder einzelnen Zeilen das eigentliche Programmieren überflüssig macht. Das sicher nicht. Es ist nur so, dass die clevere Anwendung von Copy & Paste und Search & Replace Ihnen viel Arbeit und damit Zeit ersparen kann, weil sich viele Programmierungen im Kern sehr, sehr ähnlich sind.

## 6.2 Arrays und ternäre Operatoren

Aber fehlt da nicht immer noch etwas? Was ist denn mit den Blog-Themen, für die Sie im vorherigen Kapitel die schöne Administration geschrieben haben? Die Auswahl und das Speichern dieser Themen müssen wir in der Tat noch hinzufügen.

Zunächst einmal benötigen Sie eine Liste aller vorhandenen Themen. Das hatten Sie doch schon mal, oder? Richtig: In der Themen-Administration hatten Sie bereits ein Array mit allen vorhandenen Einträgen in der `topics`-Tabelle zusammengestellt. Also warum alles noch einmal neu machen? Kopieren Sie einfach diese Zeilen aus der Datei *topics.php* in den unteren Bereich des PHP-Blocks der aktuellen Datei *entries.php*:

```
...

// Hole bestehende Themen
$topics = array();
$sql = "SELECT * FROM topics ORDER BY topic_name";
```

```
$rs = $db->query($sql);
if (count($rs)>0) foreach ($rs as $row)
{
   $topics[$row['topic_id']] = $row;
}

...
```

*admin/entries.php*

Im Eingabeformular erstellen Sie jetzt daraus eine Liste an Checkboxen, über die der Nutzer auswählen kann, zu welchem Thema ein Blog-Eintrag gehören soll:

```
...

<label>Thema</label>
<?
foreach($topics as $id=>$topic)
{
   echo '<input type="checkbox" name="data[topics]['.$id.']"
id="data[topics]['.$id.']" '.(isset($data['topics'][$id])?' CHECKED ':'').'
/> '.$topic["topic_name"].'  ';
}
?>
<br /><br />

...
```

*admin/entries.php*

Was ist das?

```
<input type="checkbox" ... <?=(isset($data['topics'][$id])?' CHECKED
':'')?> ...
```

Hierbei handelt es sich um den sogenannten ternären Operator, den wir hier nutzen, um festzustellen, ob die Checkbox bei einem bestehenden Blog-Eintrag gesetzt sein soll oder nicht. Sollten Sie diesen Operator noch nicht kennen, sei hier kurz erklärt, was er macht: Im Grunde ist der ternäre Operator nichts anderes eine verkürzte Form einer `if-else`-Anweisung: `Ist das hier wahr ? Wenn ja, dann führe das hier aus : wenn nicht, dann das hier`. Links des Fragezeichens steht eine Abfrage, genauso wie sie in den Klammern einer `if`-Abfrage stehen würde. Ist dieser Ausdruck wahr, so wird der Befehl hinter dem Fragezeichen ausgeführt, ist er falsch, so wird der Befehl hinter dem Doppelpunkt ausgeführt.

Die Zeilen in unserem Programm könnte man daher auch so umschreiben:

```
...

<label>Thema</label>
<?
foreach($topics as $id=>$topic)
{
   echo '<input type="checkbox" name="data[topics]['.$id.']"
id="data[topics]['.$id.'" ';
   if (isset($data['topics'][$id])) echo ' CHECKED ';
   echo ' /> '.$topic["topic_name"].'  ';
}
?>
<br /><br />

...
```

*admin/entries.php*

Ob man den ternären Operator benutzt oder nicht, ist oftmals Geschmackssache. Er bietet zweifellos den Vorteil, dass man ihn innerhalb einer anderen Anweisung nutzen und somit einen Quelltext kürzer und lesbarer gestalten kann:

```
<? echo 'Sie haben '.($eingabe==''?'nichts':'etwas').' eingegeben!'; ?>
```

Manchmal verbessert er so den Lesefluss eines Quelltextes, manchmal macht er die Programmierung aber auch unnötig kompliziert. Er empfiehlt sich nur da, wo eine sofort verständliche und vor allem kurze `if`-Abfrage erfolgen soll.

Beachten Sie auch, dass wir uns beim Namen der Checkboxen erneut die Fähigkeit von PHP zunutze machen, Formelemente direkt in ein Array zu schreiben:

```
<input type="checkbox" name="data[topics][<?=$id?>]" ...
```

Wenn Sie später beispielsweise vier verschiedene Themen haben, so sehen die Checkboxen im erstellten Quelltext des Browsers so aus:

```
<input type="checkbox" name="data[topics][1]" id="data[topics][1]"
/> Neuigkeiten  
<input type="checkbox" name="data[topics][4]" id="data[topics][4]"
/> Sonstiges  
<input type="checkbox" name="data[topics][3]" id="data[topics][3]"
/> Wirklich dirty  
<input type="checkbox" name="data[topics][2]" id="data[topics][2]"
/> Wirklich quick  
```

Nach dem Abschicken des Formulars und der Zuweisung `$data=$_POST["data"]` finden Sie dann in dem Array `$data['topics']` alle angewählten Checkboxen.

Erweitern wir daher jetzt direkt die Anweisungen zum Schreiben eines Blog-Inhalts in die Datenbank. Da ein solcher Inhalt nicht nur einem Thema, sondern mehreren Themen zugeordnet sein kann, gibt es hierfür keine einzelne Spalte in der `entries`-Tabelle, sondern wir verwenden die Tabelle `entry_topic`. In dieser befinden sich in einer Zeile jeweils die ID eines `entry`-Eintrags und die ID eines Themas aus der `topic`-Tabelle. Um diese Tabelle zu füllen, müssen wir zunächst erst einmal wissen, was denn nun die ID eines geschriebenen Datensatzes in der `entries`-Tabelle ist. Wird ein Blog-Eintrag aktualisiert, so steht die ID ganz einfach in der Variablen `$formobject`. Bei einem neu angelegten Datensatz müssen Sie diese ID nach dem Schreiben der Daten aber erst noch einmal abfragen. MySQL bietet hierfür die Funktion `LAST_INSERT_ID()` an, die, wie der Name schon sagt, die zuletzt eingefügte ID in einer Tabelle zurückliefert. Erweitern Sie also die Anweisungen zum Speichern und Aktualisieren der Daten:

```
...

if ($formobject=="") // Neuen Eintrag hinzufügen
{
   $sql = "INSERT INTO entries SET ";
}
else        // Bestehenden Eintrag aktualisieren
{
   $sql = "UPDATE entries SET ";
}

// Zu schreibende Spalten - identisch für INSERT oder UPDATE
$sql.=" entry_title='".$db->str_esc($data['entry_title'])."', ";
$sql.=" entry_subtitle='".$db->str_esc($data['entry_subtitle'])."', ";
$sql.=" entry_content='".$db->str_esc($data['entry_content'])."' ";
$sql.= $picture_sql;


if ($formobject=="") // Neuen Eintrag hinzufügen
{
   $sql.=", entry_date='".date("Y-m-d H:i:s")."' ";
   $db->query($sql);

   // Ermittle letzte ID
   $sql = "SELECT LAST_INSERT_ID() AS LAST_ID FROM entries";
   $rs = $db->query($sql);
   $entry_id = $rs[0]['LAST_ID'];
}
```

```
else        // Bestehenden Eintrag aktualisieren
{
   $sql .= "WHERE entry_id=".$formobject;
   $db->query($sql);

   $entry_id = $formobject;
}

...
```

*admin/entries.php*

Jetzt, da Sie die ID des Blog-Eintrags in der Datenbank kennen, können Sie die `entry_topic`-Tabelle füllen und so dem Eintrag die ausgewählten Themen zuordnen.

Wenn der Nutzer einen Blog-Eintrag aktualisiert, können Sie sich eine Menge unnötiger Arbeit machen, wenn Sie versuchen festzustellen, welche Änderungen er bei der Zuordnung der Themen durchgeführt hat. Welche Themen kamen hinzu? Welche wurden entfernt? Welche blieben unverändert? Machen Sie es sich selbst nicht so schwer. Löschen Sie einfach komplett alle Zuordnungen, die zu einem Blog-Eintrag gehören, und fügen Sie sie neu ein:

```
...

if ($formobject=="") // Neuen Eintrag hinzufügen
{
   $sql = "INSERT INTO entries SET ";
}
else        // Bestehenden Eintrag aktualisieren
{
   $sql = "UPDATE entries SET ";
}

// Zu schreibende Spalten - identisch für INSERT oder UPDATE
$sql.=" entry_title='".$db->str_esc($data['entry_title'])."', ";
$sql.=" entry_subtitle='".$db->str_esc($data['entry_subtitle'])."', ";
$sql.=" entry_content='".$db->str_esc($data['entry_content'])."' ";
$sql.= $picture_sql;


if ($formobject=="") // Neuen Eintrag hinzufügen
{
   $sql.=", entry_date='".date("Y-m-d H:i:s")."' ";
   $db->query($sql);
```

```
    // Ermittle letzte ID
    $sql = "SELECT LAST_INSERT_ID() AS LAST_ID FROM entries";
    $rs = $db->query($sql);
    $entry_id = $rs[0]['LAST_ID'];
}
else        // Bestehenden Eintrag aktualisieren
{
    $sql .= "WHERE entry_id=".$formobject;
    $db->query($sql);

    $entry_id = $formobject;
}

// Erst mal alle alten Topics weg, falls vorhanden
$sql = "DELETE FROM entry_topic WHERE entry_id=".$entry_id;
$db->query($sql);

// Weise Topics zu
if (count($data['topics'])>0) foreach($data['topics'] as $topic_id=>$topic)
{
    $sql = "INSERT INTO entry_topic SET entry_id=".$entry_id.",
topic_id=".$topic_id."";
    $db->query($sql);
}

...
```

*admin/entries.php*

Erinnern Sie sich an die Namensgebung der Checkboxen:

```
<input type="checkbox" name="data[topics][1]" id="data[topics][1]" />
```

Checkbox-Elemente erscheinen in den von einem Formular übertragenen Daten nur dann, wenn sie wirklich ausgewählt wurden. Unser Daten-Array `$data` enthält in `$data['topics']` also nur diejenigen Checkboxen als Einträge, die vom Nutzer tatsächlich aktiviert wurden. Daher können wir mit:

```
foreach($data['topics'] as $topic_id=>$topic)
```

ganz einfach dieses Array durchlaufen und sämtliche vorhandenen Topic-IDs (`$topic_id`) in die Tabelle eintragen. Damit unsere Administration vollständig ist, müssen wir nun zu guter Letzt noch die Anweisungen zum Lesen eines zu aktualisierenden Eintrags bzw. zum Löschen eines solchen Eintrags erweitern. Immerhin soll auch die entry_topic-Tabelle sauber bleiben, und wenn ein Inhalt gelöscht wird, sollen auch die entsprechenden Verknüpfungen in der entry_topic-Tabelle entfernt werden. Und soll ein Eintrag zum Aktualisieren aus der Datenbank gelesen werden, muss das Programm wissen, welche Themen ausgewählt wurden, um im Formular die zugehörigen Checkboxen zu aktivieren.

```
...

// Zu ändernde Daten holen
case 'edit':

   $sql = "SELECT * FROM entries WHERE entry_id=".$db->str_esc($formobject);
   $rs = $db->query($sql);
   $data = $rs[0];

   // Hole Themen
   $sql = "SELECT * FROM entry_topic WHERE entry_id=".$db-
>str_esc($formobject);
   $rs = $db->query($sql);
   if (count($rs)>0) foreach($rs as $row)
   {
      $data['topics'][$row['topic_id']] = 1;
   }

   break;

// Eintrag löschen
case 'del':

   $sql = "DELETE FROM entries WHERE entry_id=".$db->str_esc($formobject);
   $db->query($sql);

   $sql = "DELETE FROM entry_topic WHERE entry_id=".$db-
>str_esc($formobject);
   $db->query($sql);

   $formobject = "";
   $data=array();
   break;
...
```

*admin/entries.php*

Fertig. Jetzt können Sie Ihre Blog-Einträge einstellen, löschen und verändern:

**Bild 6.6:** Die fertige Blog-Administration

Der letzte Abschnitt hat zugegebenermaßen nicht mehr viel mit Copy & Paste zu tun. Zumindest nicht direkt. Aber damit Sie überhaupt etwas zum Kopieren und Einfügen haben, müssen Sie das erst einmal programmieren, und mit dieser Blog-Administration haben Sie schon einmal ein gutes Fundament geschaffen. Und das ist in keiner Weise auf ein einzelnes Projekt beschränkt: Es würde jetzt beispielsweise nur wenige Minuten dauern, um aus der Blog-Administration eine Administration für Nutzerdaten zu machen:

- Anlegen einer Tabelle `users`,
- Kopieren der Datei *entries.php* nach *users.php*,

- Suchen und Ersetzen im Quelltext von `entries => users` und `entry => user`,
- Anpassen der Eigenschaftsnamen durch Suchen und Ersetzen (z. B. `entry_title => user_name`),
- Eventuell Hinzufügen (STRG+D) neuer Eingabefelder und Erweiterung der SQL-Statements zum Speichern dieser Eigenschaften.

Fertig. Mit ein bisschen Copy & Paste und Search & Replace haben Sie so innerhalb kürzester Zeit eine ganz neue Programmierung geschaffen. Zugegebenermaßen wird diese in den seltensten Fällen wirklich vollständig sein, aber Sie haben sich eine ganze Menge unnötiger Programmierarbeit erspart.

**Tipp**

**Die allumfassende »Administrationsklasse«**

Spätestens wenn Sie auf diese Art und Weise einige Anwendungen erstellt haben, werden Sie sich höchstwahrscheinlich von der Muse der PHP-Programmierung geküsst fühlen und den motivierenden Reiz verspüren, diesen ganzen Ablauf noch besser, noch allgemeiner, noch cleverer zu programmieren.

Wenn die Abläufe solcher Programme immer gleich sind und sich diese letztendlich doch nur in den konkreten Eigenschaften der Objekte unterscheiden, warum schreiben Sie dann nicht eine allumfassende Administrationsklasse? Könnte man nicht automatisch die Namen der Tabellenspalten aus der Datenbank auslesen? Könnte man so nicht automatisch die SQL-Statements für das Schreiben und Lesen der Datenbank erzeugen? Könnte man so nicht auch automatisch die Eingabefelder im Formular erstellen? Wäre es nicht möglich, so eine Programmierung zu schaffen, der Sie nur noch den Namen einer Tabelle übergeben, und alles andere passiert vollkommen automatisch?

Ja, wäre es. Aber lassen Sie es. Wohl jeder PHP-Programmierer, der einige Zeit an solchen Skripten arbeitet, wird schon einmal den Traum vom allmächtigen, glücklich machenden Programm geträumt haben. Und jeder von ihnen wird sich eines Tages tatsächlich auch einmal hingesetzt und begonnen haben, es zu erschaffen. Nur um dann festzustellen, dass die Welt leider doch nicht so einfach ist, dass all diese Anwendungen dann eben doch nicht vollkommen gleich sind. Was ist, wenn nicht alle Datenbankspalten als Eingabefelder erscheinen sollen (wie in unserem Beispiel die Spalte `entry_date`)? Wie unterscheiden Sie, ob eine Auswahl als Checkboxen, Radio-Buttons oder Dropdown-Box dargestellt werden soll? Wie gehen Sie mit Muss-Feldern um? Was ist, wenn es zu einer Tabellenspalte zwei Eingabefelder geben soll? Und so weiter und so weiter.

Es gibt Menschen, die versucht haben, all diese Probleme zu lösen. Herausgekommen sind dabei hochkomplexe Strukturen wie das Framework CakePHP (siehe Kapitel 4). Für Sie als Quick & Dirty-Programmierer lohnt sich der Aufwand bei Weitem nicht. Versuchen Sie, Ihre Skripte immer wieder zu optimieren, aber versuchen Sie nicht, zu clever zu sein. Sparen Sie sich die Zeit und die Nerven.

Zum Abschluss finden Sie hier noch einmal das komplette Listing der Inhalte-Administration:

```
<?require("../globalincludes/GLOBALINCLUDES.php")?>
<?
   $formaction = $_POST["formaction"];
   $formobject = $_POST["formobject"];
   $data = $_POST["data"];

   switch ($formaction)
   {
      // Neuen Eintrag hinzufügen / Eintrag editieren
      case 'add':

         // Bilddatei hochladen
         $picture_sql = "";
         if (move_uploaded_file($_FILES['entry_picture']['tmp_name'],
$PICTURE_UPLOAD_DIR.$_FILES['entry_picture']['name']))
         {
            // Zusatz für SQL-Befehl, nur dann, wenn auch tatsächlich ein
Bild hochgeladen wurde
            $picture_sql = ", entry_picture='".$db-
>str_esc($_FILES['entry_picture']['name'])."' ";
         }

         if ($formobject=="")      // Neuen Eintrag hinzufügen
         {
            $sql = "INSERT INTO entries SET ";
         }
         else          // Bestehenden Eintrag aktualisieren
         {
            $sql = "UPDATE entries SET ";
         }

         // Zu schreibende Spalten - identisch für INSERT oder UPDATE
         $sql.=" entry_title='".$db->str_esc($data['entry_title'])."', ";
         $sql.=" entry_subtitle='".$db->str_esc($data['entry_subtitle'])."',
```

```
";
         $sql.=" entry_content='".$db->str_esc($data['entry_content'])."' ";
         $sql.= $picture_sql;

         if ($formobject=="")  // Neuen Eintrag hinzufügen
         {
            $sql.=", entry_date='".date("Y-m-d H:i:s")."' ";
            $db->query($sql);

            // Ermittle letzte ID
            $sql = "SELECT LAST_INSERT_ID() AS LAST_ID FROM entries";
            $rs = $db->query($sql);
            $entry_id = $rs[0]['LAST_ID'];
         }
         else         // Bestehenden Eintrag aktualisieren
         {
            $sql .= "WHERE entry_id=".$formobject;
            $db->query($sql);

            $entry_id = $formobject;
         }

         // Erst mal alle alten Topics weg, falls vorhanden
         $sql = "DELETE FROM entry_topic WHERE entry_id=".$entry_id;
         $db->query($sql);

         // Weise Topics zu
         if (count($data['topics'])>0) foreach($data['topics'] as
$topic_id=>$topic)
         {
            $sql = "INSERT INTO entry_topic SET entry_id=".$entry_id.",
topic_id=".$topic_id."";
            $db->query($sql);
         }

         // Zurücksetzen, damit Formularfelder wieder leer
         $data = array();

         break;

      // Zu ändernde Daten holen
      case 'edit':

         $sql = "SELECT * FROM entries WHERE entry_id=".$db-
```

```
>str_esc($formobject);
        $rs = $db->query($sql);
        $data = $rs[0];

        // Hole Themen
        $sql = "SELECT * FROM entry_topic WHERE entry_id=".$db-
>str_esc($formobject);
        $rs = $db->query($sql);
        if (count($rs)>0) foreach($rs as $row)
        {
           $data['topics'][$row['topic_id']] = 1;
        }

        break;

     // Eintrag löschen
     case 'del':

        $sql = "DELETE FROM entries WHERE entry_id=".$db-
>str_esc($formobject);
        $db->query($sql);

        $sql = "DELETE FROM entry_topic WHERE entry_id=".$db-
>str_esc($formobject);
        $db->query($sql);

        $formobject = "";
        $data=array();
        break;
  }

  // Hole bestehende Inhalte
  $entries = array();
  $sql = "SELECT * FROM entries ORDER BY entry_title";
  $_entries = $db->query($sql);
  if (count($_entries)>0) foreach ($_entries as $entry)
  {
     $entries[$entry['entry_id']] = $entry;
  }

  // Hole bestehende Themen
  $topics = array();
  $sql = "SELECT * FROM topics ORDER BY topic_name";
  $rs = $db->query($sql);
```

```
   if (count($rs)>0) foreach ($rs as $row)
   {
      $topics[$row['topic_id']] = $row;
   }



?>
<?require("inc/head.php")?>

<h1>Inhalte</h1>

<b>Inhalt anlegen/editieren</b><br /><br />

<label>Thema</label>
<?
foreach($topics as $id=>$topic)
{
   echo '<input type="checkbox" name="data[topics]['.$id.']"
id="data[topics]['.$id.']" '.(isset($data['topics'][$id])?' CHECKED ':'').'
/> '.$topic["topic_name"].'  ';
}
?>
<br /><br />

<label>Titel:</label><input type="text" name="data[entry_title]"
id="data[entry_title]" value="<?=$db->str_unesc($data['entry_title'])?>"
/><br /><br />

<label>Untertitel:</label><input type="text" name="data[entry_subtitle]"
id="data[entry_subtitle]" value="<?=$db-
>str_unesc($data['entry_subtitle'])?>" /><br /><br />

<label>Text:</label><textarea name="data[entry_content]"
id="data[entry_content]"><?=$db-
>str_unesc($data['entry_content'])?></textarea><br /><br />

<label>Bild:</label><input type="file" name="entry_picture"
id="entry_picture" /><br /><br />

<input type="submit" name="speichern" value="Speichern" />

<br /><br /><br />
```

```
<b>Bestehende Inhalte</b><br /><br />

<table border="0" cellpadding="0" cellspacing="0" width="500">

   <?foreach($entries as $id=>$entry) {?>

         <tr>
            <td width="70%"><?=$db->str_unesc($entry['entry_title'])?></td>
            <td width="15%"><input type="button" value="L&ouml;schen"
onClick="if (confirm('Ganz in echt?'))
document.form1.formaction.value='del';
document.form1.formobject.value='<?=$id?>'; document.form1.submit();"
/></td>
            <td width="15%"><input type="button" value="&Auml;ndern"
onClick="document.form1.formaction.value='edit';
document.form1.formobject.value='<?=$id?>'; document.form1.submit();"
/></td>
         </tr>

   <?}?>

</table>

<input type="hidden" name="formaction" value="add" />
<input type="hidden" name="formobject" value="<?=$formobject?>" />

<? require("inc/foot.php")?>
```

*admin/entries.php*

# 7 Show & Sort

## Den Blog zusammensetzen

Sie haben nun alle Voraussetzungen geschaffen, um endlich den eigentlichen Blog zu programmieren – also die Webseite, auf der Ihr Kunde später einmal stolz der Welt seine wichtigen Erlebnisse und Erkenntnisse mitteilen möchte. Und spätestens hier reicht es nicht mehr aus, sich nur Gedanken über die Technik zu machen, sondern hier werden Sie sich auch mit dem Design sowie dem Layout und dem Aufbau der HTML-Seiten auseinandersetzen müssen.

## 7.1 Die Struktur

**Tipp**
Bevor Sie die erste Zeile programmieren, sollten Sie sich Gedanken über den Aufbau der Seite machen – genau wie bei Ihrem Startup-Ordner aus Kapitel 4: Welche Bestandteile wiederholen sich, welche Bereiche können also in eigene Include-Dateien ausgelagert werden? Programmieren Sie nichts doppelt!

In der Regel wird Ihnen der Kunde oder ein Grafiker eine grobe Struktur des Aufbaus der Seite vorgeben. Das könnte in unserem Fall beispielsweise so aussehen:

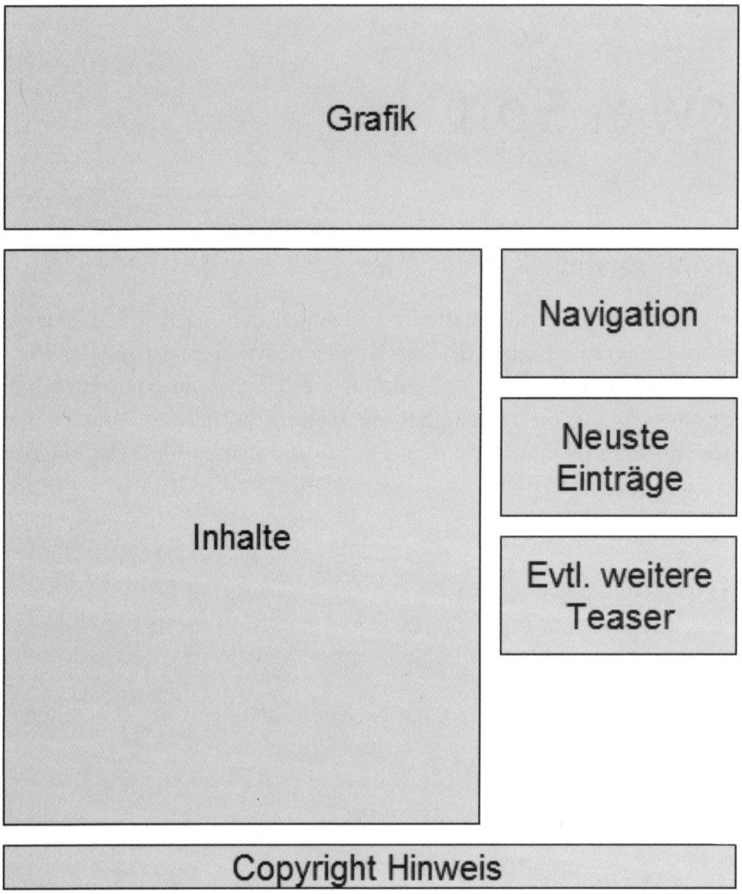


**Bild 7.1:** Die Grobstruktur der Webseite

Aus dieser Skizze wird sofort klar, welche Elemente sich auf allen Seiten finden werden und welche nicht: Nur der Bereich »Inhalte« wird sich tatsächlich ändern. Dort werden vor allem die Blog-Einträge aufgelistet, aber es wird auch andere Elemente geben, beispielsweise ein Impressum oder ein Kontaktformular. Alle weiteren Elemente der Struktur können Sie demnach in eigene Dateien auslagern, die Sie dann in die eigentlichen Seiten einbinden:

- Kopfbereich mit Kopfgrafik,
- Fußbereich mit Copyright-Hinweis,
- Navigationsblock im rechten Bereich,

- »Neuste Einträge« im rechten Bereich,
- evtl. weitere Teaser im rechten Bereich.

Beginnen Sie mit den beiden Dateien *head.php* und *foot.php*, die den Kopf- und Fußbereich jeder Seite festlegen. Da die Seite immer zentriert sein wird, von einem Rahmen umgeben sein soll und die Kopfgrafik und der Copyright-Vermerk auch auf jeder Unterseite zu finden sein sollen, empfiehlt es sich, die entsprechenden Elemente in diese beiden Dateien (*head.php* und *foot.php*) auszulagern, sodass sie sich an einer zentralen, für alle Seiten gültigen Stelle befinden. Zunächst die *head.php*:

```
<!DOCTYPE html PUBLIC "-//W3C//DTD HTML 4.01 Transitional//EN"
"http://www.w3.org/TR/html4/transitional.dtd">
<html>
<head>
   <title><?if (isset($seitentitel)) echo $seitentitel; else echo "Quick
&amp; Dirty PHP";?></title>
   <meta http-equiv="content-type" content="text/html;charset=utf-8" />
   <link rel="stylesheet" type="text/css" href="styles/styles.css" />
</head>
<body>
<form name="form1" action="<?=$_SERVER["PHP_SELF"]?>" method="post"
enctype="multipart/form-data">
   <div id="centerbox">
      <div id="mainbox">
         <img src="img/head.png" border="0" />
         <div id="paddingbox">
```

*www/inc/head.php*

Und hier die *foot.php*:

```
         </div>
      </div>
      <span id="footer">&copy;2009 Quick and Dirty Production Inc.
Enterprise</span>
   </div>
</form>
</body>
</html>
```

*www/inc/foot.php*

Sie hatten bereits im Administrationsbereich einen fast identischen Aufbau verwendet. Natürlich können und sollen Sie die Programmierung einfach kopieren. Da die Ordnerstruktur im *admin*- wie im *www*-Zweig identisch ist, müssen hier die Pfade zu den Style-

oder Bilddateien nicht weiter angepasst werden. (Sie sollten jedoch nicht vergessen, die Bilddatei *head.jpg* in den Ordner *www/img* zu kopieren.) Damit Sie Ihre Programmierung testen können, legen Sie direkt auch die Seite für den eigentlichen Blog an, die Datei *index.php*. Im Moment soll diese aus nicht viel mehr bestehen als den oben beschriebenen Kopf- und Fußbereichen:

```
<?require("../globalincludes/GLOBALINCLUDES.php")?>
<?require("inc/head.php")?>
Hier kommt Inhalt hin!
<?require("inc/foot.php")?>
```

*www/index.php*

Jetzt benötigen Sie nur noch ein paar erste Style-Angaben (auch die können Sie aus der Administration übernehmen), dann ist das erste Grundgerüst bereits fertig.

```
img, form   { display:inline; border: 0; }
body      { background-color:#F0F0F0; margin:0px; font-family:Verdana;
color:#000; font-size:11px; }

a     { color:#000000; text-decoration: none; }
a:HOVER     { color:#000000; text-decoration: underline; }

h1    { font-family:Verdana; color:#000; font-size:13px; font-weight:bold;
margin-top:10px; }

.clear      { clear: both; display: block; font-size: 0 !important; line-
height: 0 !important; height: 0 !important; }

#centerbox  { width:800px; margin:auto; padding-bottom:20px; }
#mainbox { width:800px; float:left; border-left:1px solid #999; border-
right:1px solid #999; border-bottom:1px solid #999; background-color:#fff; }
#footer     { font-family:Verdana; color:#999; font-size:10px; }
#paddingbox { width:760px; padding:20px; float:left; }
```

*www/styles/styles.css*

Über die beiden `div`-Elemente `centerbox` und `mainbox` in der Datei *head.php* haben Sie den zentrierten Rahmen für die gesamte Seite geschaffen. Die Angabe `margin:auto` sorgt dafür, dass sich das `div`-Element immer zentriert in der Mitte der Seite befindet. In dieser Box befinden sich die Kopfgrafik, der Copyright-Hinweis und unsere kleine Textzeile »Hier kommt Inhalt hin«. Das `div`-Element mit der ID `paddingbox` dient lediglich dazu, einen Padding-Wert zu setzen, damit die späteren Inhalte nicht direkt am Rahmen kleben.

Alles in allem noch nicht viel, aber immerhin:

**Bild 7.2:** Kopf und Fuß sind schon einmal da.

**Tipp**

**Quick & Dirty CSS**

Vielleicht wundern Sie sich über einige Zeilen in der Style-Datei. Es gibt unzählige Tricks und Workarounds für CSS-Angaben, insbesondere um alle möglichen Browser zufriedenzustellen. Darauf möchte ich hier nicht eingehen, denn das perfekte Anlegen von Style-Dateien ist eine Wissenschaft für sich. Ich will hier jedoch ein paar allgemeine kleine Tipps nennen, die Ihnen das Leben sehr vereinfachen können:

```
img, form  { display:inline; border: 0; }
```

Diese Zeile spart Ihnen eine Menge Ärger. `<img>`- und `<form>`-Elemente neigen sonst dazu, ungewollte Abstände zu umgebenden Elementen zu haben. Es ist enorm frustrierend, wenn Sie an Ihrem HTML-Aufbau verzweifeln, weil Sie nicht verstehen, warum es immer noch eine verflixte Lücke zwischen einem Bild und dem Rahmen darunter gibt. Setzen Sie einfach bei beiden Elementen `display:inline`, und schon hören sie auf, sich so schrecklich abweisend zu verhalten.

```
.clear  { clear: both; display: block; font-size: 0 !important; line-
height: 0 !important; height: 0 !important; }
```

Dies ist eine wahre Quick & Dirty-Style-Klasse. Man könnte sie ironisch übersetzen mit »Brich um oder ich brech dich!«, da sie mit allen zur Verfügung stehenden Mitteln versucht, einen Umbruch zu erzeugen.

Eine HTML-Datei perfekt nur mit Styles und `div`-Elementen aufzubauen kann sehr, sehr mühsam sein. Immer wieder befinden sich Bereiche nicht an der Stelle, an der Sie sie gerne haben wollen, insbesondere wenn Sie ganz einfach ein Element *unter* einem anderen sehen möchten. Mal hängt es rechts, dann plötzlich *in* dem anderen Element – es kann schon an die Nerven gehen. Hier hilft diese kleine Style-Klasse. Sie müssen nicht verstehen, wie diese Klasse genau funktioniert. Merken Sie sich nur, dass diese Klasse *wirklich* dafür sorgt, dass ein Umbruch stattfindet. Fügen Sie einfach zwischen zwei Elementen, die Sie gerne untereinander sehen wollen, dies hier ein:

```
<div class="clear"></div>
```

Und schon hat das Seufzen ein Ende. Das ist nicht schön, und Style-Puristen werden entsetzt mit dem Kopf schütteln, aber wenn Sie einmal mehrere Stunden damit verbracht haben, vergeblich ein `div`-Element an die richtige Stelle zu bekommen, dann werden Sie dankbar für so einen Trick sein.

Weiter geht es mit den rechten Boxen, die eine Navigation für den Blog und die Überschriften der aktuellsten Einträge enthalten sollen. Diese werden ebenfalls auf jeder Seite gebraucht, daher lagern Sie sie in zwei weitere Include-Dateien aus:

```
<div class="teaserbox">
   - <a href="index.php">Startseite</a><br />
   - <a href="imprint.php">Impressum</a><br />
   - <a href="contact.php">Kontakt</a><br />
</div>
```

*www/inc/navigation.php*

```
<div class="teaserbox">
   <b>Die neusten Eintr&auml;ge</b><br /><br />
   <?
      $sql = "SELECT entry_id, entry_title FROM entries ORDER BY entry_date
DESC LIMIT 5";
      $teaser_entries = $db->query($sql);
      if (count($teaser_entries)>0) foreach ($teaser_entries as
$teaser_entry)
      {
   ?>
```

```
            <?=$db->str_unesc($teaser_entry['entry_title'])?><br />
    <?
        }
    ?>
</div>
```

*www/inc/newest.php*

```
...

.teaserbox  { float:left; width:165px; padding:10px; border:1px solid #666;
background-color:#F0F0F0; margin-bottom:10px; }


...
```

*www/styles/styles.css*

Diese beiden Quelltexte erklären sich eigentlich selbst. Sie könnten allerdings einwenden, dass wir bei der Programmierung der Box für die neuesten Einträge jetzt doch Programmierung und Ausgabe vermischt haben. Wollten wir das nicht trennen? Prinzipiell ja, aber hier würde es die Übersicht der Programmierung deutlich verschlechtern. Wenn Sie solche kleinen Module programmieren, wie hier die »Neuste Einträge«-Box, sollten Sie immer versuchen, diese komplett und kompakt zu halten. Es sollte sich also alles, was an Programmierung benötigt wird, auch in der Include-Datei selbst befinden. Das hilft nicht nur der Übersicht, sondern erlaubt es Ihnen vor allem auch, diese Datei an beliebiger Stelle in Ihrem Projekt verwenden zu können, ohne sich vorher Gedanken darüber zu machen, ob auch alle Voraussetzungen dafür vorhanden sind.

Fügen wir die beiden Elemente jetzt in unsere Datei *index.php* ein. Damit sie auch, wie gewünscht, auf der rechten Seite erscheinen, legen wir schon mal ein `div`-Element für den eigentlichen späteren Inhalt an (`contentbox`) und schreiben ein wenig Text hinein:

```
<?require("../globalincludes/GLOBALINCLUDES.php")?>
<? require("inc/head.php")?>
   <div id="contentbox">
      Hier kommt viel Inhalt hin!<br />
      Hier kommt viel Inhalt hin!<br />
      Hier kommt viel Inhalt hin!<br />
      Hier kommt viel Inhalt hin!<br />
      Hier kommt viel Inhalt hin!<br />
      Hier kommt viel Inhalt hin!<br />
      Hier kommt viel Inhalt hin!<br />
   </div>
```

```
   <?require("inc/navigation.php")?>
   <?require("inc/newest.php")?>
<? require("inc/foot.php")?>
```

*www/index.php*

```
...

#contentbox { float:left; width:560px; margin-right:10px; }

...
```

*www/styles/styles.css*

Das sieht doch jetzt schon richtig gut aus. Der Rahmen der Seite wäre damit schon einmal fertig:

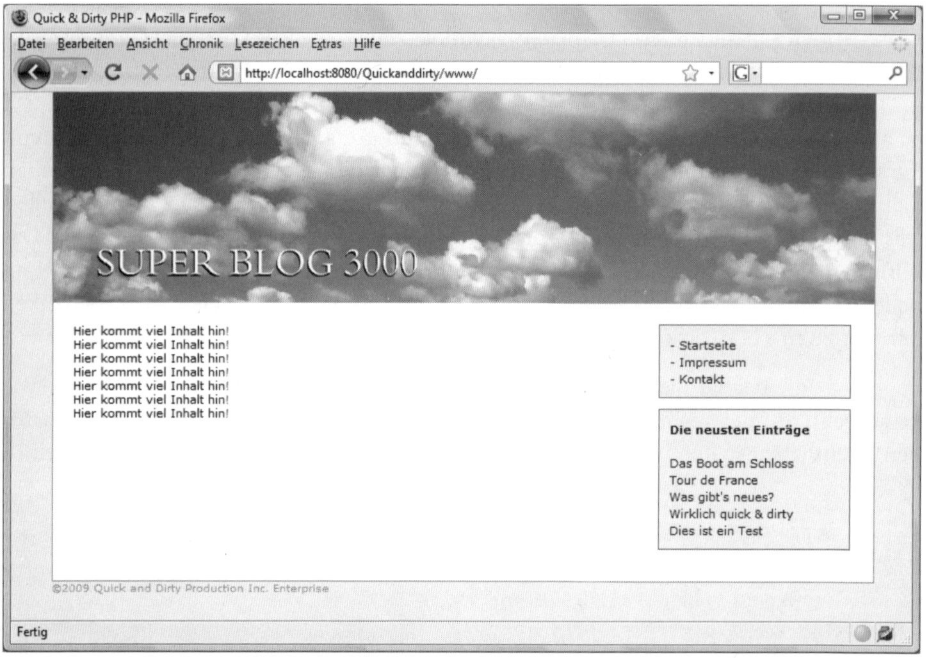


**Bild 7.3:** Das Grundgerüst steht.

Schauen Sie sich noch einmal den kurzen Quelltext der Datei *index.php* an. Diese wenigen Zeilen sind jetzt der Ausgangspunkt für alle weiteren Seiten. Sie werden nur noch die Programmierung hinzufügen müssen, die den eigentlichen Inhalt ausmacht.

Gerade statische Seiten, also Seiten ohne weitere PHP-Programmierung, nur mit Text oder Bildern, basteln Sie sich nach dieser Vorarbeit innerhalb weniger Minuten. Erstellen Sie als Beispiel doch schon einmal das angesprochene Impressum: Nehmen Sie einfach die oben erstellte *index.php*, speichern Sie sie unter *imprint.php* (wir wollen doch schön englisch bleiben), und ersetzen Sie den Platzhaltertext durch die Impressumsangaben.

Hier direkt noch ein kleiner Quick & Dirty-Trick: Normalerweise werden Sie Texte wie ein Impressum oder den Inhalt für eine »Über uns«-Seite von Ihrem Auftraggeber als reinen Text in einer Mail oder einem Textdokument bekommen. Sie können nun hingehen, sie in Ihre Webseite kopieren und jeden Zeilenumbruch händisch mit Hilfe von `<br />` oder `<p>` zu setzen. Sparen Sie sich die Mühe, und lassen Sie PHP mithilfe der Funktion `nl2br()` für Sie die Arbeit erledigen:

```
<?require("../globalincludes/GLOBALINCLUDES.php")?>
<?require("inc/head.php")?>
   <div id="contentbox">
      <?
      echo nl2br('<h1>Impressum</h1>
      Quick&Dirty Blog
      &copy;2009 Quick and Dirty Production Inc. Enterprise
      Quickstreet 52
      77766 Dirty-Town

      <b>Vertreten durch:</b>
      Hans Dirty

      <b>Kontakt:</b>
      Tel.: 0000 - 123456
      Fax: 0000 - 123457

      <b>Umsatzsteuer-ID:</b>
      Umsatzsteuer-Identifikationsnummer gemäß §27 a Umsatzsteuergesetz:
      1234567890

      <b>Verantwortlich für den Inhalt nach § 55 Abs. 2 RStV:</b>
      Rudolf Quick
      ');
      ?>
   </div>
   <?require("inc/navigation.php")?>
   <?require("inc/newest.php")?>
<?require("inc/foot.php")?>
```

*www/index.php*

So schnell ist ein passendes Impressum fertig:

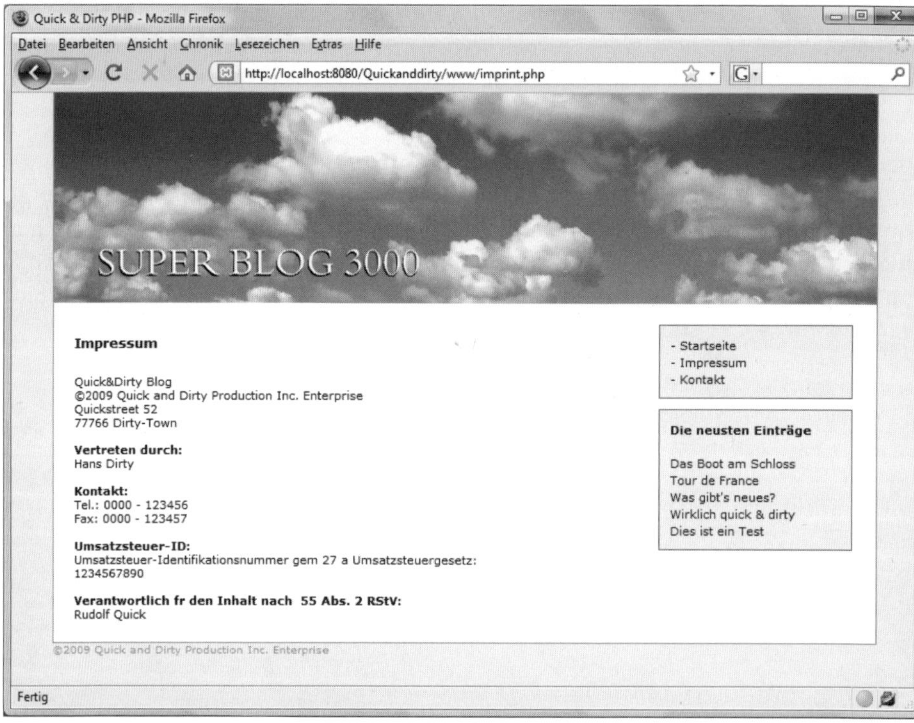


**Bild 7.4:** Statische Seiten sind jetzt in wenigen Minuten fertig.

Halten Sie sich an dieser Stelle auch noch einmal vor Augen, welchen großen Vorteil das Auslagern von einzelnen, sich wiederholenden Programmierbereichen bietet: Wenn sich nun beispielsweise in der Navigation oder im Kopfbereich etwas ändert, so müssen Sie nur eine einzige Datei anpassen (*head.php* oder *navigation.php*), und sofort findet sich die aktualisierte Version in allen Seiten des Webauftritts.

## 7.2 Arrays

Jetzt, da alle Vorarbeiten abgeschlossen sind, können wir uns dem wichtigsten Teil unserer Seite widmen, dem Anzeigen der Blog-Inhalte. Diese sollen genutzt werden, um auf eine ganz besondere Stärke von PHP einzugehen, die vor allem beim Quick & Dirty-Programmieren eine enorme Hilfe sein kann: Arrays.

**Tipp**
Wann immer Sie mit Daten innerhalb Ihres Programms arbeiten: Versuchen Sie, sie in einem Array zusammenzufassen, sodass in einem Eintrag des Arrays wirklich *ein* komplettes Element Ihrer Daten vorliegt.

In wohl kaum einer anderen Sprache ist der Umgang mit Arrays so unkompliziert wie in PHP. Das Erstellen von Arrays ist denkbar einfach, und im Grunde können Sie in einem Array sammeln, was Sie wollen und wie Sie es wollen. Natürlich birgt auch das wieder die Gefahr des heillosen Chaos, aber richtig eingesetzt sind Arrays in jeder PHP-Programmierung eine große Hilfe. Wann immer Sie Daten sammeln oder ausgeben wollen, sollten Sie sich fragen: Kann ich das nicht als Array machen?

Erstellen wir jetzt die Ausgabe der Blog-Inhalte. Um überhaupt etwas anzeigen zu können, müssen erst einmal alle Informationen aus der Datenbank geholt werden. Sie können hierzu Teile der Programmierung der Inhaltsadministration verwenden und erweitern:

```
<?require("../globalincludes/GLOBALINCLUDES.php")?>
<?
   // Lies alle Themen aus DB und schreibe in Array mit topic_id als Key
   $topics = array();
   $sql = "SELECT * FROM topics";
   $rs = $db->query($sql);
   if (count($rs)>0) foreach ($rs as $row)
   {
      $topics[$row['topic_id']] = $row;
   }

   // Lies alle Einträge aus DB
   $entries = array();
   $sql = "SELECT * FROM entries ORDER BY entries.entry_date DESC";
   $rs = $db->query($sql);

   // Lies zugehörige Zuordnung zu Themen aus und fülle entries-Array für
spätere Verarbeitung
   if (count($rs)>0) foreach ($rs as $row)
   {
      $entry = $row;

      // Themen des jeweiligen Eintrags
      $sql = "SELECT * FROM entry_topic
      WHERE entry_topic.entry_id=".$entry['entry_id'];
      $_entry_topics = $db->query($sql);
```

```
      // Füge Daten aus Datenbank ein Topic-Array hinzu und fülle mit den
Namen der zugehörigen Themen
      $entry['topic_ids'] = array();
      if (count($_entry_topics)>0) foreach ($_entry_topics as $entry_topic)
      {
         $entry['topic_ids'][]= $entry_topic['topic_id'];
      }

      $entries[] = $entry;
   }
?>
<?require("inc/head.php")?>
   <div id="contentbox">
      Hier kommt viel Inhalt hin!<br />
      Hier kommt viel Inhalt hin!<br />
      Hier kommt viel Inhalt hin!<br />
      Hier kommt viel Inhalt hin!<br />
      Hier kommt viel Inhalt hin!<br />
      Hier kommt viel Inhalt hin!<br />
      Hier kommt viel Inhalt hin!<br />
   </div>
   <?require("inc/navigation.php")?>
   <?require("inc/newest.php")?>
<?require("inc/foot.php")?>
```

*www/index.php*

Zunächst lesen wir alle Themen (`topics`) aus der Datenbank aus. Es wäre unnötig aufwendig, sie immer einzeln beim Erstellen eines konkreten Blog-Inhalts abzufragen. Erstellen Sie also ein Array `$topics`, und füllen Sie es mit den Daten sämtlicher Themen.

Der Trick dabei ist, dass Sie die ID des Themas als Index des Arrays verwenden. So können Sie später ganz einfach auf die Daten eines ganz bestimmten Themas mit einer ganz bestimmten ID zugreifen.

```
...

// Lies alle Themen aus DB und schreibe in Array mit topic_id als Key
$topics = array();
$sql = "SELECT * FROM topics";
$rs = $db->query($sql);
if (count($rs)>0) foreach ($rs as $row)
{
```

```
  $topics[$row['topic_id']] = $row;
}

...
```

Das erzeugte Array sieht dann so aus:

```
Array
(
    [3] => Array
        (
            [0] => 3
            [topic_id] => 3
            [1] => Wirklich dirty
            [topic_name] => Wirklich dirty
        )

    [2] => Array
        (
            [0] => 2
            [topic_id] => 2
            [1] => Wirklich quick
            [topic_name] => Wirklich quick
        )

    [1] => Array
        (
            [0] => 1
            [topic_id] => 1
            [1] => Neuigkeiten
            [topic_name] => Neuigkeiten
        )

    [4] => Array
        (
            [0] => 4
            [topic_id] => 4
            [1] => Sonstiges
            [topic_name] => Sonstiges
        )
)
```

Lassen Sie sich nicht von den doppelten Einträgen verwirren. Wir übernehmen hier direkt die Daten, die innerhalb unserer Datenbankklasse von der Funktion `mysql_fetch_array()` geliefert werden. Diese erstellt für jede Spalte in der Tabelle einen Array-Eintrag mit einem fortlaufenden numerischen Index und einen analogen Eintrag mit dem zugehörigen Spaltennamen als Index. Wir werden hier auf diese Arrays immer nur über den Spaltennamen zugreifen und die zusätzlichen Einträge mit numerischem Index zur besseren Lesbarkeit in Zukunft auch nicht mehr mit abdrucken.

```
Array
(
    [3] => Array
        (
            [topic_id] => 3
            [topic_name] => Wirklich dirty
        )

    [2] => Array
        (
            [topic_id] => 2
            [topic_name] => Wirklich quick
        )

    [1] => Array
        (
            [topic_id] => 1
            [topic_name] => Neuigkeiten
        )

    [4] => Array
        (
            [topic_id] => 4
            [topic_name] => Sonstiges
        )
)
```

Wundern Sie sich aber nicht, wenn Sie sie bei Ihrer eigenen Programmierung wieder vorfinden, wenn Sie sich ein solches Array mit `echo_r()` oder `var_dump()` ausgeben lassen.

Ganz genauso wie bei den Blog-Themen gehen wir jetzt beim Auslesen der Blog-Inhalte vor. Es werden alle Daten aus den Tabellen geholt und in ein Array (`$entries`) geschrieben:

```
...

   // Lies alle Einträge aus DB
   $entries = array();
   $sql = "SELECT * FROM entries ORDER BY entries.entry_date DESC";
   $rs = $db->query($sql);

   // Lies zugehörige Zuordnung zu Themen aus und fülle entries-Array für
spätere Verarbeitung
   if (count($rs)>0) foreach ($rs as $row)
   {
      $entry = $row;

      // Thema des jeweiligen Eintrags
      $sql = "SELECT * FROM entry_topic
      WHERE entry_topic.entry_id=".$entry['entry_id'];
      $_entry_topics = $db->query($sql);

      // Füge Daten aus Datenbank ein Topic-Array hinzu und fülle mit den
Namen der zugehörigen Themen
      $entry['topic_ids'] = array();
      if (count($_entry_topics)>0) foreach ($_entry_topics as $entry_topic)
      {
         $entry['topic_ids'][]= $entry_topic['topic_id'];
      }

      $entries[] = $entry;
   }
?>

...
```

Zunächst werden die Daten aus der Tabelle `entries` in den »Zwischenspeicher« `$rs` geladen. Dieser wird dann wie immer mithilfe von `foreach()` durchlaufen:

```
...

$sql = "SELECT * FROM entries ORDER BY entries.entry_date DESC";
$rs = $db->query($sql);
```

```
// Lies zugehörige Zuordnung zu Themen aus und fülle entries-Array für
spätere Verarbeitung


if (count($rs)>0) foreach ($rs as $row)
{
   $entry = $row;
...
```

So haben Sie in der Variablen `$entry = $row` die Daten eines einzelnen Blog-Inhalts vorliegen:

```
Array
(
    [entry_id] => 16
    [entry_title] => Dies ist ein Test
    [entry_subtitle] => (wirklich nur ein Test)
    [entry_content] => Dies ist Blindtext ...
    [entry_picture] => bild2.png
    [entry_date] => 2009-07-05 17:08:23
)
```

Jetzt benötigen Sie aber natürlich noch die Zuordnung der Themen zum Blog-Eintrag aus der Tabelle `entry_topic`. Diese holen wir uns über die entsprechende SQL-Abfrage aus der Datenbank. Das Entscheidende nun ist, dass wir diese Information (»Zu welchen Themen gehört ein Eintrag?«) direkt auch im `$entry`-Array sammeln.

```
$entry['topic_ids'][]= $entry_topic['topic_id'];
```

Somit haben wir sämtliche benötigten Daten in *einem* Array (`$entry`) vereint:

```
Array
(
    [entry_id] => 16
    [entry_title] => Dies ist ein Test
    [entry_subtitle] => (wirklich nur ein Test)
    [entry_content] => Dies ist Blindtext ...
    [entry_picture] => bild2.png
    [entry_date] => 2009-07-05 17:08:23
```

```
    [topic_ids] => Array
        (
            [0] => 1
            [1] => 4
        )
)
```

Unter dem Index `topic_ids` befindet sich nun seinerseits ein Array mit den IDs der zugeordneten Themen. Am Ende der Programmierung werden schließlich noch alle einzelnen `$entry`-Arrays in einem einzigen Array (`$entries`) gesammelt. In diesem liegen Ihnen nun also sämtliche benötigten Informationen zu den einzelnen Blog-Einträgen vor – bereit, um im HTML-Teil der Seite ausgegeben zu werden und endlich den eigentlichen Blog mit Inhalt zu füllen.

```
...
<?require("inc/head.php")?>
   <div id="contentbox">
      <div id="entrycollector">
      <?
         if (count($entries)>0)
         {
            foreach ($entries as $entry)
            {
            ?>
            <div class="entrybox">
               <span class="entrytopics">
                  <?
                  $topics_out = array();
                  if (count($entry["topic_ids"])>0)
foreach($entry["topic_ids"] as $topic_id)
                  {
                     $topics_out[] = $db-
>str_unesc($topics[$topic_id]['topic_name']);
                  }
                  echo implode(' | ', $topics_out);
                  ?>
               </span>
```

```
                <h1><?=$db->str_unesc($entry['entry_title'])?></h1>
                <h2><?=$db->str_unesc($entry['entry_subtitle'])?></h2>

                <span class="entrytimestamp"><?=date("d.m.Y H:i",
strtotime($entry['entry_date']))?> Uhr</span>
                <br /><br />
                <span class="entrycontent">
                   <?if($entry["entry_picture"]!="") {?>
                      <img src="../upload/<?=$entry["entry_picture"]?>"
border="0" align="right" class="entrypicture" />
                   <?}?>

                   <?=nl2br($db->str_unesc($entry['entry_content']))?>

                </span>
             </div>
             <?
             }
          }
          else
          {
          ?>
             <i>Es sind noch keine Eintr&auml;ge vorhanden. Schade.</i>
          <?
          }
          ?>
       </div>

    </div>

    <?require("inc/navigation.php")?>
    <?require("inc/newest.php")?>

<?require("inc/foot.php")?>
```

*www/index.php*

```
...
.entrybox       { float:left; width:520px; padding:20px; border:1px solid
#666; background-color:#F0F0F0; margin-bottom:10px; }
h1    { font-family:Verdana; color:#000; font-size:13px; font-weight:bold;
margin-top:10px; }
h2    { font-family:Verdana; color:#000; font-size:11px; font-weight:normal;
margin-bottom:10px; }
.entrytimestamp{ font-family:Verdana; color:#666; font-size:10px; }
.entrycontent   { font-family:Verdana; color:#000; font-size:11px; line-
height:15px; }
.entrypicture   { border:1px solid #999; margin-left:20px; margin-
bottom:20px; }
.entrytopics{ font-family:Verdana; color:#999; font-size:9px; }
...
```

*www/styles/styles.css*

Wenn es Einträge im Array `$entries` gibt, dann werden sie erneut mit `foreach()` durchlaufen und einer nach dem anderen ausgegeben. Die Daten eines einzelnen Eintrags stehen somit wieder in der Variablen `$entry` zur Verfügung. Die Programmierung der Ausgabe selbst ist größtenteils nicht sehr spannend und auch schnell umgesetzt, da Sie bereits sämtliche Informationen zu einem Eintrag im `$entries`-Array gespeichert haben. Interessant ist die Ausgabe der Blog-Themen:

```
...

<?
$topics_out = array();
if (count($entry["topic_ids"])>0) foreach($entry["topic_ids"] as $topic_id)
{
   $topics_out[] = $db->str_unesc($topics[$topic_id]['topic_name']);
}
echo implode(' | ', $topics_out);
?>

...
```

Wie oben gesehen, befinden sich in der Variablen `$entry["topic_ids"]` die IDs der zugeordneten Themen. Den Namen eines speziellen Themas finden Sie über das Array `$topics`, das ganz zu Beginn der Programmierung angelegt wurde und bei dessen Erstellung Sie die `topic_id` als Index benutzt hatten.

Somit liefert dieser Ausdruck

```
$topics[$topic_id]['topic_name']
```

den Namen des Themas mit der ID `$topic_id`.

Bei der eigentlichen Ausgabe der Themen behelfen wir uns noch mit einem kleinen Trick, indem wir die Funktion `implode()` nutzen. Die Ausgabe ist so gewünscht, dass zwischen jedem Thema ein vertikaler Strich | steht:

**Neuigkeiten | Sonstiges | Wirklich quick**

Wenn Sie nun jedes Thema ausgeben und dahinter ein | schreiben, wird es bei der letzten Ausgabe einen ungewollten Strich geben:

**Neuigkeiten | Sonstiges | Wirklich quick |**

Das ist ein kleines Problem, das Ihnen aber bei der Ausgabe von Daten immer wieder begegnen wird. Ein ganz ähnliches Problem beispielsweise ergibt sich immer dann, wenn Sie eine Liste mit Namen durch Kommata ( , ) getrennt ausgeben lassen wollen. Sie könnten jetzt hingehen und berechnen, welches der letzte Eintrag im Array ist und bei diesem keinen Strich mehr hinzufügen. Oder Sie schneiden am Ende den letzten Strich wieder ab (was hier schon schwierig wird, da Sie nicht nur den Strich selbst, sondern auch noch ` `-Zeichen hinzugefügt haben). Die `implode()`-Funktion löst dieses Problem aber sicherlich am elegantesten und einfachsten: Sie sammeln alle auszugebenden Themen in einem Array (`$topics_out`) und nutzen die Trennzeichen (` | `) als Separator der `implode()`-Funktion.

```
echo implode(' | ', $topics_out);
```

Diese erstellt aus den Einträgen eines Arrays einen einzelnen String und nutzt den zweiten Parameter als Trenner zwischen den einzelnen Array-Einträgen. Wenn Sie also beispielsweise ein Array an Namen hätten, das Sie gerne durch Kommata getrennt ausgeben lassen würden, so geht das mit `implode()` ganz einfach:

```
<? echo implode(', ', $names_array); ?>
```

## 7.3 Arrays sortieren

PHP bietet eine Fülle an Funktionen für den Umgang mit Arrays. Die wohl wichtigsten sind sicher die Sortierfunktionen, die es ermöglichen, ein bestehendes Array auf verschiedenste Art und Weise zu sortieren, und die leider alle ein wenig kryptische Namen haben, welche nicht unbedingt sofort ersichtlich machen, was sie eigentlich tun.

Hier die wohl wichtigsten, deren Funktionalitäten Sie immer wieder brauchen werden:

| *Name* | *Beschreibung* |
|---|---|
| `sort($array)` | Sortiert ein Array nach den Array-Werten. |
| `asort($array)` | Sortiert ein Array nach den Array-Werten, hier bleibt die Beziehung Index=>Wert jedoch erhalten. |
| `ksort($array)` | Sortiert ein Array nach den Index-Werten (Schlüsselwerten). |
| `usort($array, $function)` | Sortiert ein Array anhand einer User-Funktion. |
| `uasort($array, $function)` | Sortiert ein Array anhand einer User-Funktion, hier bleibt die Beziehung Index=>Wert jedoch erhalten. |

Ein oft gemachter Fehler bei all diesen Funktionen ist es, zu vergessen, dass die Arrays per Referenz übergeben werden und die Funktionen *nicht* das sortierte Array zurückliefern.

```
$neues_array = asort($altes_array);
```

Dieser Befehl führt nicht dazu, wie man vielleicht meinen könnte, dass `$neues_array` die sortierte Variante des alten Arrays enthält und `$altes_array` unverändert bleibt. `asort()` liefert nur ein `true` oder `false` zurück, je nachdem ob die Sortierung gelungen ist oder nicht. Im obigen Beispiel würde `$neues_array` also höchstwahrscheinlich `true` enthalten, während `$altes_array` vorschriftsmäßig sortiert wurde. Die Zeile:

```
asort($altes_array);
```

ist also völlig ausreichend, um das Array zu sortieren. Die mächtigste der oben genannten Funktionen ist sicher auch diejenige, die auf den ersten Blick am kompliziertesten erscheint: `usort()` und entsprechend `uasort()`. Aber gerade diese Funktionen ermöglichen es Ihnen, selbst die komplexesten Sortierungen auf sehr einfache und schnelle Weise durchzuführen.

**Tipp**
Machen Sie sich mit der `usort()`-Funktion vertraut, denn sie ermöglicht es Ihnen, jede Form eines Arrays nach Ihren eigenen Vorgaben zu sortieren.

Als Beispiel wollen wir uns für unseren Blog eine neue Anforderung unseres Kunden ansehen: In der rechten Spalte soll es unter den neusten Einträgen des Blogs nun noch eine Suchfunktion geben. Doch das ist noch nicht alles. Die gefundenen Einträge sollen auch nach der Häufigkeit des gesuchten Begriffs sortiert sein. Ich möchte hier nur sehr kurz auf die Umsetzung der eigentlichen Suche eingehen. Zunächst erstellen Sie im *inc*-Ordner eine weitere Include-Datei analog zur Navigation und zu den neusten Einträgen:

```
<div class="teaserbox">
   <b>Suche</b><br /><br />
   <input type="text" name="query" id="query" /> 
   <input type="submit" value="Los" />
</div>
```

*www/inc/search.php*

```
...

input[type="text"],
input[type="password"]
   { width:100px; font-family:Verdana; font-size:13px; border:1px solid
#999}
input[type="button"],
input[type="submit"]
   { font-family:Verdana; font-size:11px; }

...
```

*www/styles/styles.css*

Diese Datei müssen Sie nur noch unterhalb der neusten Einträge in der *index.php*-Datei einbinden.

```
...

   <?require("inc/navigation.php")?>
   <?require("inc/newest.php")?>
   <?require("inc/search.php")?>

...
```

*www/index.php*

Das Ergebnis sieht dann so aus – einfach, aber verständlich:

**Bild 7.5:** Eine einfache Suchmaske

**Noch etwas mehr Quick & Dirty-CSS**

Ein Wort zu den Style-Angaben, die hier verwendet werden und von denen wir auch schon in Kapitel 5 Gebrauch gemacht haben. Beim Formatieren eines Webformulars ist es immer ein Problem, dass es verschiedenste Typen von `<input>`-Feldern gibt (Textfelder, Buttons, Passwortfelder, Checkboxen etc.), die meist alle gänzlich unterschiedliche Style-Angaben verlangen. Sie können das mit einzelnen Style-Klassen lösen. Oder Sie verwenden wie hier sogenannte Attribut-Selektoren, die Style-Angaben nur den HTML-Elementen zuweisen, die ein bestimmtes Attribut besitzen.

Für Text- und Passwortfelder, also `type="text"` oder `type="password"`, sähe das so aus:

```
input[type="text"],
input[type="password"]
  { width:100px; font-family:Verdana; font-size:13px; border:1px solid
#999}
```

Entsprechend gilt für Buttons oder Submit-Felder:

```
input[type="button"],
input[type="submit"]
  { font-family:Verdana; font-size:11px; }
```

Sie können Attribut-Selektoren natürlich für jedes beliebige HTML-Element verwenden. Insbesondere bei den verschiedenen Typen von Input-Feldern ist dies enorm hilfreich, da Sie so allgemein für einen Typen bestimmte Style-Angaben festlegen können und nicht gezwungen sind, den Umweg über eine eigene Style-Klasse zu gehen, die Sie dann jedem Element diesen Typs händisch zuordnen müssen.

Allerdings erkennen nur neuere Browser diese Form der Style-Angaben. Insbesondere der Internet Explorer 6 und frühere Versionen können damit nicht so recht umgehen. Wenn Sie also annehmen müssen, dass noch viele Nutzer Ihrer Webseite mit älteren Browsern unterwegs sind, dann müssen Sie unter Umständen auf diese elegante Form der Style-Zuweisung verzichten.

Zurück zur Suche: Wenn der Nutzer ein Suchwort eingibt, dürfen nun nicht mehr alle Einträge des Blogs aus der Datenbank geholt werden, sondern nur noch die, die den Suchbegriff enthalten. Erweitern Sie daher den SQL-String zur Abfrage der Blog-Inhalte:

```
...

$query = $_POST["query"];

// Lies alle Einträge aus DB
$entries = array();
$sql = "SELECT * FROM entries ";

// Wenn Suchbegriff eingegeben, dann nur die passenden Einträge
if ($query!="")
{
```

```
    $sql.=" WHERE entry_title LIKE '%".$db->str_esc($query)."%'
        OR entry_subtitle LIKE '%".$db->str_esc($query)."%'
        OR entry_content LIKE '%".$db->str_esc($query)."%'
    ";
}

$sql .= " ORDER BY entries.entry_date DESC";
$rs = $db->query($sql);

...
```

*www/index.php*

Wenn der Nutzer einen Begriff eingibt, `$query` also gefüllt ist, wird der SQL-Befehl noch um eine `WHERE`-Anweisung erweitert, die im Titel, Untertitel und Inhalt nach dem Begriff sucht. Mit `LIKE` und `%` in dieser hier gezeigten Form sucht MySQL alle Einträge, in denen das eingegebene Wort an einer beliebigen Stelle in einer der angegebenen Spalten vorkommt. Das ist fast immer der einfachste Weg, um eine simple Suche zu programmieren. Lediglich bei wirklich großen Datenmengen ist die Verwendung von `LIKE` problematisch, da die Abfrage dann sehr langsam werden kann. Für unseren geplanten kleinen Blog ist diese Vorgehensweise aber völlig ausreichend. Hat der Nutzer keinen Suchbegriff eingegeben, so wird die `WHERE`-Anweisung nicht hinzugefügt, und es werden wie bisher einfach alle vorhandenen Blog-Einträge aus der Datenbank gelesen. Sie sollten jetzt die Liste der Blog-Einträge im Falle einer Suche noch um die Ausgabe des gewünschten Wortes erweitern:

```
...

<div id="entrycollector">
<?
    if ($query!="") echo '<div class="entrybox">Suchergebnis f&uuml;r
<b>'.$db->str_unesc($query).'</b>:</div>';

    if (count($entries)>0)
    {
        foreach ($entries as $entry)
...
```

*www/index.php*

Und dann können wir doch einmal die erste Suche nach dem Begriff »dirty« starten:

**Bild 7.6:** Schön gesucht, aber noch nicht sortiert

Wie Sie aber sicher auf Anhieb erkennen, klappt das mit der vom Kunden gewünschten Sortierung noch nicht so ganz. Die Sortierung erfolgt immer noch nach dem Datum der Eingabe und keinesfalls nach der Häufigkeit des Suchbegriffs. Hier kommt endlich die angesprochene Funktion `usort()` ins Spiel.

`usort()` sortiert Arrays anhand einer von Ihnen selbst vorgegebenen Funktion.

```
usort($array, "name_der_vergleichsfunktion");
```

Diese Vergleichsfunktion dient, wie der Name bereits sagt, zur Vorgabe, wie zwei beliebige Elemente aus dem übergebenen Array verglichen werden sollen, wann also das eine Element *vor* oder *nach* dem anderen nach der Sortierung erscheinen soll. In der Regel ist dies daher keine einfache Standard-PHP-Funktion, sondern Sie schreiben sie selbst und haben damit die volle Kontrolle darüber, nach welchen Kriterien das Array sortiert werden soll. Beachten Sie nur, dass Sie `usort()` den Namen dieser Funktion als String ohne Klammern übergeben müssen. Und falls Sie jetzt fürchten sollten, dass wir uns hier mit komplexen Such-Algorithmen beschäftigen werden, dann kann ich Sie beruhigen: Alles, was Sie können müssen, ist zu unterscheiden, wann ein Array-Eintrag vor einem anderen erscheinen soll. Das eigentliche Sortieren der Werte übernimmt dann `usort()` für Sie.

Am Ende des PHP-Programmbereichs hatten Sie, wie oben beschrieben, sämtliche Daten der Blog-Einträge in dem Array `$entries` gesammelt. Dieses Array soll nun mithilfe von `usort()` und der von uns jetzt erstellten Vergleichsfunktion `query_sort()` nach der Häufigkeit des Suchbegriffs sortiert werden:

```
...

// Lies alle Einträge aus DB
$entries = array();
$sql = "SELECT * FROM entries ";

// Wenn Suchbegriff eingegeben, dann nur die passenden Einträge
if ($query!="")
{
   $sql.=" WHERE entry_title LIKE '%".$db->str_esc($query)."%'
      OR entry_subtitle LIKE '%".$db->str_esc($query)."%'
      OR entry_content LIKE '%".$db->str_esc($query)."%'
   ";
}

$sql .= " ORDER BY entries.entry_date DESC";
$rs = $db->query($sql);

// Lies zugehörige Zuordnung zu Themen aus und fülle entries-Array für
spätere Verarbeitung
if (count($rs)>0) foreach ($rs as $row)
{
```

```
   $entry = $row;

   // Themen des jeweiligen Eintrags
   $sql = "SELECT * FROM entry_topic
   WHERE entry_topic.entry_id=".$entry['entry_id'];
   $_entry_topics = $db->query($sql);

   // Füge Daten aus Datenbank ein Topic-Array hinzu und fülle mit den Namen
der zugehörigen Themen
   $entry['topic_ids'] = array();
   if (count($_entry_topics)>0) foreach ($_entry_topics as $entry_topic)
   {
      $entry['topic_ids'][]= $entry_topic['topic_id'];
   }
   $entries[] = $entry;
}

if ($query!="") usort($entries, "query_sort");

// Funktion für usort zum Sortieren von Blog-Einträgen nach der Häufigkeit
des Suchbegriffs
function query_sort($a, $b)
{
   global $query;

   // Zähle, wie oft der Begriff vorkommt
   $anzahl_a = 0;
   $anzahl_a += substr_count($a["entry_title"], $query);
   $anzahl_a += substr_count($a["entry_subtitle"], $query);
   $anzahl_a += substr_count($a["entry_content"], $query);

   $anzahl_b = 0;
   $anzahl_b += substr_count($b["entry_title"], $query);
   $anzahl_b += substr_count($b["entry_subtitle"], $query);
   $anzahl_b += substr_count($b["entry_content"], $query);

   // Begriff kommt in $a und $b gleich oft vor
   if ($anzahl_a==$anzahl_b) return 0;

   // Begriff kommt in $a weniger häufig vor, soll also SPÄTER erscheinen
   if ($anzahl_a<$anzahl_b) return 1;
```

```
    // Begriff kommt in $a häufiger vor, soll also FRÜHER erscheinen
    if ($anzahl_a>$anzahl_b) return -1;
}

...
```

*www/index.php*

Die Vergleichsfunktion, deren Namen Sie `usort()` als zweiten Parameter übergeben (`query_sort()`), stellt eine allgemeine Anleitung dar, die erklärt, wann ein Element in dem Array vor oder nach einem anderen erscheinen soll.

```
usort($entries, "query_sort");
```

Diese Funktion darf immer nur zwei Parameter erwarten, nämlich für die beiden zu vergleichenden Elemente:

```
function query_sort($a, $b) { ...
```

Und auch der Rückgabewert einer solchen Vergleichsfunktion muss immer einer der folgenden sein, damit `usort()` richtig arbeiten kann:

0, wenn die beiden Elemente als GLEICH gelten sollen,

1, wenn das erste Element NACH dem zweiten erscheinen soll,

-1, wenn das erste Element VOR dem zweiten erscheinen soll.

Dies ist analog zu anderen Funktionen von PHP, wie beispielsweise `strcmp()` zum Vergleich zweier Strings. Das Ganze klingt weitaus komplizierter, als es ist. Lassen Sie sich nicht verunsichern, und versuchen Sie auch erst gar nicht genau zu verstehen, was im Inneren der `usort()`-Funktion abläuft. Merken Sie sich nur, wie die Vergleichsfunktion prinzipiell aufgebaut sein muss.

Schauen Sie sich dazu einmal die hier genutzte Funktion an: Zunächst zählen Sie mithilfe der Funktion `substr_count()`, wie oft der gesuchte Begriff `$query` in den zwei Einträgen `$a` und `$b` im Titel, Untertitel oder Inhalt summiert vorkommt. Je nachdem, ob nun die Anzahl in den beiden zu vergleichenden Array-Einträgen gleich oder unterschiedlich ausfällt, wird 0, 1 oder -1 zurückgeliefert.

Wenn Sie nun das erstellte `$entries`-Array mithilfe von `usort()` sortieren, wird der Such-Algorithmus jeden Wert im Array anhand Ihrer Funktion vergleichen und somit feststellen können, in welcher Reihenfolge die Werte angeordnet werden sollen. `$a` und `$b` repräsentieren also innerhalb von `query_sort()` immer zwei unterschiedliche Einträge aus dem Array `$entries`.

Schauen wir mal, was passiert:

**Bild 7.7:** Na also, es geht doch – jetzt sind die Einträge richtig sortiert!

Sollten Sie noch Probleme mit der Funktionsweise von `usort()` haben, dann lassen Sie sich nicht entmutigen: Lesen Sie die Beschreibung in der offiziellen PHP-Dokumentation nach, und experimentieren Sie einfach mal ein wenig damit herum. Sie werden diese Funktion noch sehr oft gebrauchen können, wenn es darum geht, ein Array nach Ihren eigenen Vorgaben zu sortieren und dies über die »normalen« Suchfunktionen wie `sort()` nicht möglich wäre.

Nur als abschließendes, noch einfacheres Beispiel: Eine Vergleichsfunktion, um die Blog-Einträge nach Länge der Inhalte zu sortieren (zuerst die kurzen Inhalte, dann die langen), sähe ganz einfach so aus:

```
...

function len_sort($a, $b)
{
   $len_a = strlen($a['entry_content']);
   $len_b = strlen($b['entry_content']);

   if ($len_a==$len_b) return 0;  // Länge der Titel sind gleich
   if ($len_a>$len_b) return 1;   // Titel von $a ist länger
   if ($len_a<$len_b) return -1;  // Titel von $b ist länger
}

// Sortiere Einträge nach Länge des Titels
usort($entries, "len_sort");

...
```

# 8 Safe & Secure

## Sicherheit

Das Thema Sicherheit ist wohl einer der wichtigsten, aber auch frustrierendsten Aspekte beim Programmieren einer Webseite. In keinem anderen Bereich liegen Traum und Realität so weit auseinander. Sie sind nicht nur direkt durch Ihre eigentliche Programmierung, sondern auch indirekt durch das Verhindern von Angriffen auf die Anwendung und die darin gespeicherten Daten für die Sicherheit verantwortlich (und können zur Rechenschaft gezogen werden, wenn etwas schiefläuft). Es ist frustrierend, weil es oft wie ein aussichtsloser Kampf und darüber hinaus auch noch über alle Maßen unnötig erscheint.

Wie gehen Sie nun am besten mit dem Thema Sicherheit um, wenn Sie an einem Quick & Dirty-Projekt arbeiten? Sie sollten sich wieder erst einmal von allen »Eigentlich müsste man ja«-Gedanken verabschieden und das Problem völlig nüchtern betrachten. Dann werden Sie sehr schnell zu zwei Erkenntnissen gelangen. Erstens: Absolute Sicherheit gibt es nicht. Das ist ein oft gehörter Satz, fast schon ein Klischee, aber Sie sollten sich vor Augen halten, was es wirklich bedeutet: So sehr Sie sich auch anstrengen, so viel Zeit und Energie Sie in Ihrem Projekt diesem Thema auch widmen werden – es wird niemals vollkommen sicher sein. Eine Webanwendung »sicher« zu machen, bedeutet also immer, das richtige Verhältnis von Aufwand und Ergebnis zu finden: Welche Lücken können Sie schnell und effektiv schließen und welche akzeptieren Sie ganz bewusst? Das Problem bei vielen Projekten ist, dass man sich zu Beginn hoch motiviert vornimmt, diesmal die Programmierung so sicher wie möglich zu machen. Wenn dann jedoch die Zeit knapp wird, werden schnell einfach *alle* Vorsichtsmaßnahmen über Bord geworfen, frei nach dem Motto »Ganz oder gar nicht«.

All das endet – mal wieder – im Chaos. Die zweite Einsicht hat etwas mit ehrlicher Selbsterkenntnis zu tun: Solange Sie nicht gerade an einer Seite für Online-Banking oder einem Real-Cash-Poker-Portal arbeiten (in beiden Fällen lesen Sie gerade definitv das falsche Buch!), sind Ihre Webseiten einfach zu unwichtig. Es wird schlichtweg niemanden geben, der sich die Nächte um die Ohren schlägt, um eine Attacke auf eine kleine Blog-Software oder das Firmenportal, das Sie gerade programmieren, zu starten.

Viele Sicherheitsfanatiker werden jetzt entsetzt die Hände über dem Kopf zusammenschlagen. Die Welt ist doch böse, und die Gefahr lauert überall. Vielleicht – aber längst nicht so häufig, wie Sie vielleicht glauben. Und es geht hier auch gar nicht darum, das Thema Sicherheit zu bagatellisieren oder gar völlig zu ignorieren. Es geht schlichtweg darum, eine realistische Sicht auf das Problem zu haben, wenn Sie an einem Quick & Dirty-Projekt arbeiten:

> Sie können Ihre Anwendung nicht vollkommen sicher machen, und die Wahrscheinlichkeit, dass jemand Ihnen etwas Böses antun wird, ist ausgesprochen gering.

Also doch einfach das ganze Thema vergessen? Auf keinen Fall! Denn es gibt eine Menge an Möglichkeiten, wie Sie die größten Sicherheitslöcher schnell und ohne großen Aufwand schließen können – immer wissend, dass es noch unzählige kleinere Lücken gibt, deren Existenz Sie einfach akzeptieren müssen, wenn Sie effektiv an Ihrem Projekt arbeiten wollen. Gehen Sie bei dem Thema Sicherheit nicht nach dem Motto »Ganz oder gar nicht« vor, sondern gewöhnen Sie sich an, eine Reihe von einfachen Maßnahmen einzuhalten – diese aber konsequent bis zum Schluss.

Auf eines sei noch hingewiesen: Wenn Sie die Webseite nicht nur für sich, sondern für einen zahlenden Kunden programmieren, so stellt die Sicherheit insofern ein schwieriges Thema dar, als natürlich jedem Kunden irgendwie klar sein wird, dass es schon wichtig ist, die Webseite zu schützen, aber in den seltensten Fällen wird er bereit sein, große Summen dafür auszugeben – immerhin hat eine sichere Webseite erst einmal keinen sichtbaren Mehrwert. Es ist wie mit einer Krankenversicherung: Solange Sie gesund sind, spielt es keine Rolle, ob Sie eine besitzen oder nicht. Sollte es aber dann doch einmal zu einem Problem kommen, wird der gleiche Kunde paradoxerweise allein Sie als Programmierer verantwortlich machen und entsetzt fragen, warum Sie nicht alles unternommen hätten, die Seite absolut sicher zu machen – das sei doch wohl selbstverständlich.

Machen Sie daher dem Kunden *vor* der Umsetzung eines Projekts klar, dass Sicherheit immer ihren Preis hat. Verdeutlichen Sie ihm, dass man eine Webseite zwar sehr, sehr gut schützen kann, dass so etwas aber auch sehr, sehr viel Zeit und Geld kostet. Sie werden erstaunt sein, wie schnell der Kunde zu Zugeständnissen bereit ist.

## 8.1 PHP-Konfiguration

Einige der grundlegendsten Sicherheitsvorkehrungen können Sie bereits treffen, bevor Sie überhaupt auch nur eine Zeile Quelltext geschrieben haben. Sämtliche Einstellungen, die das Verhalten von PHP betreffen, befinden sich in einer einzigen Konfigurationsdatei, der *php.ini*. Auch zum Thema Sicherheit gibt es dort eine ganze Reihe von Parametern, von denen einige wichtig, einige unwichtig und wieder einige zwar wichtig, aber nicht im Alltag realistisch zu gebrauchen sind. Hier sollen daher nur drei Einstellungen gezeigt werden, die schnell zu konfigurieren sind, aber bereits einige kritische Probleme verhindern können, ohne Sie jedoch in Ihrer eigentlichen Programmierarbeit wesentlich zu behindern.

Sie können die *php.ini* mit einem beliebigen Editor öffnen und bearbeiten, da es sich um eine ganz einfache Textdatei handelt. Lassen Sie dann den Editor einfach nach den hier aufgeführten Schlüsselwörtern (z. B. `register_globals`) suchen.

**Die *php.ini* finden**

Gerade auf Servern, auf denen schon seit langer Zeit immer mal wieder neue PHP-Versionen installiert wurden, kann es passieren, dass Sie schlichtweg verzweifeln, weil eine geänderte Einstellung in der *php.ini* offenbar zu keinerlei Änderungen im Verhalten von PHP führt. Schließlich müssen Sie feststellen, dass Sie die ganze Zeit die völlig falsche Datei bearbeiten und PHP aktuell eine gänzliche andere Konfigurationsdatei nutzt. Es ist nämlich keinesfalls so, dass die *php.ini* immer zwangsläufig im gleichen Ordner zu finden ist. Abhilfe schafft hier die Funktion `phpinfo()`, die Ihnen sämtliche Einstellungen Ihrer momentan aktiven PHP-Installation anzeigt. Schreiben Sie sich einfach ein kleines Skript namens *phpinfo.php,* und kopieren Sie es an eine beliebige Stelle in Ihrem Webverzeichnis.

```
<?
phpinfo();
?>
```

Wenn Sie diese Datei aufrufen, erhalten Sie eine lange Liste aller gesetzten Parameter, unter anderem auch den Ort der genutzten *php.ini*-Datei.

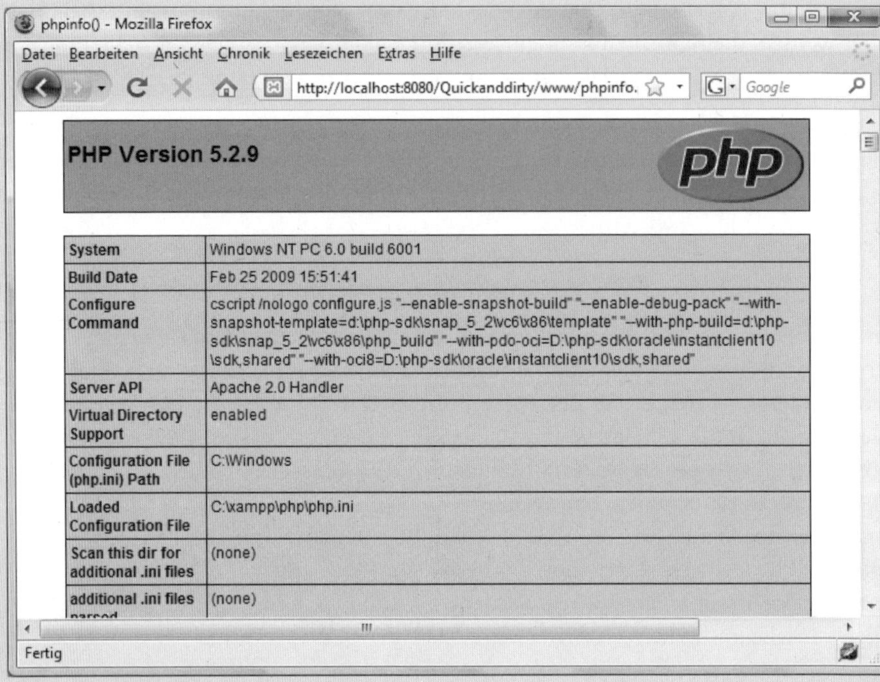


**Bild 8.1:** Ausgabe von `phpinfo()`

In der Zeile *Loaded Configuration File* finden Sie den Pfad zu der geladenen *php.ini*-Datei, und nur diese sollten Sie auch tatsächlich ändern.

Vergessen Sie bitte auf keinen Fall, dieses Skript spätestens dann wieder zu löschen, wenn Ihre Webanwendung online geht! Die Informationen, die `phpinfo()` liefert, sollten niemals in die falschen Hände geraten!

## 8.1.1 register_globals = off

Vor der PHP-Version 4.2 war dieser Wert standardmäßig auf »on«, also aktiviert. Man wollte es dem Programmierer wohl so einfach wie nur möglich machen. `register_globals=on` bedeutet vor allem, dass sämtliche Parameter, die an ein Skript über ein Formular oder einen Query-String in der Adresszeile übergeben werden (also per `GET` oder `POST`), sofort als Variablen zur Verfügung stehen.

Betrachten wir einmal folgenden Auszug aus einem kleinen Formular in einer Datei *formular.php:*

```
...

<?

echo "Sie haben eingegeben: ".$nutzername;

?>

...

<form name="form1" action="formular.php" method="post">
   <input type="text" name="nutzername" value="" />
   <input type="submit" name="speichern" value="Speichern" />
</form>

...
```

Es gibt ein Textfeld mit dem Namen `nutzername` und einen Submit-Button. Mehr nicht. Ruft man dieses Skript nun mit `register_globals=on` auf, gibt einen Wert in die Textbox ein und schickt das Formular ab, so steht die Variable `$nutzername` sofort im Skript zur Verfügung. Die Zeile `echo $nutzername` würde also eine Ausgabe erzeugen. Das gleiche Ergebnis erhalten Sie aber auch, wenn Sie das Skript so aufrufen:

```
formular.php?nutzername=Tralala
```

Der Parameter, die hier in der URL übergeben wird, wird ebenfalls sofort als Variable innerhalb von PHP übernommen. Man kann sich vorstellen, welche Möglichkeiten es bietet, so von außen Einfluss auf ein Skript zu nehmen, insbesondere auch, weil man ohne Weiteres Variablen übergeben kann, die eigentlich gar nicht aus einem Formular kommen:

```
formular.php?admin=1
```

Gibt es in der Programmierung eine Variable `$admin` und wird diese Variable nicht explizit gesetzt, so würde der Wert aus der URL in die Programmierung übernommen, und aus einem einfachen Nutzer wäre plötzlich ein Administrator mit entsprechenden Rechten geworden.

Daher wurde `register_globals` nach der Version 4.2 standardmäßig auf »off« gesetzt, also deaktiviert. Das ist auch durchaus vernünftig, und Sie sollten sich erst gar nicht angewöhnen, auf die alte Art und Weise zu arbeiten. Lassen Sie also `register_globals` ausgeschaltet, und nutzen Sie immer (wie auch überall in diesem Buch) die globalen Arrays `$_REQUEST`, `$_POST`, `$_GET`, `$_COOKIES` und `$_SESSION`, um Ihre Variablen aus den verschiedenen Quellen zu übernehmen. Das Skript oben sollte also so aussehen:

```
...

<?

echo "Sie haben eingegeben: ".$_POST['nutzername'];

?>

...

<form name="form1" action="formular.php" method="post">
   <input type="text" name="nutzername" value="" />
   <input type="submit" name="speichern" value="Speichern" />
</form>

...
```

Sicher könnte man argumentieren, dass die Chance eines solchen Angriffs eher gering ist und meist auch nur in Sonderfällen eine echte Gefahr darstellt. (Immerhin müsste im obigen Beispiel der Angreifer wissen, dass es eine Variable `$admin` überhaupt gibt.) Außerdem: Macht der Umweg über die oben genannten globalen Arrays das Programmieren nicht deutlich komplizierter? Widerspricht das nicht unserem Quick & Dirty-Gedanken, und sollten Sie daher – um noch schneller arbeiten zu können – nicht doch einfach lieber auf diese Sicherheitseinstellung verzichten?

Nein, das sollten Sie nicht. Zunächst ist der Gebrauch von `$_REQUEST` & Co. nicht kompliziert. Wenn Sie, wie in den vorherigen Kapiteln gezeigt, die Möglichkeit nutzen, Form-Elemente in einer Seite als Array anzulegen (also Elementnamen vergeben wie `data [nutzername]`), dann reduziert sich das Problem meist auf eine einzige zusätzliche Zeile:

```
...

<?

// Hole Werte aus globalem Array
$data = $_POST['data'];

// Jetzt kann damit gearbeitet werden
echo $data['entry_title'];
echo $data['entry_content'];
```

```
...
?>
...
   <label >Titel:</label>
   <input type="text" name="data[entry_title]" id="data[entry_title]"
value="" /><br /><br />

   <label >Inhalt:</label>
   <textarea name="data[entry_content]"
id="data[entry_content]"><textarea><br /><br />
...
```

Hinzu kommt, dass `register_globals=off` inzwischen absoluter Standard geworden ist. Wenn Sie mit den globalen Arrays arbeiten, dann wird Ihre Programmierung auf jedem Server funktionieren – ganz egal, wie `register_globals` eingestellt ist. Entwickeln Sie jedoch mit `register_globals=on`, also mit der alten, direkten Variablenübergabe, so wird Ihr Skript auf vielen Servern später schlichtweg nicht laufen, und dann werden Sie richtig Zeit verlieren, wenn Sie sämtliche Skripte umschreiben müssen.

### 8.1.2 allow_url_fopen = off

Es gehört zum Alltag der PHP-Programmierung, über Befehle wie `include()` oder `require()` Dateien in ein aktuelles Skript einzubinden oder über `fopen()` zu öffnen. In der Regel liegen alle diese Dateien im gleichen Webspace – also in einem Ordner innerhalb der Webseite. Theoretisch bietet PHP aber auch die Möglichkeit, externe Skripte einzubinden, also Dateien, die überhaupt nicht auf dem genutzten Server liegen. Es gibt einige seltene Spezialfälle, in denen Sie diese Möglichkeit nutzen wollen. Aber fast immer werden Sie nur Dateien öffnen, die sich auf dem gleichen System wie Ihre eigentliche Programmierung befinden. Solange das der Fall ist, lassen Sie daher `allow_url_fopen` deaktiviert. Sollte es tatsächlich jemand auf Ihre Webseite abgesehen habe, wird er so zumindest keine externen Skripte über Ihre Applikation aufrufen können.

### 8.1.3 open_basedir

Es bedarf keines großen Könnens, um sich mit PHP einen kleinen Dateibrowser zu basteln, mit dem man durch sämtliche Verzeichnisse des ausführenden Servers wandern kann. Der Parameter `open_basedir` kann hier helfen, denn er beschränkt die Verzeichnisse, auf die PHP tatsächlich Zugriff hat.

Meistens empfiehlt es sich, diesen Wert auf das Wurzel(-Root)-Verzeichnis des Webservers zu legen, also z. B.:

```
open_basedir = C:\xampp\htdocs
```

Würden Sie nun versuchen, eine Datei z. B. direkt in *C:\xampp* aufzurufen, würde PHP Ihnen Folgendes mitteilen:

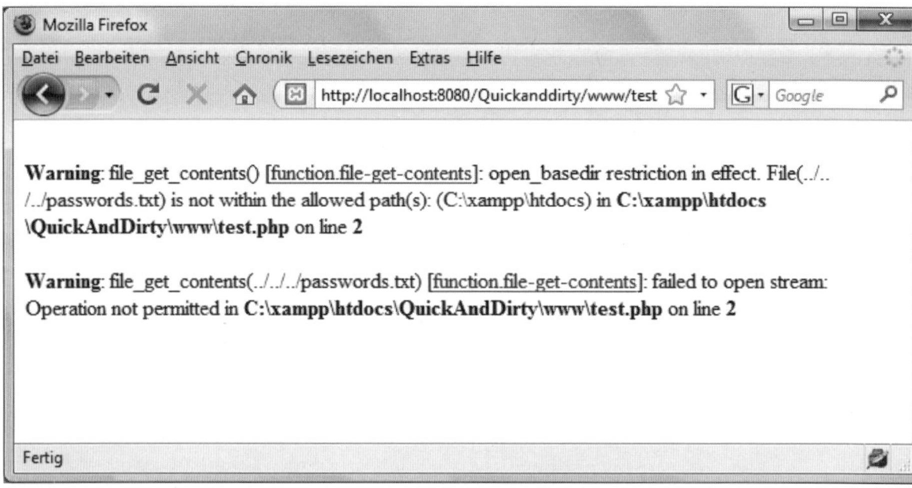


**Bild 8.2:** Netter Versuch, aber `open_basedir` beschränkt den Zugriff auf bestimmte Verzeichnisse.

Alles in allem wird es vielleicht fünf Minuten dauern, diese drei Parameter in der *php.ini* einzustellen. Sie schützen aber so jeden Webauftritt, der sich auf diesem Server befindet, und beschränken darüber hinaus kaum Ihre PHP-Skripte. Natürlich können Sie die *php.ini* nur dann ändern, wenn Sie tatsächlich vollen Zugriff auf den Server haben, auf dem Ihre Programmierung letztendlich liegen wird. Insbesondere wenn sich der Auftritt auf einem »Shared Server« befindet (also z. B. als Webspace bei einem der vielen Internet-Provider), haben Sie keinerlei Einfluss auf diese Einstellungen, denn diese gelten natürlich für alle User auf einem Server und können daher nicht individuell angepasst werden. Meist ist es sogar noch schlimmer: Da sich mehrere User einen Server teilen, gehen viele Provider dazu über, die Sicherheitseinstellungen eher locker als streng einzustellen, um so zu möglichst vielen Programmierungen kompatibel zu sein. Machen Sie in einem solchen Fall einfach Ihren Kunden auf dieses Problem aufmerksam. Sie machen ihm so ganz klar deutlich, dass nicht alle Sicherheitsaspekte in Ihrer Hand liegen.

## 8.2 XSS (Cross–Site-Scripting)

Fast alle Daten, die ein Besucher auf einer Seite in ein Formular einträgt (sei es in einem Blog, einem Shop oder einem Forum), werden in einer Datenbank gespeichert und auf einer anderen Seite später wieder ausgegeben. Der Nutzer trägt beispielsweise seinen Namen bei einer Anmeldung für ein Forum ein, und dieser erscheint später auf der eigentlichen Diskussionsseite. Beim Cross-Site-Scripting wird vom Angreifer nun aber nicht einfach Text, sondern Quellcode eingetragen (in der Regel JavaScript). Wird diese Eingabe an einer anderen Stelle wieder angezeigt, so wird der fremde Quellcode vom Browser ausgeführt.

Betrachten wir noch einmal das leicht veränderte Codefragment von oben (jetzt mit `register_globals=off` und der Funktion `stripslashes()` um die Ausgabe herum, die hässliche Slashes ( / ) bei der Ausgabe von z. B. Anführungszeichen vermeidet):

```
...

<?
echo "Sie haben eingegeben: ".stripslashes($_REQUEST['nutzername']);
?>

...

<form name="form1" action="formular.php" method="post">
  <input type="text" name="nutzername" value="" />
  <input type="submit" name="speichern" value="Speichern" />
</form>
...
```

Trägt ein User nun so etwas in das Textfeld ein:

```
<script>alert('Buh! Das ist XSS!')</script>
```

so erscheint auf der Seite plötzlich Folgendes:

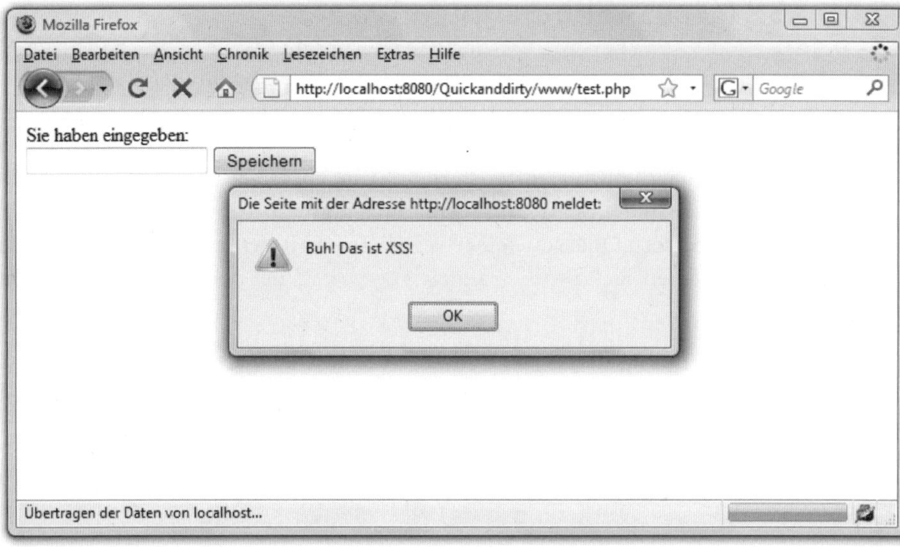


**Bild 8.3:** Oh je, wir sind gehackt worden: JavaScript-Alert-Box durch Cross-Site-Scripting

Der JavaScript-Code wurde ausgeführt. Nun ist eine kleine Alert-Box nicht tragisch, aber mit JavaScript lassen sich natürlich auch deutlich schlimmere Dinge bewerkstelligen. So können Inhalte auf der Seite unbemerkt ausgetauscht oder der Nutzer auf eine andere Seite umgelenkt werden (die vielleicht genau so aussieht wie das Original).

Was können Sie tun? Wann immer Sie Daten im Browser ausgeben, die von einem Nutzer Ihrer Webseite stammen, sollten Sie sie filtern. PHP bietet hierzu einige sehr einfache, aber effektive Funktionen an. Es wird wohl ausgesprochen selten vorkommen, dass es wirklich gewünscht wird, dass der Nutzer Ihrer Webseite HTML-Tags eingeben darf und diese auch als HTML interpretiert werden sollen. Sie können also ganz einfach mit der Funktion `strip_tags()` rigoros alle Tags herausfiltern:

```
...

<?
echo "Sie haben eingegeben:
".strip_tags(stripslashes($_REQUEST['nutzername']));
?>

...
```

Wird nun die Zeile JavaScript-Code von oben eingetragen, so passiert nichts Schlimmes mehr:

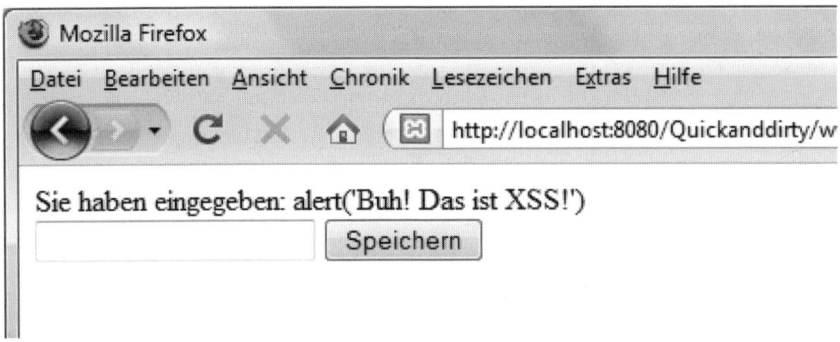


**Bild 8.4:** `strip_tags()` filtert einfach alle HTML-Tags heraus.

`strip_tags()` erlaubt es, bestimmte HTML-Tags anzugeben, die *nicht* erntfernt werden sollen. Somit können Sie harmlose Formatangaben wie `<b>` oder Auflistungen wie `<ol>` durchaus erlauben, während Sie alles andere aus dem String löschen. Sie übergeben der Funktion diese Tags einfach hintereinander geschrieben als zweiten Parameter:

```
<?
echo strip_tags($text, '<b><strong><i><em><ol><ul><li>');
?>
```

Eine häufiger genutzte Möglichkeit ist es, mithilfe der Funktion `htmlentities()` bestimmte Zeichen in einem String in die entsprechenden HTML-Codes umzuwandeln, in unserem Fall also insbesondere die eckigen Klammern der Tags < und >. Somit würde JavaScript-Quelltext nicht mehr ausgeführt, sondern es erscheint schlichtweg das, was der User eingegeben hat.

```
...

<?
echo "Sie haben eingegeben:
".htmlentities(stripslashes($_REQUEST['nutzername']));
?>

...
```

Dieses Skript führt zu der Ausgabe:

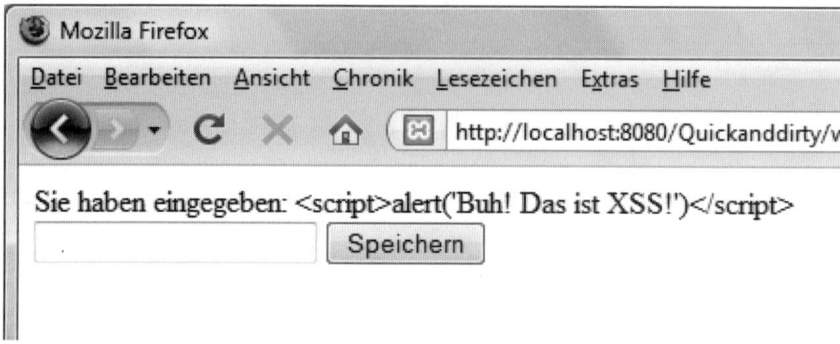


**Bild 8.5:** `htmlentities()` – was reingeht, kommt auch heraus.

Wenn Sie sich einmal den erzeugten HTML-Quelltext ansehen, erkennen Sie sofort, was die Funktion macht:

```
Sie haben eingegeben: &lt;script&gt;alert('Buh! Das ist
XSS!')&lt;/script&gt;
```

Alle <- und >-Zeichen wurden durch `<` bzw. `>` ersetzt. Somit erscheinen sie zwar auf dem Bildschirm, der JavaScript-Code jedoch wird nicht ausgeführt. Wie Sie das Problem letztendlich lösen, bleibt natürlich Ihnen überlassen. Gewöhnen Sie sich aber an, wirklich jede Ausgabe von eingegebenen User-Daten mit einer solchen Funktion zu filtern.

## 8.3 SQL-Injection

SQL-Injection ist fast schon so etwas wie ein Modewort geworden, wenn es um das Thema Sicherheit geht. Sie werden womöglich auf Kunden treffen, die Sie fragen, ob Ihre Programmierung denn bitte auch SQL-Injections berücksichtigt – oftmals, ohne dass dieser Kunde auch nur einen Hauch von Ahnung hätte, worum es da eigentlich geht.

Dennoch sind SQL-Injections ein wichtiges Thema, um das Sie sich in jedem Fall kümmern sollten. Werden beim Cross-Site-Scripting die Ausgaben von Nutzerdaten im Browser missbraucht, so geht es bei den SQL-Injections vor allem um die Eingabe oder Ausgabe von Daten in oder aus der Datenbank.

Betrachten wir einmal ein ganz einfaches SQL-Statement einer Login-Abfrage:

```
...
$sql = "SELECT * FROM nutzer WHERE
        nutzername = '".$_POST['nutzername']."' AND
        passwort = '".$_POST["passwort"]."'";
...
```

Der Nutzer hat seinen Namen und sein Passwort in ein Formular eingetragen, und über diese SQL-Abfrage soll nun in der Datenbank überprüft werden, ob es diesen User mit diesem Namen und Passwort überhaupt gibt. Was passiert nun aber, wenn jemand folgendes als Nutzernamen einträgt:

```
' OR 1=1 --
```

Sieht komisch aus? Es führt aber zu folgendem SQL-String, der an den SQL-Server geschickt wird:

```
SELECT * FROM nutzer WHERE nutzername='' OR 1=1 -- ' AND passwort=''
```

Da das eingegebene Hochkomma (') als SQL-Befehl interpretiert und »--« von MySQL als Kommentar verstanden und daher nicht ausgeführt wird, liefert diese SQL-Abfrage immer ein Ergebnis zurück, da 1=1 immer wahr ist. Somit kann sich der Angreifer ohne Probleme in das System einloggen, ohne Nutzernamen und Passwort zu kennen. Nicht gut. Natürlich gibt es auch für dieses Problem in PHP eine einfache Lösung:

```
...
$sql = "SELECT * FROM nutzer WHERE
   nutzername = '".mysql_escape_string(($_POST['nutzername'])."' AND
   passwort = '".mysql_escape_string($_POST["passwort"])."'";
...
```

Für MySQL maskiert `mysql_escape_string()` sämtliche Zeichen, die zu einer SQL-Injection führen könnten. Wird nun der böse String oben eingegeben, so maskiert diese Funktion das Hochkomma und führt diesen SQL-Befehl aus:

```
SELECT * FROM nutzer WHERE nutzername='\' OR 1=1; --' AND passwort=''
```

Da das Hochkomma des Nutzers nun mit einem Slash maskiert ist, wird `OR 1=1; --` nicht mehr als SQL-Befehl interpretiert, sondern steht – so wie es sein soll – in den Hochkommata der Anweisung und gilt somit als reiner String. Wir haben diese Funktion natürlich längst in unsere Datenbankklasse integriert.

Wenn diese auch für andere Datenbanksysteme genutzt werden soll, können Sie so für jeden Datenbanktyp die entsprechende Maskierungsfunktion nutzen:

```
class db
{

...

// Maskiert SQL-Strings zum sicheren Gebrauch
function str_esc($str)
{
   switch($this->dbtype)
   {
      case 'mysql':
         if ($this->con===null ||
!function_exists("mysql_real_escape_string"))
         {
            $str = mysql_escape_string($str);
         }
         else
         {
            $str = mysql_real_escape_string($str, $this->con);
         }
         break;

      case 'mysqli':
         if ($this->con===null)
         {
            $str = mysql_escape_string($str);
         }
         else
         {
            $str = mysqli_real_escape_string($this->con, $str);
         }
         break;

      case 'mssql':
         $str = addslashes($str);
         break;

      case 'odbc':
         $str = str_replace("'","''",$str);
         break;
   }
```

```
    return $str;
}

...
```

## 8.4 Captcha

Wenn gesagt wurde, dass Ihre Webseiten schlicht zu unwichtig seien, als dass Sie einen echten Angriff zu fürchten hätten, so ist das zugegebenermaßen nur die halbe Wahrheit. Sicherlich ist es in der Tat unwahrscheinlich, dass jemand gezielt Ihre Webseite angreifen wird. Es gibt jedoch Programme, die völlig willkürlich einfach das gesamte Web durchwühlen und versuchen, Unheil zu stiften (Bots oder Web-Crawler). Diese Programme halten Ausschau nach Formularen, füllen diese automatisch aus und schicken sie ab. Ohne hier auf die zahlreichen Beweggründe einzugehen, warum ein Angreifer so ein Programm auf die Menschheit loslässt, ist es allein schon ärgerlich, einen Haufen hässlicher Einträge wie »EiDfgHkli« in der Datenbank zu haben. Mit solchen Einträgen befüllt so ein Programm nämlich dann Ihr Forum, Ihren Blog oder Ihren Shop.

Als Gegenmaßnahme haben sich sogenannte *Captchas* etabliert. (Falls es Sie interessiert: Captcha steht für »Completely Automated Public Turing test to tell Computers and Humans Apart«.) Im Grunde ist ein Captcha nichts anderes als ein Bild mit Buchstaben oder Zahlen, das dem Nutzer gezeigt wird und dessen Inhalt er im Formular mit eingeben muss. Man hofft, dass ein automatisches Programm das nicht schafft und somit dessen Formulareingaben nie in die Datenbank gelangen.

**Bild 8.6:** Ein typisches Captcha

Natürlich gibt es inzwischen clevere Programme, die unter Umständen auch eine Captcha-Abfrage automatisch »knacken« können. Aber auch hier ist es wieder eine Frage von Aufwand und Ergebnis. Mit einem einfach und schnell integrierten Captcha-Code in Ihrem Programm werden Sie den größten Teil von Bots und Web-Crawlern von Ihrer Webseite fernhalten. Für die meisten Projekte muss das genug sein.

Wie schnell ist aber nun so eine Captcha-Abfrage realisiert? Müssen Sie das alles selbst schreiben? Nein, natürlich nicht. Es gibt gerade für PHP unzählige frei verfügbare Captcha-Skripte, die Sie meistens ohne große Probleme und nur mit ein paar Zeilen zusätzlichem Quelltext in Ihr Programm übernehmen können. Als Beispiel sei hier *Securimage* genannt:

*http://www.phpcaptcha.org*

Laden Sie sich die Dateien von der Webseite herunter, und kopieren Sie sie in den Ordner *external* Ihres Projekts. In dem Formular, in dem Sie den Captcha-Code nutzen wollen, fügen Sie einfach den Quelltext aus dem Beispielprogramm von Securimage ein und passen die Pfade entsprechend an:

```
<?require("../external/securimage/securimage.php")?>

...

<img src="../external/securimage/securimage_show.php?sid=<?php echo
md5(uniqid(time())); ?>" id="image" align="absmiddle" /><br />

Code: <input type="text" name="code" /><br />

...
```

Diese zwei Zeilen erzeugen das Captcha-Bild und eine Textbox, in die der Nutzer den im Bild dargestellten Code eintragen soll. Wenn der Nutzer nun das Formular abschickt, müssen Sie noch überprüfen, ob er denn auch den richtigen Code eingegeben hat:

```
<?
$img = new Securimage();
$valid = $img->check($_POST['code']); // Captcha-Code richtig eingegeben?
if ($valid)
{
   // Captcha-Eingabe war ok
}
else
{
   // Captcha-Eingabe war NICHT ok - böser User!
}
?>
```

So einfach ist das. Müssen Sie verstehen, wie Securimage genau funktioniert? Nein, warum auch, solange es funktioniert? Es gibt natürlich deutlich komplexere Captcha-Skripte, und auch Securimage kann noch mehr, aber meist werden Sie weder Lust noch

Zeit haben, sich für eine einfache Captcha-Abfrage erst einen halben Tag mit einem externen Skript zu beschäftigen. Die oben genannten Zeilen hingegen sind in ein paar Minuten eingebaut – und Sie haben wieder ein Sicherheitsproblem weniger.

## 8.5 Die Macht des md5-Algorithmus

Das Thema Sicherheit ist ein weites Feld, und es gibt noch unzählige andere Bereiche mit denen Sie sich beschäftigen könnten (und von denen Sicherheitsfanatiker Ihnen erzählen werden, dass Sie dies auch unbedingt tun sollten). Aber wie in der Einleitung gesagt, geht es hier nicht darum, die absolut sichere Webseite zu schaffen, sondern schlicht darum, einige schnell anzuwendende Techniken vorzustellen, mit denen Sie bereits einen Großteil möglichener Sicherheitsprobleme bewältigen können. An dieser Stelle sollen nun noch kleinere Tricks gezeigt werden, mit deren Hilfe Sie bestimmte Probleme oder Fragen angehen könnten.

### 8.5.1 Passwörter in der Datenbank

Bei einer Anwendung, in die sich die Nutzer erst mit Kennung und Passwort einloggen müssen, sind eben diese Passwörter ganz besonders schützenswert, stellen sie doch den Schlüssel zu Ihrer Webseite dar. Wie sollten Sie daher mit Passwörtern der Nutzer umgehen, die Sie in die Datenbank schreiben? Vielen Programmierern wird mulmig bei der Vorstellung, die Passwörter direkt lesbar, einfach als reinen Text zu speichern. Das Horrorszenario, dass jemand Unbefugtes Zugriff auf die Datenbank erlangte und somit Einsicht in sämtliche Nutzerzugänge bekäme, hat auch durchaus etwas Beängstigendes. Viele Entwickler verschlüsseln daher die Passwörter, bevor sie diese in der Datenbank speichern. Ein sehr beliebter Verschlüsselungsalgorithmus ist hier der md5-Algorithmus, der in PHP über die gleichnamige Funktion `md5()` aufgerufen wird. Erstellt ein Besucher Ihrer Webseite also einen neuen Nutzer und gibt sein gewünschtes Passwort ein, so wird nicht das Passwort in die Datenbank geschrieben, sondern der mit `md5()` verschlüsselte Wert.

**md5()**
Es würde hier viel zu weit führen, die genaue Funktionsweise des md5-Algorithmus zu erklären. Interessant ist hier auch nur das Ergebnis der gleichnamigen PHP-Funktion. `md5()` nimmt einen beliebigen String als Parameter und liefert den sogenannten *md5-Hash* zurück, eine Art verschlüsselten Fingerabdruck des übergebenen Strings. Das Ergebnis von:

```
md5("Quick&Dirty")
```

wäre:

```
166c07ba7253a98e652ad5af43dbe92c
```

Wie gesagt: Sie müssen nicht verstehen, was da passiert. Wichtig ist Folgendes: Dieser md5-Code ist für den eingegeben String nicht eindeutig. Das heißt, auch wenn es extrem schwierig ist, zwei Strings zu finden, die den identischen Hash-Code liefern, so ist es aus diesem Grund nicht möglich, aus einem md5-Hash den ursprünglichen String zu entschlüsseln (da ein Hash-Code zu mehreren Ausgangs-Strings gehören kann). md5 ist also eine sogenannte Einwegverschlüsselung. Es dient nicht zum Ver- und Entschlüsseln von Daten, sondern nur zur Verschlüsselung und zum Vergleich zweier md5-Hash-Werte. Es ist außerdem nahezu ausgeschlossen, aus dem md5-Hash eines Strings auf den Wert eines ähnlichen Strings zu schließen. So ist z. B. der md5-Hash von:

```
md5("Quick&dirty")
```

dieser hier:

```
d4b08cc10db320da6dc244c3fa04151b
```

Allein das Ändern des »D« in ein »d« erzeugt also einen gänzlich anderen md5-Hash.

Sind die Passwörter als reiner Text in der Datenbank gespeichert, so würden Sie beim Login wohl so etwas programmieren, um die vom User im Login-Formular eingegebenen Daten mit denen in der Datenbank zu vergleichen:

```
if ( $datenbank_daten['nutzername'] == $_POST['nutzername'] &&
$datenbank_daten['passwort'] == $_POST['passwort'] )
{
   // Login ok
}
else
{
   // Login nicht ok
}
```

Wurden die Passwörter jedoch mit `md5()` verschlüsselt in der Datenbank abgelegt, so können Sie nicht mehr die direkten Werte vergleichen, sondern nur die md5-Werte der Strings:

```
if ( $datenbank_daten['nutzername'] == $_POST['nutzername'] &&
$datenbank_daten['passwort'] == md5($_POST['passwort']) )
{
   // Login ok
}
else
{
   // Login nicht ok
}
```

Es ist möglich, dass zwei verschiedene Passwörter den gleichen md5-Hash erzeugen – die Chance, dass aber tatsächlich jemand durch Zufall ein solches Passwort findet, ist rein mathematisch nahezu null.

Wie hilft Ihnen das bei einem Quick & Dirty-Projekt? Wenn man es wieder einmal ehrlich betrachtet, so sind verschlüsselte Passwörter in der Datenbank eher eine psychologische Hilfe, sodass man dem Kunden stolz erzählen kann, dass *natürlich* die Passwörter in der Datenbank geschützt sind. Und sollte der Kunde so etwas wünschen, dann nutzen Sie einfach die oben gezeigte Möglichkeit der `md5()`-Funktion. Bei einem einfachen Quick & Dirty-Projekt behindert eine Verschlüsselung allerdings oft mehr, als sie hilft: Wenn jemand Zugang auf Ihre komplette Datenbank erlangen sollte, dann werden ihn auch ein paar nett verschlüsselte Passwörter nicht davon abhalten können, großen Schaden anzurichten. Darüber hinaus sind – wie oben erklärt – md5-verschlüsselte Strings nicht wieder »entschlüsselbar«, d. h., Sie können weder ein Passwort nachschlagen, um sich selbst einmal zum Test in das Konto eines Nutzers einzuloggen (was leider immer wieder passieren wird, auch wenn Sie das natürlich eigentlich nicht sollten), noch einem Nutzer, der sein Passwort vergessen hat, dieses zuschicken. Sie können lediglich ein gänzlich neues Passwort eingeben lassen und dessen md5-Hash in die Datenbank eintragen. Wenn Sie dann einen aufgebrachten Nutzer am Telefon haben, der sein Passwort vergessen hat und dieses *sofort* wiederhaben will, um sich in das System einloggen zu können, wissen Sie, dass Sicherheit auch manchmal sehr anstrengend sein kann.

## 8.5.2 Parameterübergabe

Es wird immer wieder vorkommen, dass Sie bestimmte Parameter in Ihrer Webseite in der URL übergeben werden, z. B. wenn der Nutzer aus einer Übersichtsseite eines Shops in die Detailansicht eines ausgewählten Produkts wechseln möchte. Meist sieht ein solcher Aufruf dann etwa so aus:

**Bild 8.7:** Die Datenbank-ID erscheint in der URL.

Die ID des anzuzeigenden Objekts wird einfach in der URL übergeben und kann dann auf der Detailseite über `$_GET` oder `$_REQUEST` ausgelesen und das gewünschte Objekt kann angezeigt werden (hier mit der Datenbank-ID=123). So weit, so gut. Jetzt bedarf es aber keines großen technischen Talents, um auf die Idee zu kommen, doch einfach einmal aus der 123 eine 150 zu machen. In einem Shop ist das in der Regel kein großes Problem. Denn ein Nutzer, der das Objekt mit der ID 123 sehen darf, darf auch das Objekt 150 sehen. Was aber, wenn er das nicht soll? Was machen Sie, wenn die in der URL übergebenen Daten eben nicht geändert werden dürfen? Hier gibt es einen sehr einfachen Trick, der Ihnen dabei hilft:

```
<a href="detailansicht.php?id=<?=$id?>&md5id=<?=md5("supersicher".$id)?>">
      zur Detailansicht
</a>
```

Zusätzlich zu der eigentlichen ID (hier gespeichert in der Variablen `$id`) übergeben Sie noch einen md5-verschlüsselten Wert, der über die bereits angesprochene PHP-Funktion `md5()` aus der ID und einem nur Ihnen bekannten String (hier »supersicher«) erstellt wird. (Es wäre sinnlos, einfach nur die ID zu verschlüsseln, denn jeder Angreifer, der die `md5()`-Funktion kennt, könnte sich ganz einfach zu jeder ID selbst den verschlüsselten Wert erstellen.) Der so erstellte Link sieht dann z. B. so aus:

```
detailansicht.php?id=123&md5id=e2da8d1c5427feca0639ade770d1ae3e
```

Auf der aufgerufenen Detailansicht überprüfen Sie nun, ob der übergebene md5-Code mit einem nochmals mithilfe des »Geheimworts« erstellten übereinstimmt:

```
...

if ($_REQUEST["md5id"] == md5("supersicher".$_REQUEST["id"])
{
   // Alles ok, keiner hat an der URL rumgespielt
```

```
}
else
{
   // Ups, da kann was nicht stimmen!
}

...
```

Da der Nutzer dieses geheime Wort (»supersicher«) nicht kennt, kann er auch nicht zu einer anderen ID selbst einen stimmigen md5-String erstellen. Er hat daher keine Möglichkeit, einfach eine andere ID aufzurufen. Ändert also nun jemand »id=123« in der Adresszeile in der Tat in »id=150«, so stimmen die beiden md5-Hashs nicht mehr überein, und das Programm kann den unerlaubten Zugriff sofort beenden. (Wer es genau wissen möchte: Der md5-Code für »supersicher123« ist »e2da8d1c5427feca0639ade770d1ae3e« und für »supersicher150« »5535ef1dcc57e087837b03f6a08ccd8b«.)

## 8.6 Sicherheitskopien

Sicherheitskopien haben nur indirekt mit dem Thema Sicherheit zu tun, aber sie sind so wichtig, dass ich sie hier doch erwähnen möchte. Der großartige Cartoon-Zeichner Gary Larson sagte einmal sinngemäß: »Es gibt nur eine Sache, die schlimmer ist, als festzustellen, dass irgend so ein Idiot deine Arbeit kaputtgemacht hat: festzustellen, dass du selbst der Idiot warst.« Es wird ausgesprochen selten vorkommen, dass Ihre Webseite von einem bösen Menschen angegriffen wird. Viel häufiger wird es passieren, dass Sie selbst Ihr größter Feind sind und ungewollt Schaden anrichten.

Daher gibt es bei Ihrer gesamten Arbeit an einem Quick & Dirty-Projekt kaum ein Wort, das so wichtig ist wie »Sicherheitskopie«. Und dies betrifft einerseits Ihre PHP-Dateien, andererseits aber insbesondere auch die Daten in der Datenbank, und dort vor allem die Daten auf einem aktiven Server, also einer aktiven Webseite, die bereits wirklich online ist. Gehen Sie beim Thema Sicherheitskopien immer von einem realistischen »Worst-Case-Szenario« aus: Was ist, wenn der Rechner, auf dem ich entwickle, kaputtgeht und ich nicht mehr an die Daten komme? Was passiert, wenn die Datenbank des Kunden gelöscht wird?

### 8.6.1 PHP-Dateien sichern

Sollten Sie sich mit einer Versionierungssoftware wie *Subversion (SVN)* auskennen, so können Sie diese natürlich auch für ein Quick & Dirty-Projekt nutzen. Diese Programme jetzt zu erklären würde den Rahmen dieses Buches aber bei Weitem sprengen. Es kann nie schaden, diese Programme zu kennen und auch zu nutzen. Solange Sie aber zumeist allein und an überschaubaren Projekten arbeiten, ist das nicht unbedingt notwendig. Denn in der Regel ist das einfache Erstellen von Sicherheitskopien Ihrer PHP-Dateien so simpel, dass ich es kaum wage, es hier zu erwähnen: Kopieren Sie Ihre Dateien in einen anderen Ordner, und brennen Sie diesen von Zeit zu Zeit auf eine CD oder DVD, oder kopieren Sie ihn auf eine externe Festplatte. Fertig. Klingt simpel – und doch werden Sie es öfter vergessen, als Ihnen lieb sein wird. Es kann helfen, ein alltägliches Ritual daraus zu machen: Bevor Sie in den Feierabend gehen, machen Sie Sicherheitskopien von allen Projekten, an denen Sie an diesem Tag gearbeitet haben, und heben Sie mindestens die Kopien der letzten fünf Tage stets auf.

Wenn man ehrlich ist, wird es sehr selten vorkommen, dass man eine solche Sicherheitskopie wirklich braucht. Computer gehen heutzutage nur selten vollkommen unrettbar kaputt, und auch wenn es nicht darum geht, eine gelöschte Datei zurückzuholen, sondern Sie nur einen alten Stand Ihrer Programmierung benötigen, weil Sie die aktuelle »kaputtprogrammiert« haben, ist es meistens einfacher, den aktuellen Quelltext zu bereinigen, als eine alte Version einzuspielen. Trotzdem – es ist wie bei einer Unfallversicherung: Höchstwahrscheinlich werden Sie sie nie brauchen, aber *wenn* Sie sie brauchen und keine haben, dann ist es eine Katastrophe.

### 8.6.2 Datenbankdaten sichern

Wirklich alle Kopien aller Dateien Ihrer PHP-Programmierung zu verlieren ist schwierig. Die komplette Datenbank Ihres Kunden mit den Daten von Hunderten von Usern zu löschen, ist hingegen erschreckend einfach. Wenn Sie daher Änderungen an einer externen Datenbank vornehmen, vor allem, wenn diese Datenbank gerade im aktiven Gebrauch, also »live« ist, dann machen Sie vorher immer eine Sicherheitskopie aller Tabellen und Daten. Ganz egal, wie simpel die Änderungen sind, die Sie machen: Hören Sie niemals auf diese kleine Stimme in Ihrem Kopf, die versucht Ihnen einzureden: »Ach was, sei kein Feigling, da kann doch nichts passieren«.

Jedes Datenbankprogramm besitzt eine Funktionalität zum Export ganzer Datenbanken oder einzelner Tabellen. Nutzen Sie diese. Regelmäßig! Der originale *MySQL Administrator* bietet sogar die Möglichkeit, automatisch in festgelegten Intervallen Backups zu erstellen. Wenn es die Umgebung des Servers zulässt, dann sollten Sie diese Möglichkeit unbedingt nutzen. Es wird immer wieder Situationen geben, in denen Sie auf alte Datenbestände zurückgreifen müssen – und sei es nur, dass ein Nutzer versehentlich seine Daten aus dem System gelöscht hat.

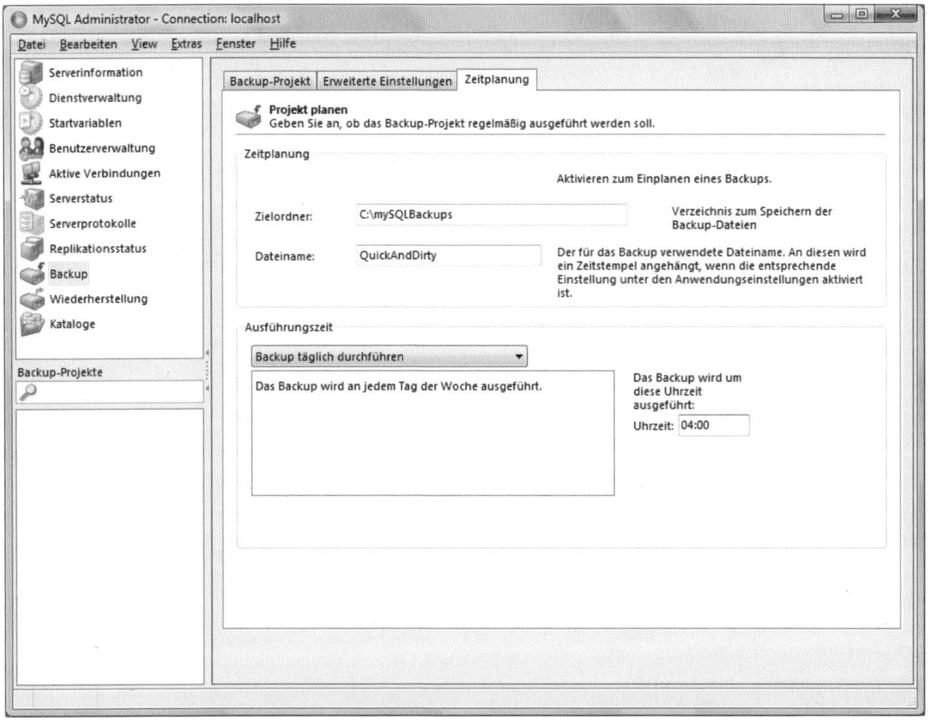


**Bild 8.8:** Am sichersten ist ein tägliches Backup.

Abschließend sei gesagt: Lassen Sie sich nicht von der Länge dieses Kapitels abschrecken. Sie müssen sich nicht alle sicherheitstechnischen Zusammenhänge merken oder sie komplett verstehen, um Ihre Webseite mit einfachen Vorkehrungen zu schützen. Gewöhnen Sie sich die hier aufgeführten, einfachen Techniken an und benutzen Sie sie dauerhaft und konsequent. Nach einiger Zeit werden Sie sie ganz automatisch verwenden, und Ihre Arbeit wird dadurch keinesfalls langsamer, aber die so erstellen Programme doch deutlich sicherer. Machen Sie sich und Ihrem Kunden dabei immer klar, dass es absolute Sicherheit nicht gibt, und akzeptieren Sie die (wenn auch unwahrscheinliche) Möglichkeit, dass jemand einmal eine Sicherheitslücke in Ihrer Seite finden und ausnutzen wird.

# 9 Deploy & Deliver

## Ausliefern und Aktualisieren

Wohl in den seltensten Fällen werden Sie ein Quick & Dirty-Projekt nur für sich allein und Ihren kleinen, lokalen Computer entwerfen, sondern Sie werden immer für einen Kunden und dessen externen Server programmieren. Der Ablauf Ihrer Arbeit sieht daher in der Regel so aus, dass Sie Ihre PHP-Skripte auf Ihrem lokalen System entwickeln und diese schließlich auf dem Server des Kunden installieren. Meist geschieht dies zu Testzwecken bereits vor dem Moment, in dem die Webseite wirklich »online« geht, aber auch immer wieder danach. (Welches Programm ist schon wirklich fertig, wenn es online geht?)

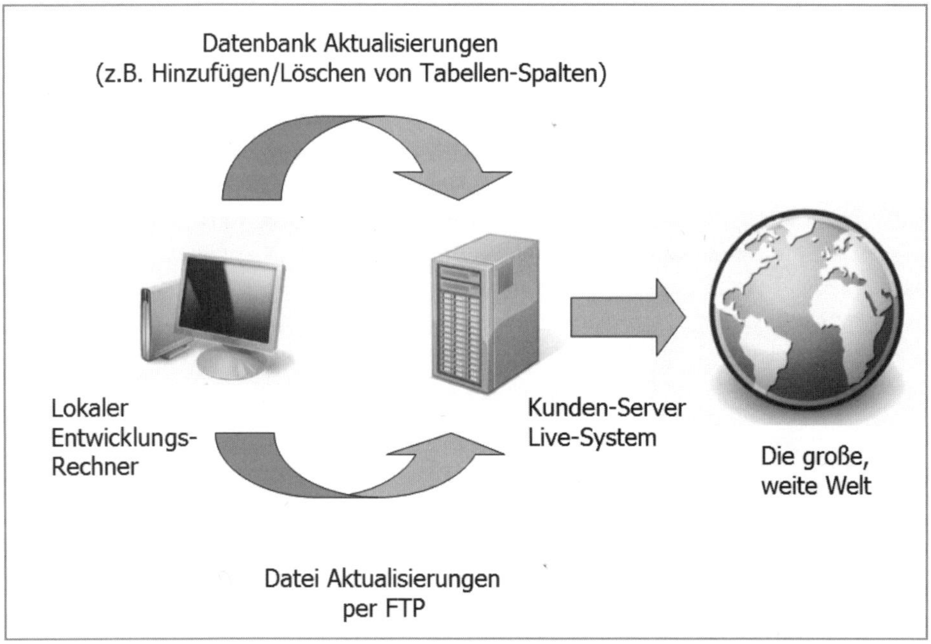


**Bild 9.1:** Aktualisierungsvorgänge zwischen Ihrem System und dem Livesystem

Das klingt auf den ersten Blick alles irgendwie selbstverständlich. Warum ein ganzes Kapitel darüber, wie Sie Dateien per FTP übertragen und eine Datenbank auf einem Server einrichten?

Zunächst gibt es auch für diese scheinbar einfachen Aufgaben ein paar Tricks, die Ihnen das Leben erleichtern und vor allem ein besseres Gefühl bei der Arbeit mit dem Live-Server geben können. Wie an anderer Stelle bereits erwähnt, ist es bei Ihrer gesamten Arbeit an einem Quick & Dirty-Projekt ungemein wichtig, dass Sie bei allem ein geordnetes und sicheres Gefühl haben. Und das gilt insbesondere für den Umgang und die Aktualisierung der Daten Ihres Kunden auf dem Livesystem der Anwendung. Diese Daten sind für Sie zwangsläufig mit zusätzlichem Stress verbunden: Wenn in der Datenbank auf Ihrem Rechner einmal eine Tabellenspalte fehlen sollte, dann ist das vielleicht ärgerlich, aber kein Drama. Wenn dies im laufenden Livesystem passiert, kann das eine Katastrophe sein. Auf Ihrem Heimrechner werden auch zwangsläufig immer die aktuellen Versionen der PHP-Dateien vorliegen. Wenn auf dem Livesystem einmal ein paar Dateien nicht aktuell sind, kann es passieren, dass mit einem Mal der gesamte Webauftritt nicht mehr funktioniert. Gar nicht gut.

**Tipp**
Schaffen Sie sich Wege, um regelmäßige Aktualisierungen so sicher und effizient wie möglich durchführen zu können.

Gerade bei einem Quick & Dirty-Projekt wird es immer wieder vorkommen, dass Sie mal eben schnell etwas auf den neuesten Stand bringen müssen. Das Ziel muss also lauten, eine Vorgehensweise zu entwickeln, die es Ihnen erlaubt, möglichst effizient und zuverlässig die Daten und Dateien auf ein anderes System zu kopieren und später zu aktualisieren. Es ist einfach ungemein unangenehm, wenn Sie beständig mit dem Gefühl arbeiten: »Oh, ich hoffe, auf dem Kundenserver ist alles okay. Hoffentlich sind das die richtigen Dateien. Hoffentlich sind sie alle aktuell. Hoffentlich fehlt da auch die neue Datenbankspalte nicht in der Tabelle usw.«

## 9.1 Dateien

Die Aktualisierung von Dateien ist oberflächlich betrachtet sicher noch die einfachste Aufgabe. Da PHP-Programme nicht kompiliert oder installiert werden müssen, besteht das »Ausliefern« oder »Aktualisieren« einer Software ganz einfach darin, dass Sie die Dateien von Ihrem Computer auf den Server des Kunden kopieren (in der Regel über eine FTP-Verbindung). Jedoch müssen Sie sich in jedem Augenblick sicher sein, dass wirklich alle benötigten Dateien auch kopiert wurden und *nur* diese.

> **Tipp**
> Legen Sie Ihre Ordner- und Dateistruktur so an, dass Sie unkompliziert und zu jedem Zeitpunkt *alle* benötigten Dateien *auf einmal* aktualisieren können.

Warum »alle benötigten Dateien«? Warum kopieren Sie nicht einfach immer alles? Es gibt zwei Gründe, warum Sie bestimmte Ordner und Dateien nicht jedes Mal mitkopieren wollen: Zunächst gibt es Dateien, die Informationen enthalten, die spezifisch für den jeweiligen Server sind. Dies sind vor allem Verbindungsdaten zur Datenbank und Dateipfade im System. Wenn Sie Ihre MySQL-Verbindungsdaten auf den Server des Kunden kopieren, wird die Webseite die Datenbank nicht erreichen können, und Sie müssen diese Daten schleunigst im Kundensystem anpassen. (Meist spätabends, nachdem der Kunde aufgebracht angerufen und gefragt hat, warum denn seine Webseite kaputt ist.)

Der zweite, wenn auch nicht so dramatische Grund, warum Sie bestimmte Dateien nicht kopieren wollen oder sollen, ist einfach der, dass sich bestimmte Dateien nicht ändern bzw. auf dem Livesystem überhaupt nicht benötigt werden: Externe Programme, die Sie zwar in Ihrer Programmierung verwenden, die sich aber natürlich nicht beständig verändern, müssen sicher nicht immer neu kopiert werden. Und auch zu Testzwecken hochgeladene Dateien wie etwa Bilder müssen nicht auf dem Server des Kunden landen. Meist sind diese Bereiche (externe Programme und Upload-Dateien) auch nicht gerade klein, sodass Sie den Aktualisierungsprozess deutlich beschleunigen können, wenn Sie diese Dateien einfach auslassen.

### Ordner

Bein Anlegen der Ordnerstruktur in Kapitel 4 haben wir diese Problematik bereits berücksichtigt, und es wird nun noch einmal klar, warum die Ordner genau dort angelegt wurden, wo sie jetzt sind:

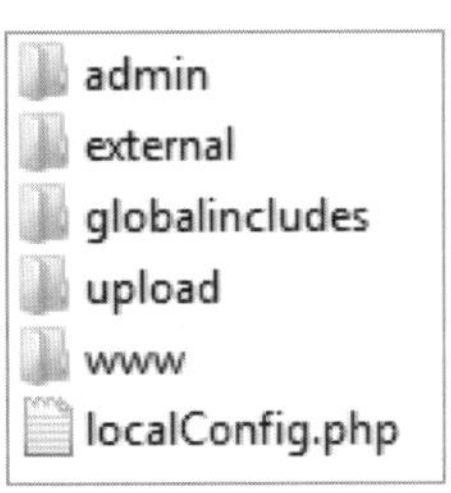


**Bild 9.2:** Die Ordnerstruktur aus Kapitel 4 (zu sehen sind nur die obersten Verzeichnisse)

Ihre eigene Programmierung befindet sich ausschließlich in den Ordnern *admin*, *globalincludes* und *www*. Das sind auch die einzigen Ordner, die Sie per FTP kopieren müssen, um das Kundensystem aktuell zu halten. Würden sich die externen Programme oder die hochgeladenen Dateien irgendwo innerhalb von *www* oder *admin* befinden, so müssten Sie sie jedes Mal komplett mitkopieren, wenn Sie eine vollständige Aktualisierung aller Dateien vornehmen wollen.

## localconfig.php

Sie sind dieser Datei schon in einigen anderen Kapiteln begegnet. Die Idee bei dieser Datei ist es, dass sie *sämtliche* Informationen enthält, die spezifisch für den jeweiligen Server sind. Dies sind insbesondere die Verbindungsdaten zur Datenbank, aber auch absolute Pfade zu ausgewählten Ordnern im System.

```
<?
// Datenbankverbindungen
$mysqlServer   = "localhost";
$mysqlUser  = "derUserName";
$mysqlPass  = "geheimesPasswort";
$mysqlDB = "quickanddirty";

// Pfad zur externen Daten-Ablage (für XML-Export)
$EXT_PATH_XML = "D:/projekte/quickanddirty/xmlablage/";
?>
```

Eine typische *localconfig.php*

Aus dem gleichen Grund, aus dem sich die Ordner *external* und *upload* in der obersten Ebene der Verzeichnisstruktur befinden, liegt auch die Datei *localconfig.php* als einzige Datei im Wurzelverzeichnis der Anwendung. So ist es Ihnen möglich, wirklich alle Dateien Ihrer Anwendung per FTP zu aktualisieren, ohne Gefahr zu laufen, die Informationen, die speziell für Ihren Computer oder den des Kunden gedacht sind, zu überschreiben. Wenn Sie nun den Upload-Vorgang in einem typischen FTP-Programm betrachten, sehen Sie, wie einfach jetzt die Aktualisierung vor sich gehen kann:

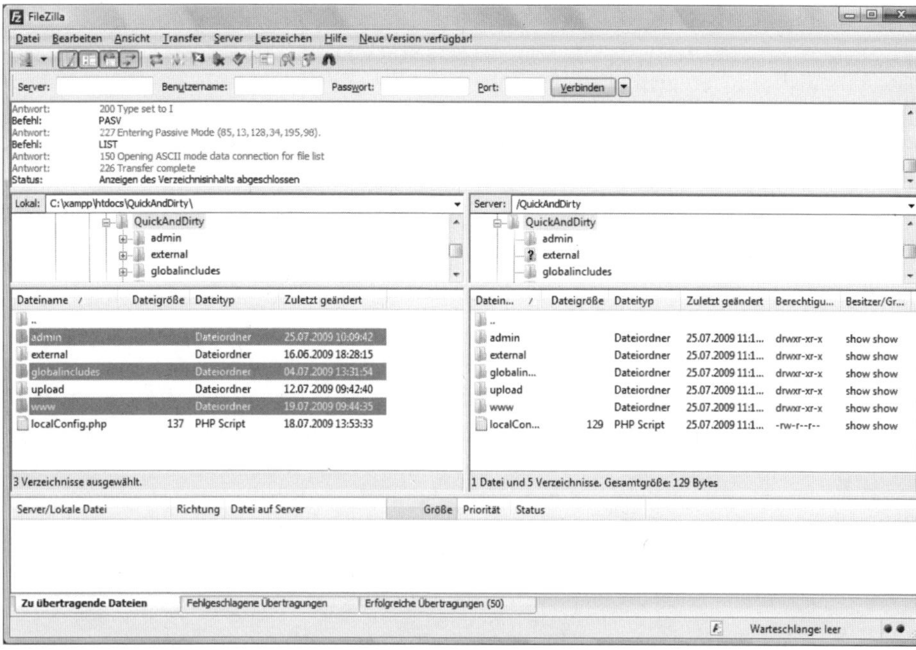

**Bild 9.3:** Kopieren Sie wirklich alles Wichtige – und nur das!

Wie im Bild angedeutet, können Sie jetzt einfach die drei Ordner *admin*, *globalincludes* und *www* immer komplett kopieren, und Sie wissen, dass Sie keine Dateien überschreiben, die Sie nicht überschreiben wollen (*localconfig.php*), und keine Dateien kopieren, die viel zu groß (Ordner *upload*) oder ohnehin nicht von Ihnen sind (Order *external*). All dies ermöglicht es Ihnen, beim Aktualisieren der Dateien möglichst schnell und sicher vorzugehen. Es kostet sonst zu viel unnötige Zeit, wenn Sie bei jedem Update erst überlegen müssen, welche Dateien Sie nun kopieren dürfen und welche nicht.

Gewöhnen Sie sich dabei an, wann immer es möglich ist, wirklich alle drei oben genannten Ordner komplett zu kopieren. Fangen Sie nicht damit an, einzelne Dateien von Rechner zu Rechner zu schieben, bis Sie irgendwann gänzlich die Übersicht verloren haben, auf welchem Stand sich das Livesystem nun gerade befindet. Sie müssen das Gefühl haben, dass Sie zu jedem Zeitpunkt sämtliche Dateien in den drei oben genannten Ordnern kopieren können. Einzige Ausnahme ist natürlich, wenn Sie einen Fehler in einer Datei schnell beheben müssen, aber an einer ganz anderen Stelle im Programm noch mitten in der Entwicklung sind.

## 9.2 Datenbank

Das Aktualisieren der genutzten Datenbank ist im Vergleich zum Update der Programmdateien ein Vorgang, der sicher deutlich seltener vorkommen wird. Dennoch ist er in der Regel schwieriger durchzuführen, da Sie hier keine greifbaren Dateien kopieren, sondern Strukturen von Datenbanktabellen abgleichen und aktuell halten müssen. Es kommen Tabellenspalten hinzu, andere fallen weg, oder die Definition eines Tabellenfeldes ändert sich.

Das allererste Einrichten der Datenbank auf dem Server des Kunden ist zunächst ziemlich einfach. Jedes Datenbankprogramm bietet die Möglichkeit, die Struktur und Inhalte aller Tabellen als SQL-Befehle zu exportieren. In *SQLyog* beispielsweise wählen Sie den Menüpunkt *Backup/Export => Backup Database as SQL Dump*. Das Programm wird dann die gesamte Datenbank in Form von einzelnen SQL-Befehlen in einer einzelnen Textdatei speichern. Sie können dabei nur die Struktur der Tabellen in Form von einzelnen `CREATE TABLE`-Befehlen speichern oder auch die Inhalte der Tabellen in Form von `INSERT`-Befehlen.

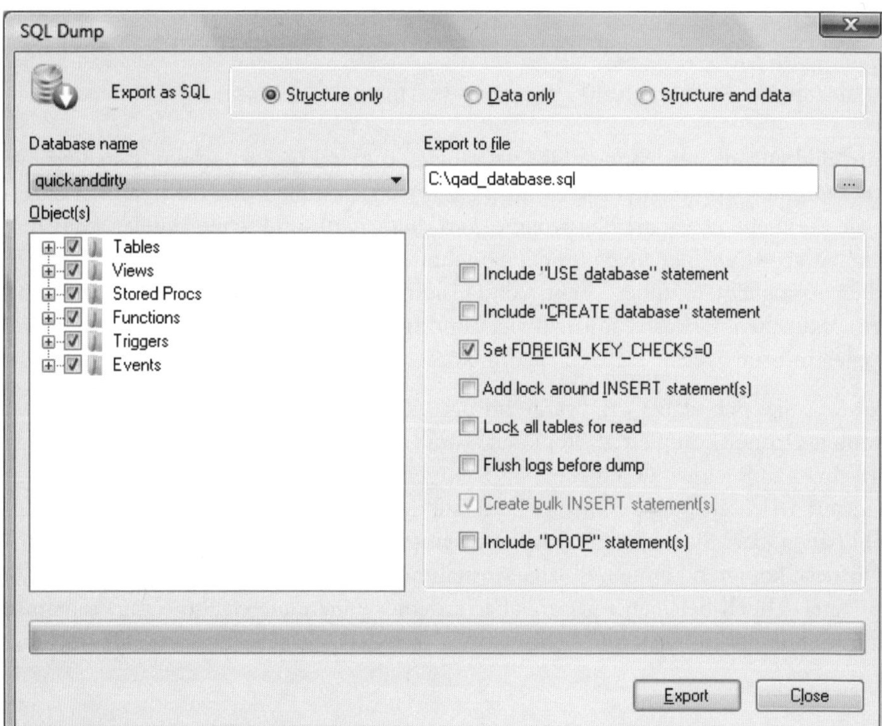


**Bild 9.4:** Die Exportmaske von SQLyog

Achten Sie darauf, die Punkte *Include »USE database« statement* und *Include »CREATE database« statement* zu deaktivieren. Wenn die Datenbanken auf dem Livesystem und Ihrem Entwicklungsrechner nicht die gleichen Namen haben (was oft genug vorkommt), würden Sie sonst beim Import eine ganz neue Datenbank anlegen (mit dem Namen, den diese auf Ihrem Computer hatte). Deaktivieren Sie auch *Include »DROP« statement(s)*. Sollten Sie später aus Versehen dieses Skript einmal bei einer aktiven Live-Datenbank laufen lassen, würden Sie ansonsten sämtliche Tabellen – und damit sämtliche vorhandenen Daten – ins virtuelle Nirwana und sich selbst von der Liste Ihres Kunden für zukünftige Jobs befördern. Das so erzeugte SQL-File importieren Sie schließlich wieder auf dem Livesystem, meist über eine Online-Oberfläche wie *PhpMyAdmin*:

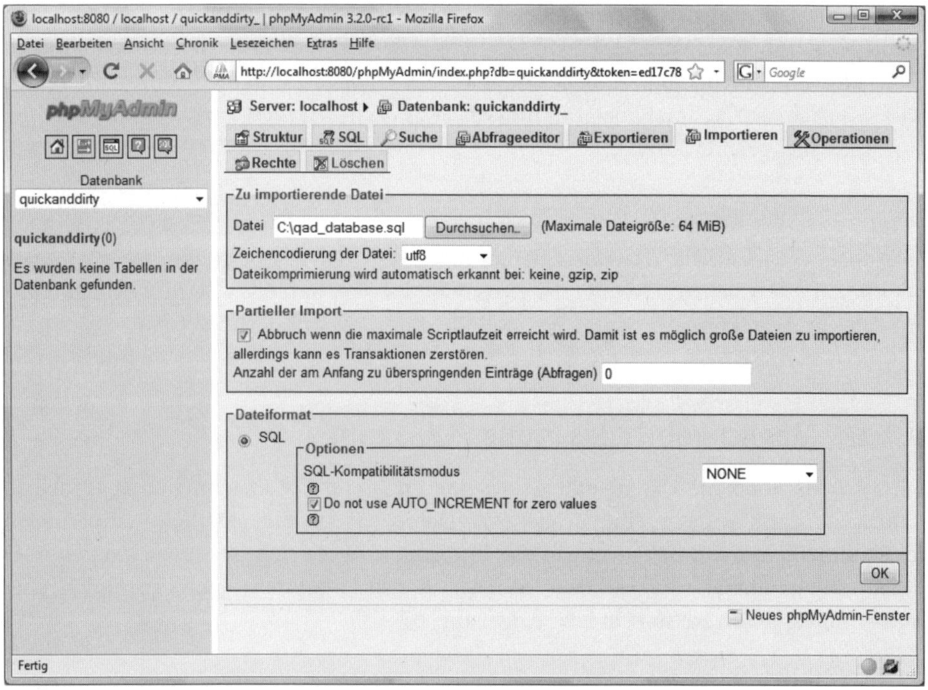


**Bild 9.5:** Import der Datenbankstruktur über *PhpMyAdmin*

Wählen Sie die entsprechende Datenbank und schließlich den Menüpunkt *Importieren* aus. Dort können Sie die eben erzeugte SQL-Datei ganz einfach hochladen und ausführen lassen: Die benötigten Tabellen werden so erstellt.

Das war doch gar nicht so schwierig. Wo liegt dann das Problem? Die Probleme fangen an, wenn Sie gezwungen sind, die Anwendung weiterzuentwickeln, während die Programmierung bereits online ist. Plötzlich möchte der Kunde doch eine Nutzerverwaltung für die User der Blog-Administration, und die Blog-Einträge sollen noch einen zusätzlichen Teasertext besitzen, der natürlich auch über die Administration zu pflegen sein soll. Sie programmieren also die Nutzer-Administration, legen in Ihrer lokalen Datenbank eine neue Tabelle `users` an und erweitern die `entries`-Tabelle um die Spalte `entry_teaser`. Wie aber nun weiter?

Wenn dies für alle Ewigkeiten die einzigen Änderungen sein werden, dann sollten Sie die Tabelle und Spalte ruhig händisch dem Kundensystem hinzufügen. Aber was, wenn es immer wieder solche Änderungen geben wird (was – seien wir ehrlich – sehr wahrscheinlich ist)? Was, wenn Ihre Programmierung vielleicht plötzlich nicht nur auf einem, sondern auf mehreren Livesystemen laufen soll?

Es wird Sie sehr viel Zeit kosten, jedes Mal erst herausfinden zu müssen, auf welchem Stand sich nun die Datenbank vor Ihnen gerade befindet und welche Spalten und Tabellen noch hinzugefügt oder geändert werden müssen. Gar nicht davon zu reden, dass Sie sich erst einmal merken müssen, was sich seit der letzten Aktualisierung eigentlich alles geändert hat.

**Tipp**
Sammeln Sie sämtliche Datenbankänderungen in einer Form, sodass Sie zu jedem Zeitpunkt ein beliebiges System, das sich nicht auf dem aktuellen Stand befindet, »up to date« bringen können.

### 9.2.1 Möglichkeit 1: das große SQL-Skript

Die erste Methode, die Datenbanken eines oder mehrerer Livesysteme immer aktuell zu halten, ist ganz einfach eine große SQL-Datei, in die Sie sämtliche Änderungen hineinschreiben. Das löst zwar nicht das Problem, dass Sie sich irgendwie merken oder herausfinden müssen, auf welchem Stand sich das Livesystem gerade befindet, aber immerhin vergessen Sie so keine der Änderungen.

```
/* 21.07.2009 */

CREATE TABLE 'users' (
   'user_id' int(10) unsigned NOT NULL AUTO_INCREMENT,
   'user_name' varchar(255) COLLATE utf8_unicode_ci DEFAULT NULL,
   'user_passwort' varchar(255) COLLATE utf8_unicode_ci DEFAULT NULL
   PRIMARY KEY ('user_id')
 ) ENGINE=MyISAM DEFAULT CHARSET=utf8 COLLATE=utf8_unicode_ci;

/* !!! BIS HIER SCHON AUF LIVE-SYSTEM AUSGEFÜHRT !!! */
```

```
/* 27.07.2009 */

ALTER TABLE 'entries' ADD COLUMN 'entry_teaser' TEXT NULL AFTER
'entry_subtitle';
ALTER TABLE 'entries' ADD COLUMN 'entry_nutzer_id' int NULL;
```

Der große SQL-Merkzettel

Müssen Sie sich also nun bei jeder kleinen Änderung in der Datenbank erst umständlich den dazugehörigen SQL-Befehl zusammenbasteln? Solange Sie kein SQL-Purist sind, werden Sie wohl kaum neue Tabellen oder Spalten mit einem selbst geschriebenen SQL-Befehl hinzufügen, sondern Sie werden dies in einer Benutzeroberfläche wie dem in Kapitel 3 beschriebenen *SQLyog* erledigen. Viele dieser Programme besitzen eine SQL-Historie und die automatische Anzeige des zu einer Tabelle gehörigen `CREATE TABLE`-Befehls. Auch hier ist Copy & Paste wieder König. Rufen Sie in SQLyog zu einer neu hinzugefügten Tabelle den Reiter *Info* auf:

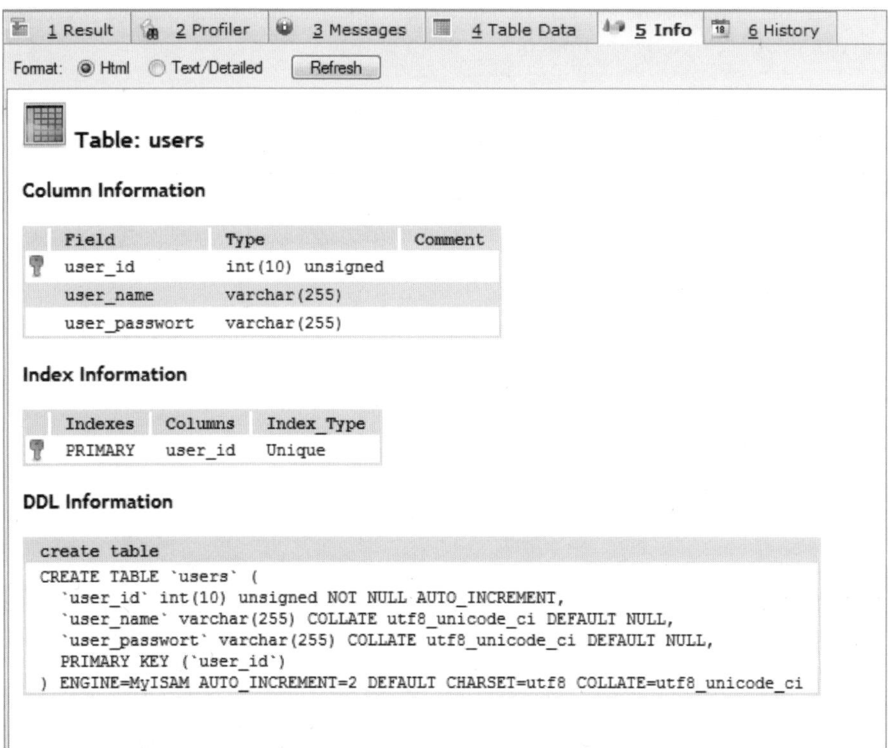


**Bild 9.6:** Info-Ansicht in SQLyog. Warum noch selbst SQL-Befehle schreiben?

Dort finden Sie unter dem Punkt *DDL Information* sofort das komplette `CREATE TABLE`-Statement zum Anlegen der Tabellen. Kopieren Sie dieses einfach in Ihre SQL-Datei.

Den SQL-Befehl für das Hinzufügen oder Löschen einer neuen Spalte muss man schon etwas genauer suchen. Nachdem Sie die neue Spalte in SQLyog hinzugefügt haben, wählen Sie den Reiter *History*:

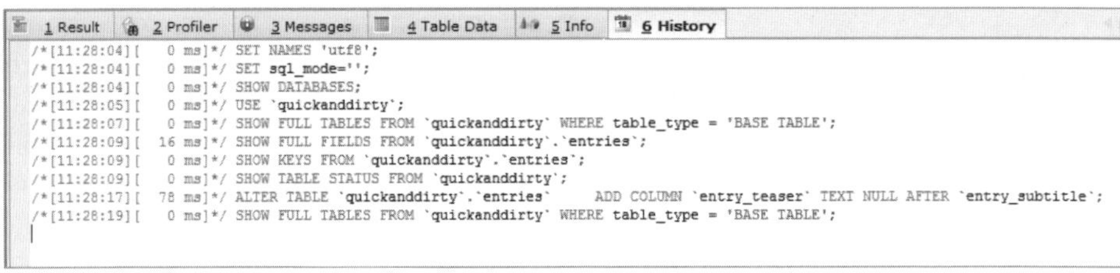


**Bild 9.7:** SQL-Historie: Wer findet den Befehl zum Anlegen der neuen Tabellenspalte als Erster?

Sie müssen manchmal vielleicht ein wenig suchen, aber in der Regel werden Sie recht schnell den gewünschten Befehl finden.

```
ALTER TABLE 'quickanddirty'.'entries' ADD COLUMN 'entry_teaser' TEXT NULL
AFTER 'entry_subtitle';
```

Und auch diesen können Sie ganz einfach übernehmen. Achten Sie nur darauf, dass hier zur Identifizierung der Tabelle auch der Name der Datenbank verwendet wird:

```
... 'quickanddirty'.'entries' ...
```

Sollte die Datenbank auf dem Livesystem anders heißen, so löschen Sie hier einfach den Datenbanknamen, da Sie das Skript hoffentlich später ohnehin nur ausführen, wenn Sie die richtige Datenbank im System ausgewählt haben:

```
ALTER TABLE 'entries' ADD COLUMN 'entry_teaser' TEXT NULL AFTER
'entry_subtitle';
```

Dies ist übrigens auch ein guter Weg, um SQL-Befehle oder die Syntax bestimmter Befehle herauszufinden, wenn Sie sie einmal vergessen haben oder gar nicht kennen sollten. Sie wollen wissen, wie noch mal genau die Syntax für das Umbenennen einer Tabelle lautet? Kein Problem: Geben Sie einer Tabelle in SQLyog einen neuen Namen, und schauen Sie einfach nach, was in der Historie steht.

Wie oben bereits erwähnt, ist dieser SQL-Merkzettel gut dafür geeignet, alle Änderungen zu sammeln, die angefallen sind. Dennoch müssen Sie sich irgendwie merken, welche

Updates auf dem Livesystem bereits durchgeführt worden sind und welche nicht. Markieren Sie hierzu einfach im SQL-Skript in einem SQL-Kommentar die Stelle, bis zu der Sie das Livesystem bereits aktualisiert haben.

### 9.2.2 Möglichkeit 2: das kleine Update-Skript

Für die meisten kleinen Quick & Dirty-Projekte wird so ein SQL-Skript prinzipiell ausreichend sein. Es werden sicher immer wieder neue Spalten oder Tabellen hinzukommen, aber in der Regel werden Sie es nur mit einem Livesystem zu tun haben, und die Änderungen werden dann doch eher überschaubar ausfallen. Dennoch gibt es eine weitere Möglichkeit, die Entwicklungs- und Live-Datenbanken immer synchron zu halten, die hier vor allem auch deshalb vorgestellt werden soll, da Sie diese Datenbanken ohne jede Probleme von einem Projekt zum nächsten übernehmen können und somit auch durchaus für kleinere Projekte verwenden können.

Das Problem des oben beschriebenen SQL-Skripts ist, dass Sie es nicht ohne nachzudenken ausführen können, ganz egal, in welchem Zustand sich die Datenbank der Anwendung gerade befindet. Insbesondere die `ALTER TABLE`-Befehle würden zu einer endlosen Kette von Fehlermeldungen führen, wenn beispielsweise eine Spalte in einer Tabelle hinzugefügt werden soll, die es dort bereits gibt. Hinzu kommt, dass Sie sich jedes Mal erst umständlich auf den Datenbank-Server einloggen müssen, z. B. über eine träge *PhpMyAdmin*-Oberfläche.

Warum schreiben Sie sich also nicht einfach ein kleines PHP-Skript, das die Aktualisierungen für Sie übernimmt? Ziel soll es sein, ein Update-Skript zu entwickeln, das Sie zu *jedem* Zeitpunkt *komplett* ausführen können. Ganz egal, auf welchem Stand sich die jeweilige Datenbank vor dem Update befunden hat: Danach soll sie vollständig und ohne Fehler aktualisiert sein.

Wir werden dieses Update-Skript in zwei Teile aufteilen: Das Anlegen neuer Tabellen (`CREATE TABLE`) sollten Sie weiterhin über komplette SQL-Befehle erledigen. Denn es ist schlicht zu einfach, diese aus einem Programm wie *SQLyog* zu beschaffen, und zu kompliziert, eine allgemeingültige PHP-Funktion zu schreiben, die für Sie das Anlegen von Tabellen übernimmt. Das Ändern von bereits bestehenden Tabellen sollen von nun an aber PHP-Funktionen erledigen, und zwar für jede Art von Änderung eine eigene Funktion.

Anstatt einen entsprechenden `ALTER TABLE`-Befehl zu entwerfen, erweitern Sie Ihr Update-Skript um einen Aufruf einer solchen Funktion. Legen Sie sich also im obersten Verzeichnis Ihrer Anwendung einen Ordner *update* und darin drei neue Dateien an:

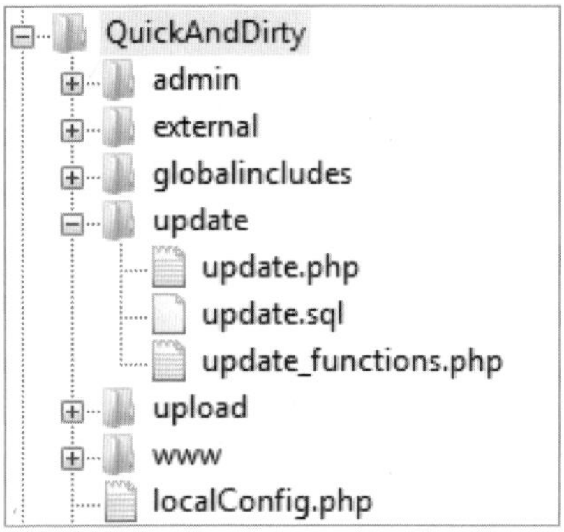


**Bild 9.8:** Die neuen Dateien für unser kleines Update-Skript

*update.php* ist das eigentliche Update-Skript. Es besteht vor allem aus einzelnen Aufrufen von Aktualisierungsfunktionen aus der Datei *update_functions.php. update.sql* ist ein SQL-Skript wie das oben beschriebene; es enthält allerdings ausschließlich SQL-Befehle zum neuen Erstellen von Tabellen. Dieses Skript wird später immer als Erstes ausgeführt. *update_functions.php* schließlich enthält, wie bereits erwähnt, die eigentlichen Update-Funktionen. Diese sind unabhängig vom tatsächlichen Projekt, und Sie können sie daher ohne Probleme von einem Projekt zum nächsten übernehmen. Das klingt zwar alles unnötig kompliziert, ist es aber nicht wirklich, wenn wir uns die drei Dateien ansehen.

```
CREATE TABLE IF NOT EXISTS 'users' (
  'user_id' int(10) unsigned NOT NULL AUTO_INCREMENT,
  'user_name' varchar(255) COLLATE utf8_unicode_ci DEFAULT NULL,
  'user_passwort' varchar(255) COLLATE utf8_unicode_ci DEFAULT NULL,
  PRIMARY KEY ('user_id')
) ENGINE=MyISAM DEFAULT CHARSET=utf8 COLLATE=utf8_unicode_ci;
```

*update/update.sql*

In die Datei *update.sql* schreiben Sie die `CREATE TABLE`-Befehle für alle benötigten Tabellen, auch die, die Sie ganz zu Beginn des Projekts angelegt haben. Achten Sie nur darauf, die Datei bei jedem Befehl den Zusatz `IF NOT EXISTS` zu verwenden, sodass MySQL keine Fehlermeldung erzeugt, wenn Sie versuchen, eine bereits bestehende Tabelle hinzuzufügen:

```
CREATE TABLE IF NOT EXISTS 'users' ( ...
```

Das ist alles. Dieses SQL-Skript führen Sie aber nicht per Hand auf den jeweiligen Datenbanken aus, sondern es wird später auch von Ihrem Update-Skript ausgelesen und abgearbeitet werden. In der Datei *update_functions.php* finden Sie die einzelnen Update-Funktionen für das Anlegen und Löschen von Spalten und das Ändern von Tabelleneigenschaften usw. Außerdem lagern Sie hier die Funktion aus, die zu Beginn des Updates die oben gezeigte Datei *update.sql* ausliest und die dort angegebenen Befehle ausführt.

```
<?

// Update-SQL-Skript ausführen (update.sql)

function execute_update_sql()
{
   global $db;

   $_sql = file_get_contents("update.sql");
   $_sql = explode(";",trim($_sql));

   if (count($_sql)>0) foreach ($_sql as $sql)
   {
      $sql = trim($sql);
      if ($sql=="") continue;

      $db->query($sql);
   }

   update_output('<b>UPDATE-SQL</b> Skript ausgef&uuml;hrt.');
}
// ---------------------------------------------------------------

// Fügt eine Spalte zu Tabelle hinzu

function add_column($table, $column, $definition)
{
   global $db;

   $perform_update=true;

   $sql = "DESCRIBE ".$table;
   $rs = $db->query($sql);
   if (count($rs)>0) foreach($rs as $row)
   {
      // Gibt es die Spalte schon? Wenn ja, dann nichts aktualisieren
      if ($row["Field"]==$column) $perform_update=false;
   }

   if ($perform_update)
```

```
    {
        $sql = "ALTER TABLE ".$table." ADD COLUMN '".$column."'
".$definition;
        $db->query($sql);
        update_output("Tabelle <b>".$table."</b> Spalte <b>".$column."</b>
wurde hinzugef&uuml;gt.", true);
    }
    else
    {
        update_output("Tabelle <b>".$table."</b> Spalte <b>".$column."</b>
wurde nicht hinzugef&uuml;gt. Spalte besteht bereits.", false);
    }
}

// Entfernt eine Spalte aus Tabelle

function drop_column($table, $column)
{
    ... // analog zu add_column
}

...

// weitere Update-Funktionen

...

// ------------------------------------------------

// Ausgabe des Update-Prozesses

function update_output($s, $active=true)
{
    ?>
        <span style="font-family:Verdana; font-size:11px;
color:<?=($active?"#000000":"#BBBBBB")?>">
            &middot; <?=$s?><br />
        </span>
    <?
}

?>
```

*update/update_functions.php*

Die Funktion execute_update_sql() macht nichts anderes, als die Datei *update.sql* auszulesen, die einzelnen SQL-Befehle über explode() am Semikolon (dem Trennzeichen für MySQL-Befehle) in ein Array $_sql aufzuteilen und diese Befehle einen nach dem anderen auszuführen.

Die Funktion add_column() dient dazu, einer Tabelle neue Spalten hinzuzufügen. Zunächst wird überprüft, ob es die Spalte bereits gibt. DESCRIBE <tabelle> liefert Informationen über alle vorhandenen Spalten einer Tabelle zurück. Hier wird überprüft, ob eine Spalte mit dem Namen, der der Funktion über $column als Parameter übergeben wurde, bereits vorhanden ist. Ist das der Fall, wird die Variable $perform_update auf false gesetzt und somit im nächsten Schritt der ALTER TABLE-Befehl nicht ausgeführt. Es kann so also zu keiner Fehlermeldung mehr kommen. Ist $perform_update jedoch wahr, wird der entsprechende SQL-Befehl aus den drei übergebenen Parametern zusammengestellt, wobei der Parameter $definition alle weiteren Angaben zu der hinzuzufügenden Spalte enthält.

Völlig analog zu dieser Funktion können Sie nun beliebige weitere erstellen. Eine erste wäre die hier nur angedeutete Funktion drop_column(), die eine Spalte entfernen soll. Hier würden Sie zunächst überprüfen, ob es die Spalte überhaupt gibt, und sie nur in einem solchen Fall auch tatsächlich entfernen.

Zuletzt soll uns unser Update-Skript auch bitte noch darüber informieren, was es denn gerade tatsächlich gemacht hat. Sie könnten einfach in jeder Funktion per echo etwas ausgeben lassen. Hier haben wir aber eine kleine Output-Funktion geschrieben, die im Moment allerdings noch nicht mehr macht, als die Ausgabe ein wenig schick zu formatieren und farblich zu kennzeichnen, ob eine Änderung durchgeführt wurde oder nicht (je nachdem ob $active true oder false ist).

Schauen wir uns jetzt die letzte Datei an (*update.php*), dann werden Sie sehen, dass das Anlegen und Erweitern Ihres Update-Skripts letztendlich ausgesprochen einfach und schnell erledigt ist.

```
<?require("../globalincludes/GLOBALINCLUDES.php")?>
<?require($basedir."/update/update_functions.php")?>
<?
// Update  - SQL-Skript

execute_update_sql();

// Einzelne Update-Schritte

// 24.07.2009 - Neue Spalte für entries-Teaser und Nutzer-ID

add_column("entries", "entry_teaser", "TEXT AFTER entry_subtitle");
```

```
add_column("entries", "entry_nutzer_id", "int NULL");

// 27.07.2009 - Neue Spalten für User-E-Mail und -Geburtstag

add_column("users", "user_email", "varchar(255)");
add_column("users", "user_birthday", "date");

?>
```

*update/update.php*

Wir verzichten hier auf allen unnötigen Schnickschnack, ja sogar auf eine korrekte HTML-Seite. Diese Seite ist nur für Sie und auch nur für das Aktualisieren der Datenbanken gedacht. Sie können sie noch schöner machen, wenn Sie möchten, aber diese Seite braucht das eigentlich nicht.

Was aber passiert hier? Zunächst werden wieder alle benötigten Dateien eingebunden. Über die Datei *GLOBALINCLUDES.php* steht somit vor allem in der Variablen `$db` sofort eine aktive Datenbankverbindung zu der zu aktualisierenden Datenbank zur Verfügung. Als Allererstes rufen Sie die Funktion `execute_update_sql()` auf, die die Befehle in der Datei *update.sql* ausführt. Diese Zeile sollte immer dort stehen und auch bei jedem neuen Projekt dort bleiben. Es folgen die einzelnen Aktualisierungen der Datenbanktabellen. Wenn Sie es besonders schön machen wollen, dann schreiben Sie wie hier noch einen kleinen Kommentar dazu, wann und warum diese Updates eingefügt wurden.

Die Beispiele hier sollten schnell ersichtlich machen, wie genau Sie die oben beschriebenen Funktionen aufrufen:

```
add_column("entries", "entry_teaser", "text AFTER entry_content");
```

Der erste Parameter ist die zu ändernde Tabelle. Der zweite Parameter beinhaltet den Namen der hinzuzufügenden Spalte. Der dritte Parameter schließlich enthält sämtliche Daten, die MySQL zu Erstellung der neuen Tabellenspalte benötigt. Dieser dritte Parameter würde bei der Funktion `drop_column()` natürlich entfallen:

```
drop_column("entries", "entry_teaser");
```

Wenn es in Zukunft neue Änderungen an der Datenbank gibt, dann erweitern Sie die Liste der hier aufgerufenen Befehle einfach um weitere und führen das neue Update-Skript (*update/update.php*) auf allen Systemen aus. Beim ersten Aufruf sähe das Ergebnis dann so aus:

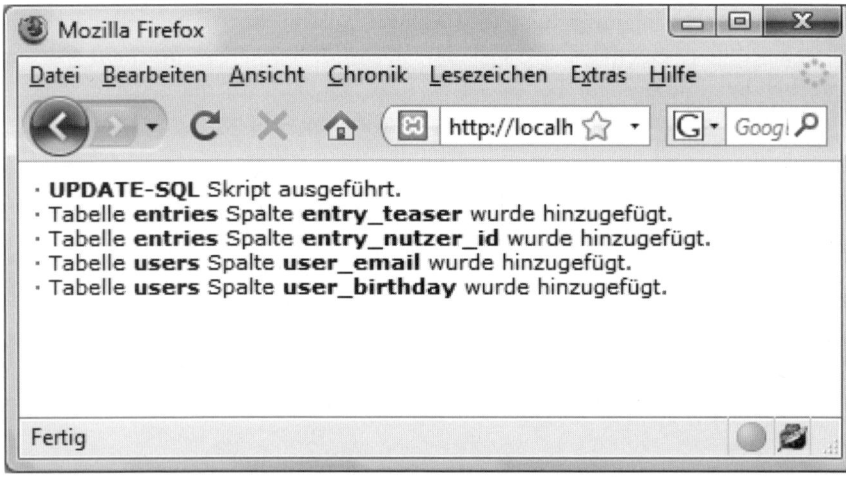


**Bild 9.9:** Aktualisierung abgeschlossen, alle neue Tabellen und Spalten sind vorhanden.

Würden Sie jetzt das Update-Skript noch einmal ausführen, so würde es zu keinen Fehlermeldungen mehr kommen, sondern das Update-Skript würde Sie ordentlich informieren:

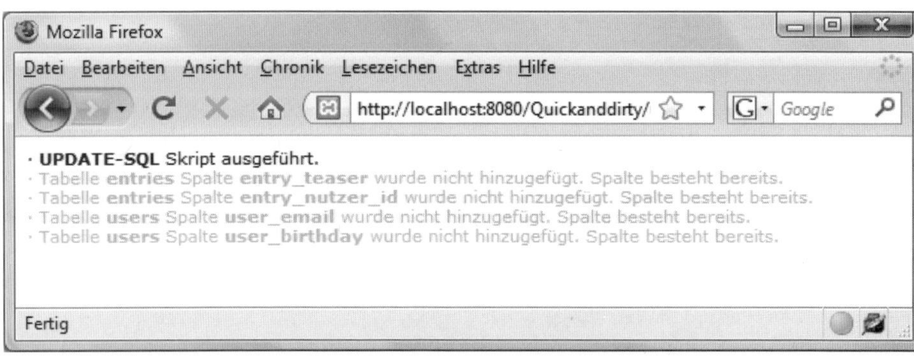


**Bild 9.10:** Alle Spalten sind schon vorhanden – es gibt nichts zu tun!

Halten Sie sich zum Abschluss noch einmal die Vorteile eines solchen kleinen Skripts vor Augen: Sie müssen sich nicht umständlich erst auf jedem Datenbankserver einloggen, um dann dort händisch die SQL-Befehle auszuführen. Sie müssen sich niemals merken, auf welchem Stand sich ein System gerade befindet. Sie können das Update-Skript zu jedem Zeitpunkt ohne Probleme ausführen. Insbesondere wenn Ihre Anwendung auf mehr als einem Server läuft, gibt Ihnen eine solche Vorgehensweise ein deutlich sichereres und saubereres Gefühl als das händische Anpassen jeder einzelnen Datenbank.

Natürlich werden Sie nicht immer nur Tabellen und Spalten hinzufügen oder löschen wollen. Erweitern Sie in einem solchen Fall einfach Ihre Datei *update_functions.php* um die entsprechenden Funktionen. Benötigen Sie die Möglichkeit, die genauen Eigenschaften einer Tabellenspalte zu ändern, so könnte das so aussehen:

```
...

// Ändert Spalteneigenschaften in einer Tabelle

function change_column($table, $column, $change)
{
   global $db;

   $perform_update=false;

   $sql = "DESCRIBE ".$table;
   $rs = $db->query($sql);
   if (count($rs)>0) foreach($rs as $row)
   {
      if ($row["Field"]==$column) $perform_update=true;
   }

   if ($perform_update)
   {
      $sql = "ALTER TABLE ".$table." CHANGE '".$column."' '".$column."'
".$change;
      $db->query($sql);
      update_output("Tabelle <b>".$table."</b> Spalte <b>".$column."</b>
wurde ge&auml;ndert: ".$change.".", true);
   }
   else
   {
      update_output("Tabelle <b>".$table."</b> Spalte <b>".$column."</b>
wurde nicht ge&auml;ndert. Spalte existiert nicht (mehr).", false);
   }
}

...
```

*update/update_functions.php*

Sie können auch eine Funktion zum Hinzufügen eines Indizes einbauen:

```
...

// Fügt Index zu Tabelle hinzu

function add_index($table, $name, $column)
{
   global $db;

   $perform_update=true;

   $sql = "SHOW INDEX FROM ".$table;
   $rs = $db->query($sql);
   if (count($rs)>0) foreach($rs as $row)
   {
      if ($row["Key_name"]==$name) $perform_update=false;
   }

   if ($perform_update)
   {
      $sql = "ALTER TABLE ".$table." ADD INDEX '".$name."' (".$column.")";
      $db->query($sql);
      update_output("Tabelle <b>".$table."</b> Index <b>".$name."</b>
hinzugef&uuml;gt.", true);
   }
   else
   {
      update_output("Tabelle <b>".$table."</b> Index <b>".$column."</b>
wurde nicht hinzugef&uuml;gt. Index mit diesem Namen besteht bereits.",
false);
   }
}

...
```

*update/update_functions.php*

Es geht aber noch weiter. Sie müssen Ihr Update-Skript nicht auf Aktualisierungen der Datenbank beschränken.

Sie können hier auch gänzlich andere Änderungen unterbringen, wie beispielsweise das Hinzufügen von neuen Dateiordnern:

```
<?require("/../globalincludes/GLOBALINCLUDES.php")?>
<?require($basedir."/update/update_functions.php")?>
<?
// Update  - SQL-Skript
execute_update_sql();

// Einzelne Update-Schritte

// 24.07.2009 - Neue Spalte für entries-Teaser und Nutzer-ID

add_column("entries", "entry_teaser", "TEXT AFTER entry_subtitle");
add_column("entries", "entry_nutzer_id", "int NULL");

// 27.07.2009 - Neue Spalten für User-E-Mail und -Geburtstag

add_column("users", "user_email", "varchar(255)");
add_column("users", "user_birthday", "date");

// 30.07.2009 - Neues Verzeichnis für User-Bilder

@mkdir($basedir.'/www/img/userimages/');
update_output("Ordner userimages wurde angelegt.");

?>
```

*update/update.php*

Hier nebenbei ein kleiner Trick für das Anlegen von Verzeichnissen: Das Zeichen »@« vor einem PHP-Befehl unterdrückt eventuell aufkommende Fehlermeldungen. Sie sollten diese Funktionalität ausgesprochen sparsam einsetzen, denn im Allgemeinen haben Fehlermeldungen ja durchaus ihren Sinn (auch wenn sie eigentlich niemand sehen will). Bei der Funktion `mkdir()` zum Anlegen eines Verzeichnisses wird es in der Regel aber nur dann zu einer Fehlermeldung kommen, wenn es den jeweiligen Ordner bereits gibt. Wenn Sie also den Klammeraffen vor die `mkdir()`-Funktion schreiben, heißt das im Prinzip: »Lege das Verzeichnis an, und wenn es das Verzeichnis bereits gibt, dann halte bitte den Mund« – also genau das, was wir hier brauchen. Nicht unbedingt schön, aber quick & dirty, und es erfüllt seine Aufgabe. Was wollen wir mehr?

Sie können Ihr Update-Skript beliebig erweitern. Aber übertreiben Sie es nicht. Versuchen Sie, es einfach und überschaubar zu halten. Wie allen anderen Funktionen und Klassen, die Sie selbst schreiben, müssen Sie auch diesem Skript immer und absolut vertrauen können. Wenn Sie ihm nicht vertrauen, werden Sie es nicht benutzen, und Sie können sich die ganze Arbeit auch gleich sparen.

# 10 Seek & Destroy

## Fehler finden und beheben

Es gibt keine fehlerfreie Software. Auch wenn das wie eine ziemlich billige Ausrede für eine schlechte Programmierung klingt, so ist dieser Satz dennoch leider wahr. Genauso wie Sie nirgends eine absolut sichere Programmierung finden werden, so gibt es leider auch keine ohne Fehler. Diese sollten Sie im Gegensatz zur Sicherheit Ihrer Webseiten jedoch unter keinen Umständen bewusst in Kauf nehmen. »Es gibt keine fehlerfreie Software« bedeutet daher eigentlich genauer: »Es gibt keine Software, bei der bereits alle Fehler gefunden und behoben wurden.« Und somit sind die Suche und das Beheben von Problemen und Fehlern ein kontinuierlicher, aber nichtsdestoweniger ausgesprochen nervenaufreibender Prozess.

**Tipp**
Schaffen Sie sich Mittel und Wege, um die immer wieder auftretende Suche nach Fehlern und die Beschaffung von Informationen so effektiv und schnell wie möglich zu machen.

Es geht hier weniger um einfache PHP-Fehler, die in der Regel schnell gefunden und behoben sind, sondern vielmehr um Fehler im Ablauf und in der Logik des Programms. Ein Blog-Eintrag kann plötzlich nicht mehr gespeichert werden, oder die Reihenfolge der Einträge auf der Webseite stimmt nicht mehr. Die Lösung eines solchen Problems hängt immer sehr stark von der tatsächlichen Programmierung ab. Die Vorgehensweisen, um den Fehler selbst zu finden, also die Stelle, an der das Programm nicht (mehr) so arbeitet, wie es eigentlich sollte, sind jedoch meist sehr ähnlich, und mit ein wenig Erfahrung und Wissen können Sie hier eine Menge Zeit sparen. Man kann sogar durchaus behaupten, dass sich schnelle und langsame Entwickler weniger in der Geschwindigkeit ihrer eigentlichen Programmierung unterscheiden, sondern vielmehr in der Geschwindigkeit, mit der sie Fehler finden. Denn hier kann es durchaus passieren, dass der eine wenige Minuten und der andere ein paar Stunden braucht, um ein und dasselbe Problem zu analysieren und schließlich zu beheben.

Beschäftigen Sie sich also eingehend mit diesem Thema, auch wenn dies sicher kein Bereich der Programmierarbeit ist, für den Orden verteilt werden. Sich intensiv mit der Fehlerfindung auseinanderzusetzen bedeutet ja, sich erst einmal einzugestehen, dass man überhaupt Fehler macht. Natürlich sollten Sie am besten von vornherein versuchen, Fehler zu vermeiden, aber akzeptieren Sie, dass Ihnen trotzdem Fehler unterlaufen werden – sogar viele Fehler, und das ist überhaupt kein Problem. Ein Problem wird daraus, wenn Sie irgendwann für die Suche nach einem solchen Patzer länger brauchen, als Sie für eine komplette Neuprogrammierung benötigt hätten.

## 10.1 Prinzipielles Vorgehen bei der Fehlersuche

Auch wenn Sie wohl selten die Muße und Ruhe haben, es aus diesem Blickwinkel zu betrachten, so ist die Fehlersuche in einem Programm immer ein wenig wie ein spannender Kriminalfall. Sie haben eine Leiche vor sich liegen und müssen nun in die Fußstapfen von Sherlock Holmes treten und herausfinden, wie es zu dem Verbrechen gekommen ist und wo alles seinen Anfang genommen hat. (Und im Gegensatz zu dem berühmten Detektiv aus London haben Sie sogar die Möglichkeit, das Problem zu beheben und die unglückliche Leiche wieder ins Leben zurückzuholen.) Verfolgen Sie den genauen Ablauf der Ereignisse zurück, Schritt für Schritt: An welcher Stelle im Programm ist noch alles in Ordnung, wo stimmt es nicht mehr? Welche Datei ist tatsächlich verantwortlich? Welchen Weg geht die Information? Wo kommt sie her? Wie ist sie dort hingekommen, und was ist in der Zwischenzeit passiert? Schränken Sie den Weg der Information immer weiter ein, bis Sie den Übeltäter gefunden und dingfest gemacht haben. Für viele PHP-Anwendungen sieht dieser Weg der Information prinzipiell so aus:

```
Dateneingabe => Datenbank => Datenausgabe => Quelltext
```

Natürlich ist es in der Tiefe deutlich komplexer, aber hier können Sie den Bereich, in dem Sie suchen müssen, bereits deutlich einschränken: Wenn bei der Datenausgabe im Browser (beispielsweise der Blog-Webseite) etwas nicht mehr stimmt, sollten Sie sich fragen: Sind die Daten in der Datenbank überhaupt noch in Ordnung? Wenn nicht: Funktioniert die Eingabe der Daten noch korrekt (beispielsweise die Blog-Administration)? Wenn die Daten in der Datenbank noch einwandfrei sind, dann muss etwas bei der Ausgabe schieflaufen usw. Unterschätzen Sie in dieser Kette vor allem das Ende nicht: den Quelltext im Browser. Wenn etwas in einer Webseite nicht funktioniert, dann bedeutet das in letzter Konsequenz, dass mit der Anzeige im Browser und somit im HTML-Quelltext etwas nicht stimmt. Auch wenn die tatsächliche Ursache des Problems höchstwahrscheinlich in der PHP-Programmierung liegt, so wird dieser Fehler dennoch dort seine Spuren hinterlassen. Wie der bereits angeführte Sherlock Holmes aus der Untersuchung des Tatorts können Sie daher sehr oft schon eine ganze Menge allein aus der Betrachtung des Quelltextes lernen.

Schränken Sie den Ort des Verbrechens immer weiter ein, bis Sie wissen: Aha, hier in dieser Datei, in diesem Schritt muss der Fehler passiert sein. Hierzu kann oft ein einfaches `echo`-Kommando zur Ausgabe des Inhalts einer Variablen völlig ausreichend sein. Manchmal werden Sie aber etwas mächtigere Werkzeuge benötigen. Daher sollen nun zunächst einige kleine und größere Tools vorgestellt werden, die Ihnen diese Suche erleichtern können.

## 10.2 Werkzeuge zur Fehlersuche

Die Entwicklungsumgebungen für die meisten »großen« Programmiersprachen wie C++ oder Java erlauben das Debugging mithilfe von zahlreichen Werkzeugen. Diese ermöglichen es Ihnen beispielsweise, Ihrer Programmierung Schritt für Schritt bei der Arbeit zuzusehen, sie an jeder Stelle anzuhalten und den Zustand jeder Variablen zu untersuchen. Diesen Luxus haben Sie bei PHP in der Regel nicht. Zwar gibt es auch hier Software, die Ihnen diese Möglichkeiten bietet. Aber fast nie werden Sie bei einem Quick & Dirty-Projekt die Zeit oder die Ressourcen haben, eine solche Software tatsächlich auch zu benutzen. Sie müssen also schon selbst dafür sorgen, dass Sie Ihre Programmierung möglichst einfach und geschickt untersuchen und bei der Arbeit beobachten können.

So reduziert sich die Arbeit beim Umgang mit Fehlern fast immer auf zwei Arten von Informationen, die Sie möglichst schnell herausfinden wollen: Was steht zu einem bestimmten Zeitpunkt gerade in einer bestimmten Variablen? Und: Welchen Weg geht die Programmierung eigentlich? All diese Werkzeuge dienen ausschließlich dazu, einen Fehler zu *finden*. Kein Programm der Welt kann Ihnen dabei behilflich sein, einen Fehler tatsächlich zu *beheben*, dazu sind diese einfach zu vielfältig und unterschiedlich. Ausnahmen sind reine PHP-Fehler, bei denen Ihnen die ausgegebene PHP-Fehlermeldung natürlich durchaus einen Hinweis auf die Ursache und damit Hilfe zur Lösung des Problems liefern kann.

Als Beispiel betrachten wir nun die Administration der Inhalte unseres kleinen Blogs aus Kapitel 6 (werfen Sie vielleicht noch einmal einen Blick auf die Programmierung). Alles lief wunderbar, doch plötzlich haben Sie einen aufgebrachten Kunden am Telefon: Es ist einfach nicht mehr möglich, Einträge zu speichern.

**Bild 10.1:** Was ist da los? Sie haben doch gerade etwas eingegeben und gespeichert!?

Sie geben neue Texte in das Formular ein, klicken auf *Speichern*, und nichts geschieht. Das Formular wird zwar abgeschickt, aber der neue Eintrag erscheint nicht in der Liste der bestehenden Inhalte. Was ist passiert, und welche Hilfsmittel können Ihnen jetzt helfen, den Fehler so schnell wie möglich aufzuspüren?

**Die verantwortliche Datei finden**

In diesem Fall hier ist es sehr einfach, die Datei zu finden, in der das Problem zu suchen ist. Sie werfen einen Blick auf die Adresse im Browser und sehen, dass es sich um die Datei *entries.php* im Ordner *admin* handelt. Wenn Sie sich die Programmierung dieser Datei näher ansehen, erkennen Sie sofort, dass Sie hier und nirgends anders suchen müssen.

Leider ist das manchmal nicht ganz so einfach. Gerade wenn Sie eine verschachtelte Anwendung haben, die vielleicht nicht einmal von Ihnen selbst entwickelt wurde, kann es schwierig sein, die richtige Datei zu finden. Diejenige, die Sie in der URL sehen, dient nur dazu, Dutzende weitere einzubinden, die wiederum andere Dateien einschließen usw.

Sie können versuchen, den exakten Weg aller `require()`- und `include()`-Anweisungen zu folgen – oder Sie machen es ganz einfach: Suchen Sie in allen Dateien nach einem Begriff, den Sie im Browser sehen. Dieses Vorgehen erscheint so simpel, dass man es oft vergisst. In unserem Fall würden Sie beispielsweise Notepad++ in allen Dateien der Anwendung nach den Worten »Inhalte anlegen/editieren« suchen lassen. Innerhalb weniger Sekunden wüssten Sie, in welcher Datei die Programmierung für die Blog-Einträge zu finden ist.

### 10.2.1 echo und echo_r, die und die_r

Halten Sie es einfach, wenn es einfach geht. Nutzen Sie im Alltag die einfachsten und direktesten Wege, wenn diese am schnellsten zum Ziel führen. Wenn Sie nur wissen möchten, welchen Wert eine bestimmte Variable hat, dann geben Sie diesen mit `echo` aus. Fertig!

Bei unserem kleinen Problem der nicht gespeicherten Blog-Einträge wäre die erste Frage: Wird die entsprechende `switch`-Anweisung zum Speichern der Daten überhaupt ausgeführt (das Programm müsste in den Zweig `case 'add'` springen)? Schreiben Sie eine `echo`-Anweisung an die entsprechende Stelle, um zu sehen, ob dieser `case`-Zweig ausgewählt wird. Dieser Weg mag nicht besonders schick sein, aber es ist zweifelsohne die einfachste Art und Weise, herauszufinden, ob ein Teilstück des Quellcodes tatsächlich abgearbeitet wird.

```
<?
...

switch ($formaction)
{
   // Neuen Eintrag hinzufügen / Eintrag editieren
   case 'add':
      echo "!!!";

...
```

*admin/entries.php*

Sollte das Programm diesen Zweig durchlaufen, finden Sie nach dem Abschicken des Formulars ganz oben in Ihrem Browser drei Ausrufezeichen. Leider finden Sie diese in unserem Fall nicht. Es scheint, als würde das Programm den entsprechenden Zweig der `switch`-Anweisung nicht ausführen. Sollte die Variable `$formaction` den falschen Wert haben? Hier brauchen Sie immer noch nicht mehr als das simple `echo`.

```
<?
...

echo "_".$formaction."_";

switch ($formaction)
{
   // Neuen Eintrag hinzufügen / Eintrag editieren
   case 'add':
...
```

*admin/entries.php*

Das einzige Problem bei einer solchen Ausgabe über ein einfaches `echo` tritt auf, wenn die anzuzeigende Variable völlig leer ist. Dann werden Sie natürlich auch nichts im Browser sehen, wenn Sie nur diese Variable ausgeben. Das kann zu Verwirrung führen, wenn Sie sich fragen, ob die Variable nun wirklich leer ist oder ob Sie sie im Moment einfach nur nicht sehen (auch das kann durchaus passieren). Gewöhnen Sie sich daher an, nicht nur die Variable auf dem Bildschirm anzuzeigen, sondern auch immer ein Zeichen davor und dahinter. In diesem Fall nehmen wir einfach zwei Unterstriche »_«. Bei unserem aktuellen Problem war das auch eine sehr gute Idee, denn so sieht es im Browser nach dem Abschicken des Formulars jetzt aus:

**Bild 10.2:** Nur zwei Unterstriche werden angezeigt. Das ist zu wenig. (Falls Sie die Striche suchen: Sie sind ganz links oben.)

Die Variable `$formaction` scheint nach dem Abschicken völlig leer zu sein. Folgen wir dem »Weg der Information« weiter: Wo kommt der Wert dieser Variablen eigentlich her? Hier lautet die Antwort: aus dem `$_REQUEST`-Array und damit aus den Formulardaten, die für diese Variable über ein `hidden`-Feld am Ende des Skripts gesetzt werden. Und ein Blick hierauf entlarvt auch schon den Quell des Übels:

```
<?
...

<input type="hidden" name="formction" value="add" />
<input type="hidden" name="formobject" value="<?=$formobject?>" />

<? require("inc/foot.php")?>
```

*admin/entries.php*

Ein simpler Schreibfehler hat zu dem Problem geführt: Aus `formaction` ist `formction` geworden, und schon funktioniert gar nichts mehr. Sie haben in diesem Fall nicht mehr gebraucht als ein einfaches `echo`, um den Fehler zu finden. Korrigieren Sie den Schreibfehler, und die Welt Ihres Blogs sollte wieder in Ordnung sein.

Aber offenbar meint das Schicksal es diesmal nicht gut mit Ihnen. Denn nachdem Sie das eine Problem gelöst haben, wartet schon das nächste auf Sie: Es werden alle Inhalte gespeichert, jedoch bleibt der Titel des Eintrags (`entry_title`) seltsamerweise leer. Auf die oben beschriebene Art und Weise stellen Sie schnell fest, dass Ihr Programm jetzt, so wie erwartet, dem entsprechenden `add`-Zweig der `switch`-Anweisung folgt. So weit, so gut. Warum wird der Titel dann nicht gespeichert, wohl aber alle anderen Daten? Der erste Weg ist jetzt, sich einmal anzuschauen, welcher SQL-Befehl an die Datenbank geschickt wird. Hier lassen Sie sich ganz einfach die Variable `$sql` ausgeben. In diesem Fall stellen Sie jedoch nur fest, dass in der Tat das Feld für den Titel leer ist.

```
INSERT INTO entries SET entry_title='', entry_subtitle='test',
entry_content='test' , entry_date='2009-08-23 11:44:15'
```

Stimmt vielleicht etwas mit den Daten selbst nicht? Hier stößt der `echo`-Befehl dann doch an seine Grenzen. Sie speichern die Informationen aus dem Formular in dem Array `$data`, und wenn Sie dieses einfach per `echo` ausgeben lassen, würde Ihnen nur ein richtiges, wenn auch nicht sehr hilfreiches »Array« als Ausgabe präsentiert werden.

**Bild 10.3:** Gut, dass es ein Array ist, da wussten wir auch schon vorher.

Wie bereits in Kapitel 4 beschrieben, können Sie sich sehr schnell eine eigene kleine Funktion schreiben, die Ihnen hier weiterhilft: `echo_r()`.

Sie sollten eine solch wichtige Funktion in Ihre Datei *FUNCTIONS.php* im Ordner *globalincludes* schreiben und diese Datei in Ihrer *GLOBALINCLUDES.php* immer einbinden. Somit stehen Ihnen wichtige Funktionen wie `echo_r()` jederzeit zur Verfügung.

```
<?

function echo_r($x)
{
   echo "<pre>".print_r($x,true)."</pre>";
}

?>
```

*globalincludes/FUNCTIONS.php*

Rufen Sie diese Funktion in Ihrem Quelltext auf, und lassen Sie sich so den Inhalt des Arrays `$data` ausgeben.

```
<?require("../globalincludes/GLOBALINCLUDES.php")?>
<?
   $formaction = $_REQUEST["formaction"];
   $formobject = $_REQUEST["formobject"];
   $data      = $_POST["data"];
echo_r($data);
```

```
    switch ($formaction)
    {

...
```

*admin/entries.php*

Es ist sehr hilfreich, solche Debug-Anweisungen, die Sie nur für einen kurzen Moment benötigen, immer so in den Quelltext zu schreiben, dass Sie sie sofort und schnell wiederfinden können. Gerade bei längeren Quelltexten und komplizierten Fehlersuchen kann es sonst leicht passieren, dass Sie im Browser immer noch lästige Debug-Ausgaben sehen, aber die Stelle, an der diese erzeugt werden, nicht mehr finden können. Hier lösen Sie das Problem einfach, indem Sie die `echo_r()` Anweisung nicht so einrücken wie den restlichen Quelltext. In jedem Fall erhalten Sie jetzt eine Ausgabe, die Ihnen schon deutlich mehr helfen wird:

**Bild 10.4:** Aha, das steht also im Array drin.

Sie sehen jetzt sofort, dass zwar der von Ihnen eingegebene Inhalt übernommen wurde, dass aber irgendetwas mit dem Index `entry_title` nicht stimmt. Wo kommen diese Hochkommata her? Sollte da auch etwas mit dem Formularfeld nicht stimmen?

Und in der Tat:

```
...

<label>Titel:</label><input type="text" name="data['entry_title']"
id="data[entry_title]" value="<?=$db->str_unesc($data['entry_title'])?>"
/><br /><br />

...
```

*admin/entries.php*

Wie schon in Kapitel 5 beschrieben, funktioniert diese Schreibweise mit Hochkommata nicht, und Sie können die Daten, die in ein solches Inputfeld eingetragen werden, nicht auf die gewohnte Weise verwenden. Nachdem Sie also den Namen des Input-Feldes angepasst haben, können Sie zufrieden feststellen, dass Ihre Anwendung endlich wieder so funktioniert, wie sie soll. (Jetzt müssen Sie nur noch herausfinden, wer verdammt noch mal da an Ihrer Programmierung rumgefummelt hat.)

Hin und wieder wird es vorkommen, dass Sie sich zwar den Inhalt einer Variablen anzeigen lassen möchten, jedoch nicht unbedingt wollen, dass das Programm weiter ausgeführt wird. In unserem Beispiel hätten Sie allein beim Testen der Anwendung sicher mehrere »Test«-Einträge in den Blog geschrieben, bis Sie herausgefunden hätten, wo der eigentliche Fehler liegt – alles ungewollte Einträge ohne Titel und mit höchstwahrscheinlich ausgesprochen sinnlosem Inhalt. In einem solchen Fall kann es helfen, anstelle des `echo`-Befehls den ein wenig brutal klingenden Befehl `die()` (zu Deutsch: »Stirb!«) zu verwenden. Dieser gibt die ihm übergebene Variable aus, beendet dann aber sofort jede weitere Ausführung des Programms (und es käme somit hier zu keinen ungewollten Einträgen in der Datenbank). Sie könnten sich eine Funktion basteln, die Ihnen vor dem virtuellen Tod Ihrer Anwendung wie `echo_r()` deutlich mehr Informationen über diese liefert:

```
<?
...

function die_r($x)
{
   echo "<pre>".print_r($x,true)."</pre>";
   die();
}

...
?>
```

*globalincludes/FUNCTIONS.php*

Die Ausgabe sieht entsprechend schlicht aus, da die gesamte eigentliche Seite nicht mehr angezeigt wird, aber manchmal ist es auch einfach genau das, was Sie wollen:

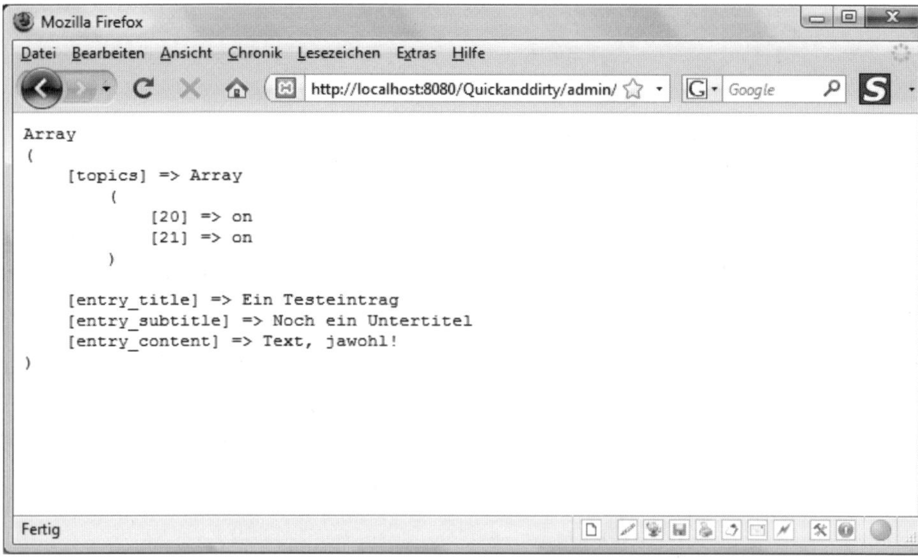


**Bild 10.5:** `die_r()` in Aktion. Die Variable wird ausgegeben, und dann ist Schluss.

## 10.2.2 Das Debug-Panel

Die Verwendung von einfachen Funktion wie `echo` oder `echo_r()` reicht oftmals völlig aus und wird immer wieder ein Mittel für Sie sein, schnell und vor allem einfach an Informationen bezüglich Ihres Programms zu kommen. Dennoch ist die Fehlersuche ein so häufig auftretender Vorgang, dass Sie sich durchaus Gedanken darüber machen sollten, wie Sie diesen noch weiter vereinfachen oder verallgemeinern können. Sie werden sich immer wieder Fragen stellen wie »Welche Daten befinden sich gerade im `$_POST`-Array?« oder »Welche SQL-Befehle wurden eigentlich abgeschickt?«. Daher soll hier ein kleines Programm vorgestellt werden, das es Ihnen ermöglicht, all diese Informationen zu jedem Zeitpunkt in gebündelter und gut lesbarer Form abrufen zu können. Ziel soll es sein, eine Funktionalität zu schaffen, die es Ihnen erlaubt, an beliebiger Stelle im Programm Daten zu sammeln und diese nicht wie bisher einfach irgendwo im Quelltext ausgeben zu lassen, sondern zusammengefasst in einer zentralen Übersicht. Sie müssen also Ihrem Debug-Programm zu Beginn Ihrer Skripte sagen: »Jetzt fang an zu sammeln« und am Ende des Skripts: »Jetzt zeig mir alles, was du gesammelt hast«.

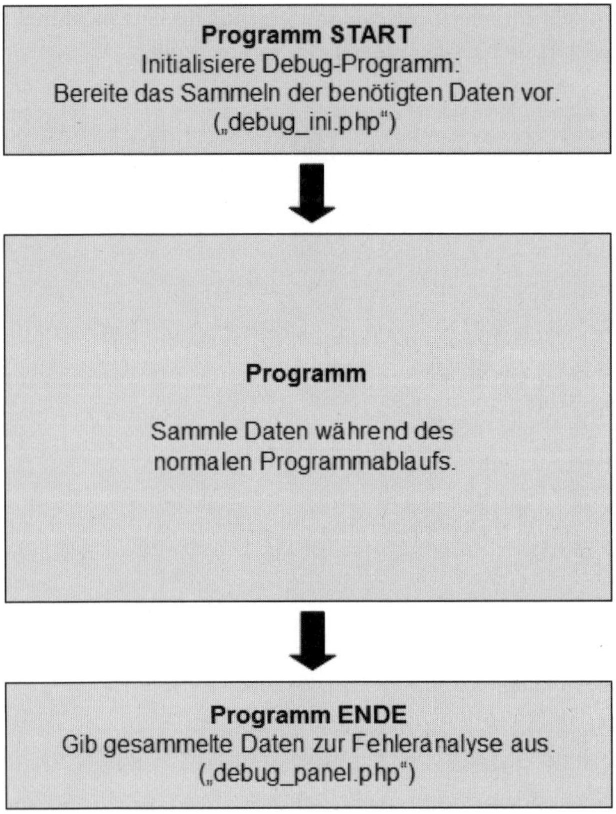


**Bild 10.6:** Schema eines Debug-Programms

Ein guter Startpunkt innerhalb Ihrer Programmierung ist wie immer die Datei *GLOBALINCLUDES.php*, denn diese wird ganz zu Beginn eines jeden Skripts ausgeführt. Binden Sie hier eine Datei ein, die die Vorarbeit für das Sammeln der Debug-Ausgaben erledigen soll, nennen wir sie *debug_ini.php*:

```
<?
...

$localhost = $_SERVER['HTTP_HOST'] == 'localhost:8080';

// Nur einbinden, wenn auf Entwicklermaschine
if ($localhost) require($basedir."/globalincludes/debug_ini.php");

...
?>
```

*globalincludes/GLOBALINCLUDES.php*

```
<?

// Nur wenn diese ini-Datei eingebunden wurde, sollen Debug-Funktionen
ausgeführt werden
$debug_is_active = true;

// Array für das Sammeln von Variablen-Inhalten
$debug_var_collector = array();

function debug($x)
{
   global $debug_var_collector;

   $backtrace = debug_backtrace();

   $debug_var_collector[] = array(
                'file' => $backtrace[0]['file'],
                'line' => $backtrace[0]['line'],
                'args' => $backtrace[0]['args'][0]
            );
}
?>
```

*globalincludes/debug_ini.php*

Sie sollten Ihre Debug-Funktionen nur dann nutzen, wenn Sie auf Ihrem lokalen Rechner arbeiten. Für den Nutzer der tatsächlichen Webseite sind sie sicher nicht bestimmt. Daher binden Sie die Debug-Datei nur ein, wenn `$localhost` wahr ist. Die Datei *debug_ini.php* selbst besteht im Moment nur aus zwei Variablen und einer Funktion, die als Ersatz für `echo_r()` dienen soll. `$debug_is_active` gibt allen weiteren Funktionen nur an, dass die Debug-Funktionalität tatsächlich aktiv ist und die *debug_ini.php* eingebunden wurde. In `$debug_var_collector` sollen nun alle zu betrachtenden Variablen und ihre Werte gespeichert werden. Das tatsächliche Sammeln geschieht in der Funktion `debug()`. Diese nutzt die PHP-Funktion `debug_backtrace()`, die uns schon in Kapitel 4 bei der Ausgabe von Datenbankfehlern geholfen hat.

Es soll jetzt nicht genauer auf alle Funktionalitäten von `debug_backtrace()` eingegangen werden. Es sei nur gesagt, dass diese Funktion eine Menge an Informationen über den Programmablauf Ihres Skriptes in Form eines Arrays zurückliefert.

Wird `debug_backtrace()` aus einer Funktion (hier `debug()`) aufgerufen, so finden Sie dort den Namen der Datei, in der der Aufruf der Funktion steht (`$backtrace[0]['file']`), die Zeile, in der die Funktion aufgerufen wurde (`$backtrace[0]['line']`), und den Inhalt aller Variablen, die dieser Funktion als Parameter übergeben wurden (`$backtrace[0]['args'][0]` – deren Werte stehen ihrerseits wieder in einem Array. Da wir hier aber nur eine Variable übergeben wollen, greifen Sie einfach auf das `[0]`-Element zu). Diese Daten, die uns `debug_backtrace()` liefert, werden nun einfach in dem Array `$debug_var_collector` gesammelt, sodass Sie sie am Ende Ihres Skripts zusammen anzeigen können.

Wie sieht aber die eigentliche Ausgabe nun aus? Hier können Sie Ihrer Fantasie freien Lauf lassen. Es empfiehlt sich, eine Art und Weise zu wählen, die es Ihnen ermöglicht, die Debug-Informationen nur dann wirklich aufgelistet zu sehen, wenn Sie sie auch tatsächlich brauchen. Legen Sie eine Datei *debug_panel.php* in Ihrem *globalincludes*-Ordner an, und geben Sie in ihr die gesammelten Informationen aus. Das könnte beispielsweise ganz simpel so aussehen:

```
<div style="position:absolute;z-index:9999;left:0px;top:0px;background-
color:#fff;border:2px solid #ff0000;padding:10px">

   <a href="javascript:void(0)" onClick="if
(document.getElementById('debug_panel').style.display=='block')
document.getElementById('debug_panel').style.display='none';else
document.getElementById('debug_panel').style.display='block'">DEBUG PANEL
EIN/AUSBLENDEN</a><br />

   <table border="1" id="debug_panel" style="display:none;margin-top:10px">
      <tr>
         <td><b>Gesammelte Variablen</b></td>
         <td>
            <table border="1">
               <tr>
                  <th>Datei</th>
                  <th>Zeile</th>
                  <th>Variable</th>
               </tr>
               <?if (count($debug_var_collector)>0)
foreach($debug_var_collector as $debug) {?>
                  <tr>
                     <td><?=$debug['file']?></td>
                     <td><?=$debug['line']?></td>
                     <td><?echo_r($debug['args'])?></td>
                  </tr>
               <?}?>
```

```
            </table>
        </td>
    </tr>
  </table>

</div>
```

*globalincludes/debug_panel.php*

Die Daten werden in einer zunächst nicht sichtbaren Tabelle ausgegeben (`display: none`). Über einen einfachen Link können Sie nun per JavaScript diese Informationen ein- oder ausblenden. So weit, so gut. Ganz fertig sind Sie aber noch nicht. Immerhin müssen Sie irgendwo in Ihrer Programmierung auch die Datei *debug_panel.php* aufrufen – und das am besten ganz am Ende Ihres Skripts, damit Sie sich sicher sein können, dass tatsächlich alle Variablen abgearbeitet wurden. Beim Aufbau unserer Programme eignet sich hier am besten die Datei *foot.php*, denn diese wird immer zum Abschluss einer jeden Seite eingebunden.

```
            </div>
        </div>
    </div>
</form>
</body>
</html>
<?
// Zeige Debug-Panel
if ($debug_is_active) require($basedir."/globalincludes/debug_panel.php");
?>
```

*admin/inc/foot.php*

Fertig! Wie sieht das Ergebnis nun aus? Anstatt die Inhalte der Variablen direkt über `echo` oder `echo_r()` auf dem Bildschirm ausgeben zu lassen, übergeben Sie sie der Funktion `debug()`. Beispielsweise so:

```
<?require("../globalincludes/GLOBALINCLUDES.php")?>
<?
   $formaction = $_REQUEST["formaction"];
   $formobject = $_REQUEST["formobject"];
   $data     = $_POST["data"];
debug($data);
```

```
debug($formaction);
   switch ($formaction)
   {
...
```

*admin/entries.php*

Im Browser sehen Sie zunächst nur einen kleinen Schalter für das Ein- und Ausblenden der Debug-Informationen. Da dieser per `position:absolute` gesetzt wurde, befindet er sich immer links oben in der Ecke, ganz egal, was sonst auf der Seite so passiert.

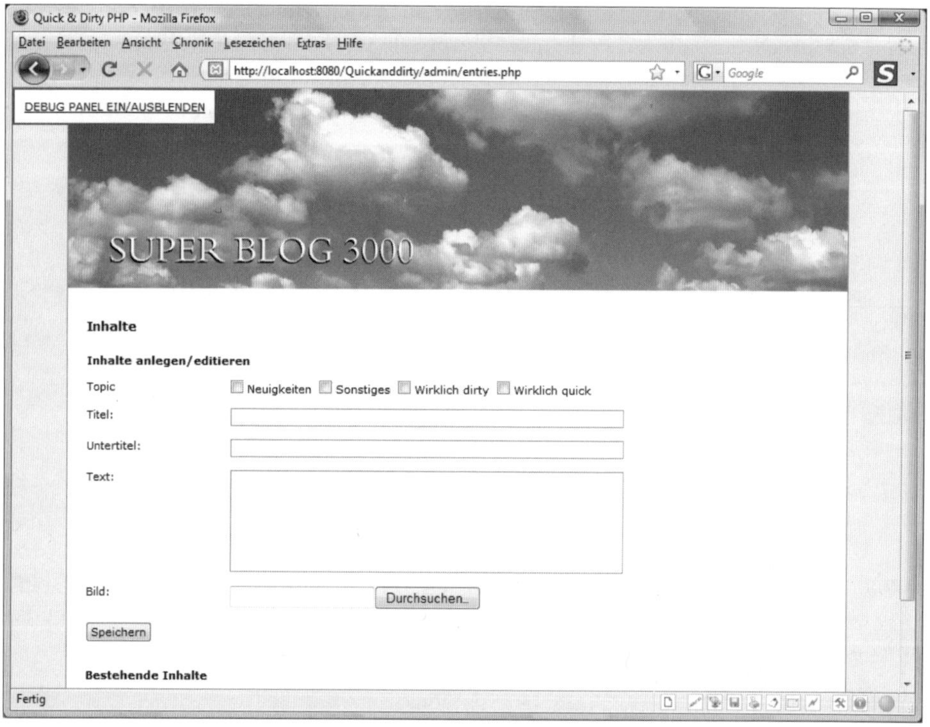


**Bild 10.7:** Das Debug-Panel hält sich noch vornehm zurück.

Erst wenn Sie jetzt auf den Link klicken, erscheinen die tatsächlichen Daten. Direkt nach dem Abschicken eines Blog-Eintrags könnte das so aussehen:

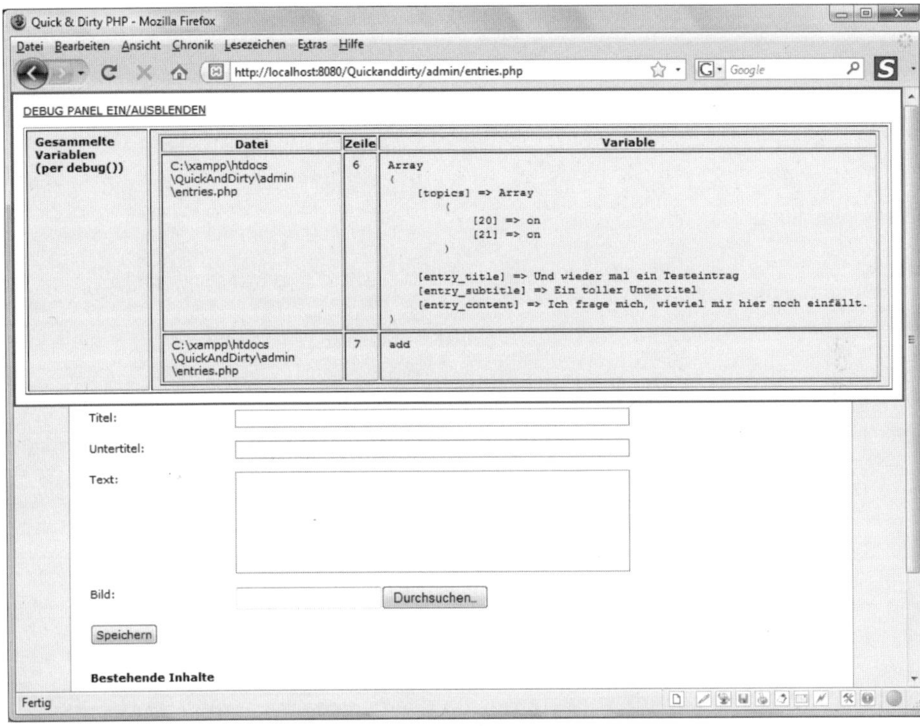


**Bild 10.8:** Jetzt ist alles zu sehen.

Sie können jetzt sehr übersichtlich erkennen, an welcher Stelle und in welcher Datei die `debug()`-Funktion aufgerufen wurde und welchen Inhalt die jeweils übergebenen Variablen zum Zeitpunkt des Aufrufs hatten.

Alles schön und gut, aber lohnt sich der Aufwand, nur damit die Variablen etwas schicker ausgegeben werden? All das wäre in der Tat ein wenig überdimensioniert, wenn es schon alles gewesen wäre. Aber Sie können und sollten Ihr Debug-Panel immer wieder um Funktionen erweitern, die Ihnen die tägliche Programmierarbeit erleichtern. Was gibt es sonst noch für Informationen, die Sie eigentlich immer benötigen?

Eine gute Idee wäre es sicher, wenn Sie den Inhalt der superglobalen Variablen zu jeder Zeit einsehen könnten (also `$_POST`, `$_GET` aber auch `$_SESSION` und `$_FILES`). Nichts leichter als das: Erweitern Sie einfach die Ausgabe in der Datei *debug_panel.php*.

Wenn es in einem der superglobalen Arrays Einträge gibt, dann sollen diese einfach nach Index und Wert aufgelistet werden:

```
<div style="position:absolute;z-index:9999;left:0px;top:0px;background-
color:#fff;border:2px solid #ff0000;padding:10px">

  <a href="javascript:void(0)" onClick="if
(document.getElementById('debug_panel').style.display=='block')
document.getElementById('debug_panel').style.display='none';else
document.getElementById('debug_panel').style.display='block'">DEBUG PANEL
EIN/AUSBLENDEN</a><br />

  <table border="1" id="debug_panel" style="display:none;margin-top:10px">

    ...

    <tr>
      <td><b>Superglobals</b></td>
      <td>
        <?
          $global = array();// Zu untersuchende superglobale Variable

          for($i=0; $i<5; $i++)
          {
            switch ($i)
            {
              case 0: $global = $_POST; break;
              case 1: $global = $_GET; break;
              case 2: $global = $_SESSION; break;
              case 3: $global = $_FILES; break;
              case 4: $global = $_COOKIES; break;
            }

            if (count($global)>0)
            {
              switch ($i)
              {
                case 0: echo '$_POST'; break;
                case 1: echo '$_GET'; break;
                case 2: echo '$_SESSION'; break;
                case 3: echo '$_FILES'; break;
                case 4: echo '$_COOKIES'; break;
              }
              ?>
```

```
                    <br /><br />
                    <table border="1">
                        <?foreach($global as $key=>$item) {?>
                            <tr>
                                <td><?=$key?></td>
                                <td><?echo_r($item)?></td>
                            </tr>
                        <?}?>
                    </table>
                    <br />
                    <?
                }
            }
            ?>

        </td>
    </tr>

  </table>

</div>
```

*globalincludes/debug_panel.php*

Um die Programmierung möglichst einfach zu halten, wird hier schlicht fünfmal eine `for`-Schleife durchlaufen und je nach Wert von `$i` eines der superglobalen Arrays untersucht und dessen Inhalt (so es ihn gibt) ausgegeben. Nachdem ein Eintrag im Blog aktualisiert wurde, sähe die Ausgabe dann beispielsweise so aus:

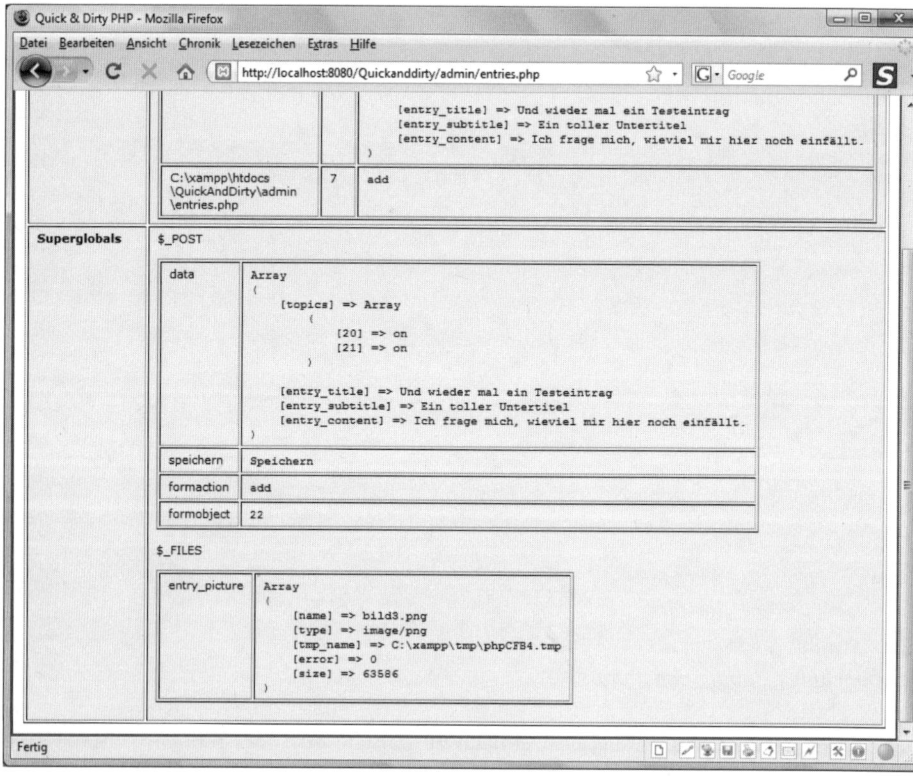


**Bild 10.9:** Alle superglobalen Arrays werden angezeigt.

Das ist doch schon mal gar nicht schlecht. Bliebe eigentlich nur noch ein Bereich, den Sie im Laufe Ihrer Programmierung immer wieder untersuchen werden müssen: die Datenbankabfragen. Wäre es nicht enorm hilfreich, wenn Sie immer sämtliche im Laufe eines Skripts tatsächlich ausgeführten SQL-Befehle auf einen Blick vor sich hätten? Diese Informationen können Sie natürlich nur dann sinnvoll sammeln, wenn es eine zentrale Stelle in Ihrem Programm gibt, über die alle SQL-Abfragen geregelt werden. Ein Glück, dass wir bereits unsere Datenbankklasse aus Kapitel 4 haben, die genau so eine zentrale Funktion (`query()`) verwendet. An dieser Stelle können Sie also sehr einfach sämtliche an die Datenbank weitergegebenen SQL-Befehle zusammentragen. Verfahren Sie hier ganz ähnlich wie beim Sammeln der Werte der Variablen. Zunächst benötigen Sie ein Array, in das alle SQL-Befehle gespeichert werden sollen:

```
<?

// Nur wenn diese ini-Datei eingebunden wurde, sollen Debug-Funktionen
ausgeführt werden
```

```
$debug_is_active = true;

// Array für das Sammeln der DB-Befehle
$debug_sql_collector = array();

// Array für das Sammeln von Variablen-Inhalten
$debug_var_collector = array();

...

?>
```

*globalincludes/debug_ini.php*

In der Datenbankklasse muss nun dieses Array mit den ausgeführten SQL-Befehlen gefüllt werden:

```
<?

...

function query($sql)
{

   // SQL-Befehle für Debug-Panel sammeln
   global $debug_sql_collector, $debug_is_active;
   if (isset($debug_is_active) && $debug_is_active==true)
$debug_sql_collector[] = $sql;

...

?>
```

*globalincludes/classes/db.class.php*

Die Abfrage, ob `$debug_is_active` überhaupt vorhanden ist, ist hier sehr wichtig, denn immerhin wollen Sie die Datenbankklasse immer und überall verwenden können, ganz egal, ob die Debug-Funktionen überhaupt aktiviert sind oder nicht. Wenn es die Variable `$debug_is_active` also nicht gibt, dann passiert hier schlichtweg gar nichts. Abschließend müssen diese SQL-Befehle nur noch in Ihrem Debug-Panel ausgegeben werden:

```
<div style="position:absolute;z-index:9999;left:0px;top:0px;background-
color:#fff;border:2px solid #ff0000;padding:10px">

   <a href="javascript:void(0)" onClick="if
(document.getElementById('debug_panel').style.display=='block')
document.getElementById('debug_panel').style.display='none';else
document.getElementById('debug_panel').style.display='block'">DEBUG PANEL
EIN/AUSBLENDEN</a><br />

   <table border="1" id="debug_panel" style="display:none;margin-top:10px">

      ...

      <tr>
         <td><b>Befehle an Datenbank</b></td>
         <td>
            <table border="1">
               <?if (count($debug_sql_collector)>0)
foreach($debug_sql_collector as $key=>$sql) {?>
                  <tr>
                     <td><?=$key?></td>
                     <td><?=$sql?></td>
                  </tr>
               <?}?>
            </table>
         </td>
      </tr>
   </table>

</div>
```

*globalincludes/debug_panel.php*

Et voilà: Alle SQL-Befehle werden gesammelt angezeigt:

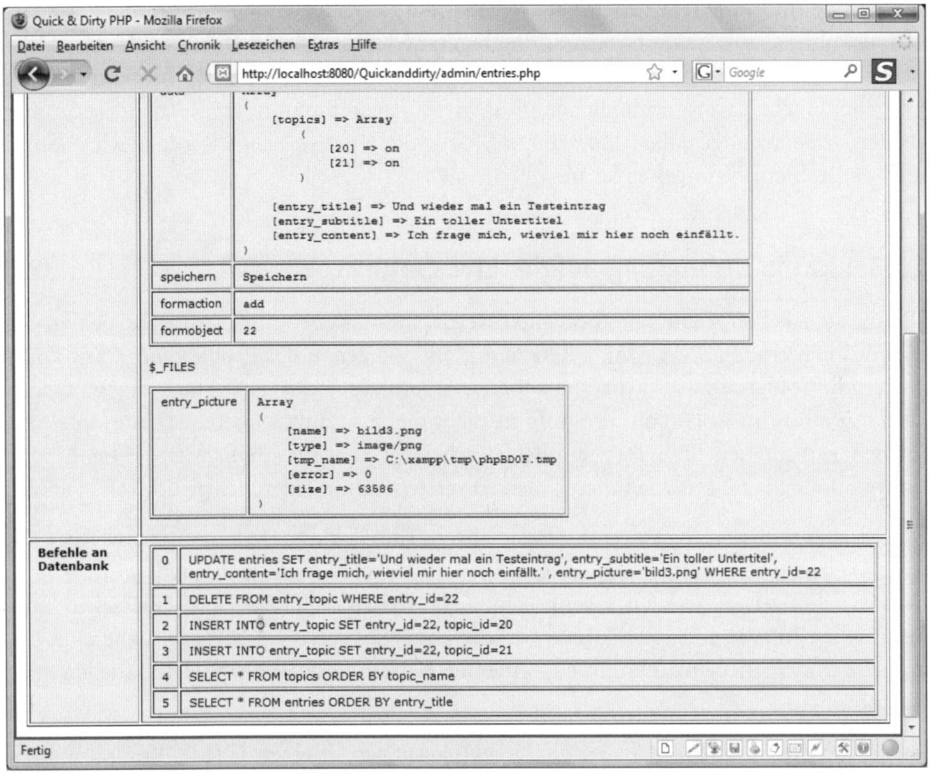


**Bild 10.10:** Kein SQL-Befehl bleibt mehr verborgen.

Ähnlich wie bei Ihrer Datenbankklasse sollten Sie auch für Ihr Debug-Panel immer wieder die Augen nach neuen Funktionen aufhalten, mit denen Sie die Ausgabe weiter verbessern können. Aber seien Sie auch hier vorsichtig: Das Ganze darf niemals unübersichtlich werden oder schlecht zu handhaben sein. Eine solche Programmierung nützt Ihnen nur dann etwas, wenn Sie sie tatsächlich auch verwenden. Und Sie werden sie nur dann tatsächlich verwenden, wenn Sie das Gefühl haben, dass Sie zu jedem Zeitpunkt alle Informationen schnell und einfach abfragen können. Überhäufen Sie die Debug-Ausgabe daher nicht mit Daten, die Sie ohnehin fast nie benötigen, und verzichten Sie auf trickreiche JavaScript-Funktionalitäten, die zwar Spaß machen, wenn Sie sie programmieren, aber Ihnen bei der späteren Verwendung irgendwann nur noch gehörig auf die Nerven gehen.

## 10.3 Besondere Situationen bei der Fehlersuche

Werkzeuge sind in jedem Lebensbereich eine feine Sache, aber sie nützen nicht sonderlich viel ohne das Wichtigste, was Sie auch gerade bei der Fehlersuche brauchen: Erfahrung. Insbesondere dann, wenn Sie in Situationen geraten, die ein einfaches und direktes Vorgehen nicht sofort ermöglichen. Auf viele dieser Situationen werden Sie immer wieder stoßen, daher sollen hier einige Möglichkeiten aufgezeigt werden, wie Sie mit solchen Problemen umgehen können.

### 10.3.1 Kein Debugging auf der Live-Seite

Die meisten Fehler, denen Sie begegnen werden, sind keine einfachen PHP-Fehler, bei denen Ihnen eine PHP-Warnung bereits mitteilt, wo genau das Problem liegt. Die komplizierten Probleme sind solche, bei denen es überhaupt keine Fehlermeldung gibt, sondern nur etwas im Ablauf des Programms nicht mehr zu funktionieren scheint. In einem solchen Fall müssen Sie sich, wie oben beschrieben, Schritt für Schritt die benötigten Informationen besorgen, die Ihnen helfen zu verstehen, was eigentlich gerade schiefläuft.

Das ist alles schön und gut, wenn Sie auf Ihrem Entwicklungssystem arbeiten. Aber auf einer Webseite, die online ist und täglich von Hunderten Nutzern besucht wird, wird es meist nicht gerne gesehen, wenn plötzlich zwischen Logo und Überschrift die kryptischen Inhalte eines PHP-Arrays erscheinen. Sie müssen also Wege suchen, anders an diese Informationen zu kommen, ohne den Betrieb und die Optik der aktuellen Seite zu stören.

Die einfachste Möglichkeit ist es, die Debug-Ausgaben in einen HTML-Kommentar zu schreiben. Das ist nicht schick, aber die Chance, dass sich gerade während Ihrer Arbeit ein Nutzer dazu entschließt, den Quelltext der Seite zu betrachten, ist doch ausgesprochen gering. Als Beispiel soll hier in der Administration für die Blog-Einträge bei der Ausgabe der Themen-Checkboxen der Inhalt des Arrays `$topics` untersucht werden:

```
...

<label>Thema</label>
<?

echo '<!-- DEBUG ';
echo_r($topics);
echo '// -->';

foreach($topics as $id=>$topic)
{
   echo '<input type="checkbox" name="data[topics]['.$id.']"
```

```
id="data[topics]['.$id.'" '.(isset($data['topics'][$id])?' CHECKED ':'').'
/> '.$topic["topic_name"].'  ';
}

...
```

*admin/entries.php*

Sie sollten hier unbedingt zusätzlich zu den Kommentaren einen Begriff mit eingeben, der sonst nirgends in der Seite vorkommt. Gerade wenn der Quelltext lang ist, werden Sie sonst viel zu viel Zeit damit verschwenden, die Debug-Ausgabe im Quelltext zu suchen. (Wenn Sie in diesem Beispiel nach dem Begriff `DEBUG` im Quelltext suchen, werden Sie sofort die gewünschten Informationen finden.) Führen Sie nun diese Datei auf dem Live-Server aus, so wird es für die Nutzer zu keiner sichtbaren Änderung kommen, Sie können aber Ihre Informationen ganz einfach im Quelltext nachlesen:

**Bild 10.11:** Die Debug-Ausgabe im Quelltext

Die Ausgabe im Quelltext ist nicht ganz ohne Risiko. Gerade wenn Sie heikle Daten untersuchen (wie Passwörter oder andere Nutzerinformationen), sollten Sie sich nicht unbedingt darauf verlassen, dass in diesem Moment tatsächlich niemand den Quelltext liest. Außerdem reicht ein kleiner Schreibfehler bei den öffnenden oder schließenden Kommentarklammern (»<!--" und »// -->«), und schon erscheint die Ausgabe doch in der tatsächlichen Webseite, oder das Layout der Seite ist hin. Gar nicht gut.

Eine Alternative ist es daher, die Daten in eine Textdatei zu schreiben. Das ist für eine längere Fehlersuche sicher alles andere als schnell und effektiv, aber oftmals leider die einzige Möglichkeit.

```
<label>Thema</label>
<?

file_put_contents($basedir."/debug_ausgabe.txt", print_r($topics,true));

foreach($topics as $id=>$topic)
{
   echo '<input type="checkbox" name="data[topics]['.$id.']"
id="data[topics]['.$id.'" '.(isset($data['topics'][$id])?' CHECKED ':'').'
/> '.$topic["topic_name"].'  ';
}
```

*admin/entries.php*

Die Funktion `file_put_contents()` dient dazu, einen Text ganz einfach und direkt in eine Datei zu schreiben. In diesem Fall soll der Inhalt des zu untersuchenden Arrays in die Datei *debug_ausgabe.txt* geschrieben werden. (Beachten Sie, dass es diese Funktion erst ab PHP 5 gibt. Wenn Sie auf einem Server mit PHP 4 arbeiten, müssen Sie einen etwas umständlicheren Weg über die Funktionen `fopen()`, `fputs()` und `fclose()` gehen.) Nach dem Aufruf der Seite finden Sie dann im Basisverzeichnis Ihrer Anwendung die entsprechende Textdatei mit dem gewünschten Inhalt.

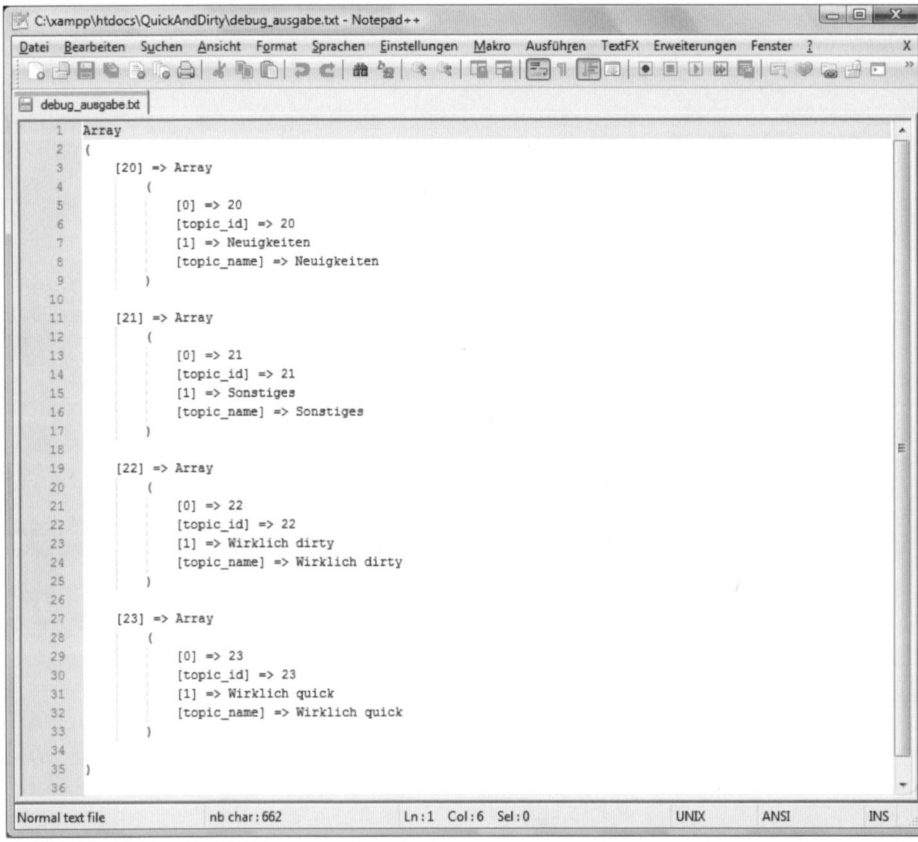


**Bild 10.12:** Wenn schon nicht im Quelltext, dann wenigstens in einer Textdatei findet sich der Inhalt des Arrays

Aber leider ist auch die Ausgabe in einer Textdatei nicht immer möglich oder praktisch. Es kann sein, dass der Ordner, in den Sie die Datei schreiben wollen, nicht die erforderlichen Schreibrechte hat. Oder Sie haben keinen direkten Zugang auf den Server, sondern müssen jede Datei (und damit auch die Debug-Ausgabe) erst umständlich per FTP vom Server laden. In einem solchen Fall können Sie meist auf eine dritte Möglichkeit zurückgreifen: Sie schicken sich die Daten einfach per Mail. Das mag auf den ersten Blick ein wenig absurd klingen, aber ist sehr oft die einfachste Lösung:

```
<label>Topic</label>
<?

mail("marcus@example.com", "DEBUG", print_r($topics,true));
```

```
foreach($topics as $id=>$topic)
{
   echo '<input type="checkbox" name="data[topics][' .$id.']"
id="data[topics][' .$id.'" '.(isset($data['topics'][$id])?' CHECKED ':'').'
/> '.$topic["topic_name"].'  ';
}
```

*admin/entries.php*

Achten Sie nur darauf, einen Betreff zu wählen, der nicht dafür sorgt, dass die Mail sofort im Spam-Ordner landet (sinnige Betreffs wie »!« oder »...«). Auf jeden Fall kommen Sie so (wenn auch über einen kleinen Umweg) sehr schnell ebenfalls an die gewünschten Informationen:

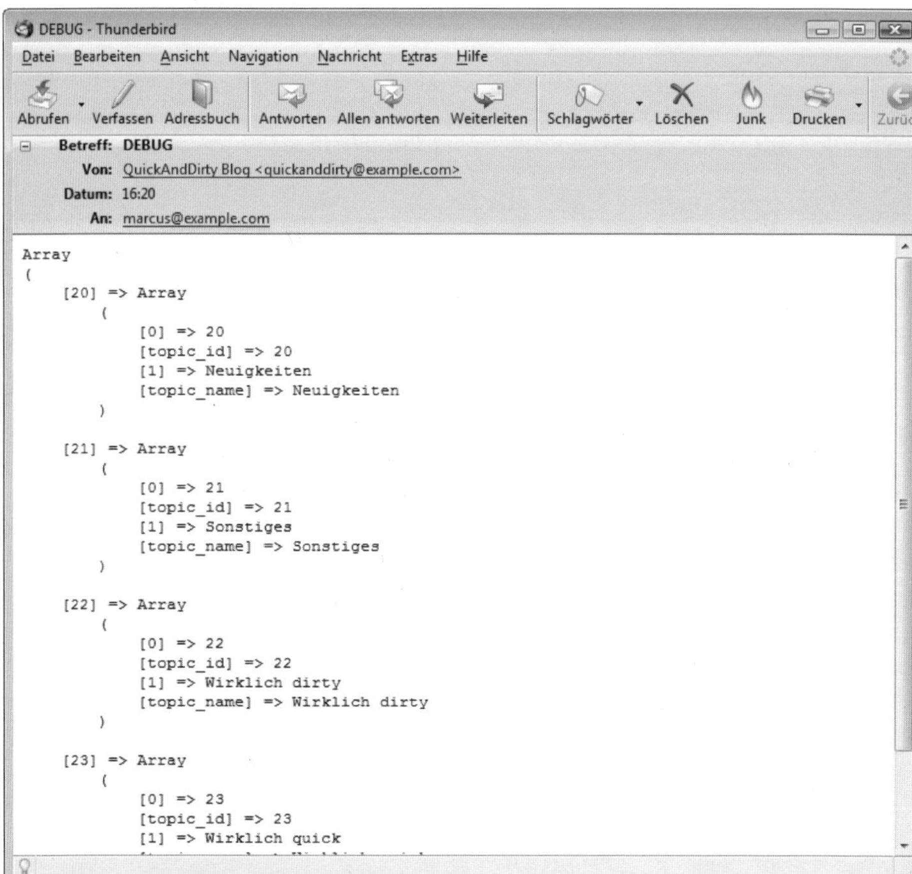


**Bild 10.13:** Wenn nichts mehr geht, dann geht's per Mail.

Alles in allem sollten diese Methoden natürlich absolute Ausnahmen und nur letzte Notlösungen sein. Der normale Weg wäre immer, den Fehler auf Ihrem eigenen Entwicklungssystem zu suchen, ihn dort zu beheben und dann die korrigierten Dateien auf den Live-Server zu kopieren. Es wird aber immer wieder Ausnahmefälle geben, wo dies leider nicht möglich ist oder ein Fehler nur auf dem Livesystem auftritt, aber nicht bei Ihnen.

### 10.3.2 Keine Fehlerausgaben auf dem Livesystem

Keine Fehlerausgaben auf dem Livesystem? Hatten wir das nicht gerade erst? Nicht ganz. Drehte sich eben alles um die Ausgabe von Debug-Informationen wie dem Inhalt einer Variablen, um Unstimmigkeiten in der Logik eines Programms zu finden, so soll es nun um den Fall gehen, dass auf dem Livesystem jede Form der Ausgabe von PHP-Fehlermeldungen komplett deaktiviert wurde. Aus dem gleichen Grund, warum es verständlicherweise nicht gerne gesehen wird, wenn auf einer aktiven Webseite wilde Array-Inhalte erscheinen, sind auch PHP-Fehlermeldungen nicht willkommen. Viele Besitzer einer Webseite deaktivieren die Ausgabe der Fehler daher komplett. (Um dies zu tun, muss lediglich in der Datei *php.ini* der Wert `display_errors = Off` gesetzt werden.)

So verständlich dieses Vorgehen auch sein mag, so frustrierend ist es für Sie als Programmierer, auf einem solchen System auf Fehlersuche zu gehen. Sie haben nicht den kleinsten Anhaltspunkt, wo Sie auch nur beginnen sollen. Es kann ein einfacher PHP-Fehler sein, der schlicht nicht ausgegeben wird, oder ein komplexes Problem in der Programmlogik. Aber zum Glück gibt es Möglichkeiten, dennoch an die so dringend benötigten PHP-Fehlermeldungen zu kommen. Die beste, aber nicht immer schnellste Lösung ist es, PHP zu veranlassen, Fehlermeldungen in eine Log-Datei zu schreiben. Offiziell ist dies auch der einzig richtige Weg bei einem aktiven Livesystem: Keine Ausgabe der Fehler im Browser, sondern in einer Textdatei. (In der Realität werden Sie allerdings – insbesondere bei kleinen und mittleren Webseiten – nur wenige Livesysteme finden, die tatsächlich so eingerichtet sind.) Um das Logging in PHP zu aktivieren, müssen Sie lediglich zwei Einstellungen in der *php.ini*-Datei anpassen:

```
...

log_errors = On

...

error_log = "C:\xampp\apache\logs\phperror.log"

...
```

*php.ini*

Die erste Anweisung aktiviert das Logging der Fehlermeldungen, die zweite gibt den Pfad zur genutzten Log-Datei an. Dieser sollte so eingestellt sein, dass Sie jederzeit und möglichst einfach diese Datei einsehen können. PHP wird nun sämtliche auftretenden Fehlermeldungen in dieser Textdatei sammeln.

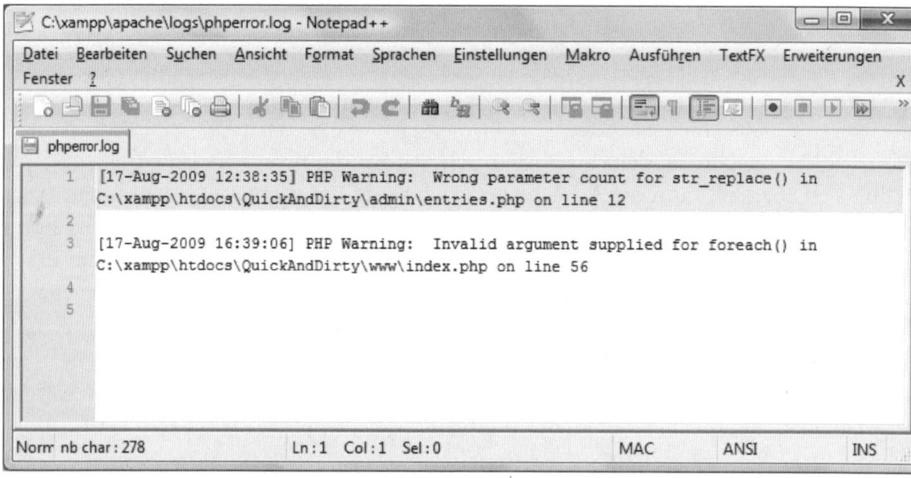


**Bild 10.14:** Die PHP-Log-Datei

Achten Sie darauf, dass PHP neu hinzukommende Fehler immer an das Ende der Datei und somit unter alle vorherigen schreibt.

Manchmal ist es Ihnen aber leider nicht möglich, die *php.ini*-Datei zu ändern, oder es stehen nicht die notwendigen Schreibrechte auf dem Server für das Anlegen einer solchen Datei zur Verfügung. Was dann? Zum Glück erlaubt es PHP, über die Funktion `set_error_handler()`, eine ganz eigene Funktion anzulegen, die aufgerufen wird, sobald ein Fehler im System auftritt. Über eine solche Fehlerfunktion können Sie sich dann ganz einfach, wie bereits oben beschrieben, die Fehlermeldung als Mail zuschicken oder als HTML-Kommentar ausgeben lassen. (Theoretisch könnten Sie über diesen Weg auch Fehlermeldungen direkt im Browser ausgeben lassen, aber aus verständlichen Gründen sollten Sie das nicht machen, denn immerhin hat der Besitzer der Webseite ja genau das unterbunden.) Legen Sie zunächst die Funktion an, die bei einem Fehler aufgerufen werden soll. Schreiben Sie sie auch wieder in Ihre Datei *FUNCTIONS.php*, da Sie diese Funktion immer mal wieder benötigen werden (und wenn nicht, stört sie dort auch nicht).

```
<?

...

// Fehlerbehandlungsfunktion
function myErrorHandler($errno, $errstr, $errfile, $errline)
{
   if ($errno==E_WARNING || $errno==E_ERROR)
   {
      mail("marcus@example.com", "Es ist ein Fehler aufgetreten
(".$_SERVER['HTTP_HOST'].")", $errfile." : Zeile ".$errline."\n".$errstr);
   }
}

...

?>
```

*globalincludes/FUNCTIONS.php*

In der Datei *GLOBALINCLUDES.php* sollten Sie dann diese Funktion quasi als Fehlerfunktion im System anmelden (natürlich nur bei Projekten, bei denen Sie diese auch in der Tat benötigen).

```
<?

...

set_error_handler("myErrorHandler");

...

?>
```

*globalincludes/GLOBALINCLUDES.php*

Tritt nun in der Programmierung ein Fehler auf, so ruft PHP automatisch die Funktion `myErrorHandler()` auf und übergibt ihr die notwendigen Informationen über den aufgetretenen Fehler als Parameter: Fehlercode, Fehlertext, Datei und Zeile, in der der Fehler aufgetreten ist.

In der Regel wollen Sie nur über reine PHP-Fehler und PHP-Warnungen informiert werden (und beispielsweise nicht über »Notices«, also Hinweise), daher soll die Funktion nur dann eine Mail verschicken, wenn der Fehlercode den beiden PHP-Konstanten

E_WARNING oder E_ERROR entspricht. In diesem Fall wird automatisch eine Mail mit den notwendigen Fehlerinformationen an Ihre Adresse verschickt.

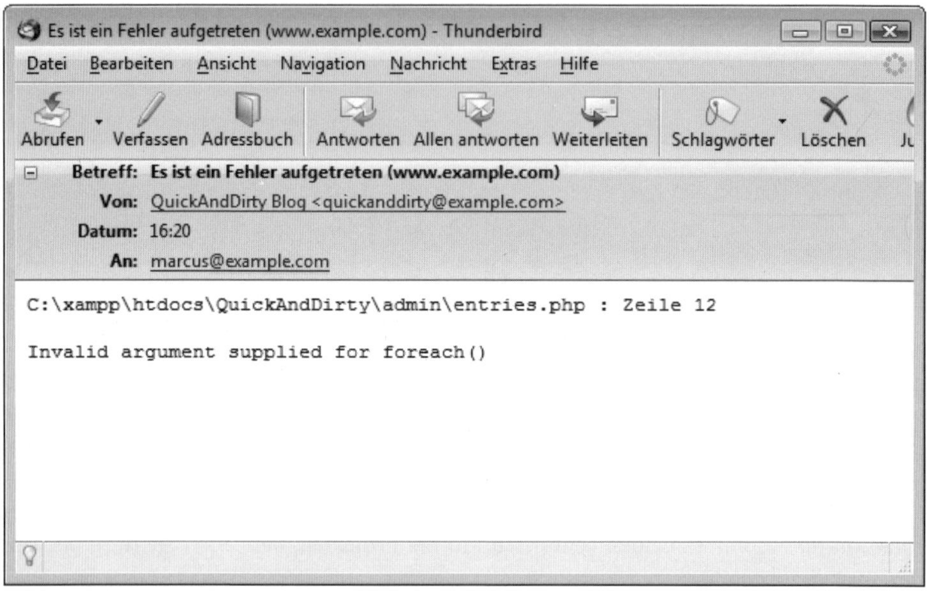


**Bild 10.15:** Was für ein Luxus: Fehlermeldungen per Mail

Beachten Sie jedoch, dass es so nicht möglich ist, reine Syntaxfehler (»Parse Error«) oder kritische Fehler (»Fatal Error«) abzufangen. Dennoch ist dieses Vorgehen weitaus mehr als nur eine Notlösung. Auch wenn Sie als Programmierer am liebsten nie auch nur eine einzige Fehlermeldung zu Gesicht bekommen möchten, so sollten Sie natürlich dennoch daran interessiert sein, wenn auf einem Livesystem, dessen Programm Sie entwickelt haben, ein Problem auftritt. Mithilfe der hier beschriebenen Funktion müssen Sie nicht warten, bis sich ein entrüsteter Nutzer oder Kunde bei Ihnen meldet, sondern Sie erhalten sofort eine E-Mail mit der entsprechenden Fehlermeldung. Und gibt es etwas Schöneres, als einem Kunden, der Sie aufgebracht wegen eines Fehlers anruft, sagen zu können: »Ein Fehler? Ach der! Der ist schon behoben!«?

## 10.3.3 Fehler, die nur beim Nutzer auftreten

Zu den frustrierendsten Situationen im Leben eines Programmierer gehören sicher all die Momente, in denen er die Mail eines genervten Nutzers erhält, in der ihm von einem Fehler berichtet wird, den Sie als Entwickler leider überhaupt nicht nachvollziehen können. Damit ist nicht gemeint, dass Sie die Ursache des Fehlers nicht finden, sondern dass der Fehler bei Ihnen schlichtweg nicht auftritt.

Widerstehen Sie in dieser Situation der spontanen Vermutung, dass der Nutzer einfach zum dumm sei, das Programm richtig zu verwenden oder zu verstehen. (Selbst wenn dies der Fall sein sollte, wäre es angebracht, einmal darüber nachzudenken, was Sie an der Programmierung ändern könnten, damit sie jeder versteht.) Der Nutzer hat sich den Fehler nicht ausgedacht, und auch wenn es Ihnen manchmal so vorkommt, ist all das kein Teil der großen Verschwörung mit dem Ziel, Sie in den absoluten Wahnsinn zu treiben.

Nehmen Sie solche Fehler und auch den Nutzer ernst. Versuchen Sie herauszufinden, warum der Fehler auf seinem Computer auftritt und bei Ihnen nicht. Hierzu müssen Sie den Nutzer jedoch dazu erziehen, dass er Ihnen alle Informationen liefert, die Sie für eine solche Analyse dringend brauchen. Meistens erhalten Sie einfach nur eine Mail, in der steht: »Blog-Administration geht nicht mehr«. Damit können Sie natürlich beim besten Willen nicht sonderlich viel anfangen. Um noch einmal das Bild des den Mörder suchenden Detektivs zu bemühen: Fragen Sie Ihren Zeugen ganz eindeutig und klar nach allen Informationen, die Sie benötigen.

- Welche Technik wurde verwendet?
  - Welches Betriebssystem?
  - Welcher Browser (in welcher Version)?
  - Sind Zusatzprogramme installiert (z. B. Popup-Blocker)?
  - Sind Cookies aktiviert?
  - Wurde der Cache gelöscht?
  - Ist JavaScript aktiviert?
- Was hat der Nutzer genau gemacht, bevor es zu dem Fehler kam?
  - Welche Seite hat der Nutzer aufgerufen?
  - Welche Daten hat er eingegeben?
  - Welchen Knopf hat er gedrückt?

Im Zweifelsfall gehen Sie mit ihm am Telefon Schritt für Schritt die Anwendung durch. Oftmals ist es nämlich so, dass Sie den Fehler durchaus hätten nachstellen können, wenn Sie nur exakt so vorgegangen wären wie der Nutzer. Als Programmierer fehlt Ihnen zwangsläufig der Abstand zu Ihrer Anwendung. Sie *wissen* ganz genau, welchen Knopf Sie wann zu drücken haben, und vermeiden daher unbewusst bestimmte Schritte und Vorgehensweisen, die ein unbedarfter User durchaus ausführt.

Sollte der Fehler bei Ihnen immer noch nicht auftreten, so analysieren Sie die exakte Stelle, an der er beim Nutzer passiert. Fast immer ist in diesem Fall eine Einstellung des

Browsers schuld am Problem, meist ein Cache mit alten Daten oder inaktive Cookies oder JavaScript. Bitten Sie daher den Nutzer einmal, die Anwendung auf einem anderen Computer zu testen oder die entsprechenden Einstellungen an seinem Browser zu ändern.

Noch einmal: Nehmen Sie Ihr Gegenüber ernst. Natürlich gibt es Menschen, die sich reichlich unbeholfen im Umgang mit einer Webseite anstellen – aber wenn es dann zu Problemen kommt, liegt die Schuld bei der Webseite und nicht beim Nutzer. Sie können nicht erwarten, dass jeder Besucher Ihrer Programmierung das gleiche Wissen besitzt wie Sie.

## 10.4 Typische PHP-Stolpersteine

Wie bereits erwähnt, sind Fehler in einer Programmierung meist höchst individuell und somit auch ihre Lösung. Dennoch gibt es Probleme und Fehler, die jedem PHP-Programmierer immer wieder unterlaufen und oft sehr viel Zeit kosten, da es sich meist nur um kleine Schreibfehler oder Ungenauigkeiten handelt, die aber gerade deswegen so schwierig zu entdecken sind. Ein paar dieser Stolpersteine sollen hier gezeigt werden. (Machen wir uns nichts vor: Ihnen werden diese Fehler trotzdem weiterhin unterkommen – aber vielleicht kommt Ihnen bei dem einen oder anderen der Gedanke: Moment mal, stand da nicht etwas in diesem komischen Buch?)

### 10.4.1 Der Klassiker: == ist nicht =

Die Verwechslung von »==« und »=« ist ein geradezu klassischer Fehler, vor dem in wohl jedem Programmierbuch für Anfänger gewarnt wird. Während »==« die Werte zweier Variablen vergleicht, weist »=« den Inhalt einer Variablen oder Konstanten einer anderen zu.

`$a == $b` liefert `true` oder `false`, je nachdem ob `$a` und `$b` gleich sind.

`$a = $b` weist `$b` den Wert von `$a` zu (und liefert den Wert selbst zurück).

Dieser kleine (und daher schwer zu entdeckende) Schreibfehler kann dafür sorgen, dass sich ein Programm völlig anders verhält als erwartet:

```
<?

$variable = 12;

if ($variable = 10)
{
```

```
   echo "Die Variable ist 10.";
}
else
{
   echo "Ne, die ist nicht 10.";
}

?>
```

Ganz egal, welchen Wert `$variable` nun wirklich hat, es wird immer der erste Zweig der `if`-Abfrage durchlaufen, das heißt, es wird immer »Die Variable ist 10.« ausgegeben. In der `if`-Abfrage steht nämlich kein Vergleich, sondern eine Zuweisung, und diese weist nicht nur (wie der Name schon sagt) `$variable` den Wert 10 zu, sondern liefert diesen auch an die `if`-Abfrage zurück. Für PHP ist nun aber in einem solchen Kontext alles, was nicht `false`, 0 oder ein Leer-String wäre, äquivalent mit `true`, und folglich wird der erste Zweig durchlaufen. Es gibt einen Weg, diesen Fehler, den jeder kennt und der trotzdem im Eifer des Alltags immer wieder passiert, zu verhindern: Sie drehen die Variablen in der `if`-Abfrage einfach um:

```
<?

$variable = 12;

if (10 = $variable)
{
   echo "Die Variable ist 10.";
}
else
{
   echo "Ne, die ist nicht 10.";
}

?>
```

Wenn Sie nun ein einfaches Gleichheitszeichen schreiben wie hier gezeigt, kommt es zu einem Parser-Fehler, und Sie wissen sofort, wo das Problem zu suchen ist. Bei einem Vergleich wäre diese Schreibweise aber in Ordnung, denn da spielt die Reihenfolge keine Rolle:

```
...

if (10 == $variable)
{

...
```

Allerdings muss man sagen, dass diese Schreibweise dem natürlichen Sprachempfinden widerspricht und daher viele Programmierer sie bewusst nicht anwenden, da es sich einfach »falsch anfühlt«. Wenn Sie die Abfrage mündlich formulieren müssten, würden Sie sagen: »Ich möchte wissen, ob die Variable den Wert 10 hat oder nicht«. Sie würden niemals sagen: »Ich möchte wissen, ob 10 den Wert der Variablen hat«, obwohl es sinngemäß durchaus das Gleiche wäre. Entscheiden Sie selbst, ob Sie diesen Trick verwenden wollen oder nicht. Wenn Ihnen der Klassiker unter den Schreibfehlern zu oft unterläuft, sollten Sie vielleicht einmal darüber nachdenken.

### 10.4.2 Einige Vergleiche sind gleicher als gleich: == ist nicht gleich ===

PHP ist an der Oberfläche eine typenlose Programmiersprache. Das bedeutet, Sie können in eine Variable zunächst einmal alles hineinpacken, was Sie wollen. Sie können eine Zahl darin speichern, einen String, einen Wahr/Falsch-Wert oder ein Array. PHP wird sich nicht beschweren. (Und dafür lieben wir PHP doch alle, nicht wahr?) Manchmal ist diese enorme Toleranz jedoch auch ein großes Problem. So sind für PHP erst einmal 0, ein Leerstring und `false` identisch.

```
<?

$variable = 0;

if ($variable == false)
{
   echo "Die Variable ist falsch!";
}

?>
```

Dieses kurze Programm würde in der Tat »Die Variable ist falsch« ausgeben, obwohl `$variable` gar nicht `false` enthält, sondern die Zahl 0. Ein bekanntes Beispiel, wo dieser Verzicht auf Variablentypen zu einem echten Problem wird, ist die Funktion `strpos()`, die die Position eines Teilstrings in einem Suchstring ermittelt. So würde diese Zeile

```
echo strpos("Dies ist ein Text.", "ist");
```

den Wert »5« ausgeben. Wird der Suchstring jedoch nicht gefunden, so liefert die Funktion `false` zurück. Ahnen Sie, was passiert?

```
<?
```

```
$text = "Ein Männlein steht im Walde.";

$pos = strpos($text, "Ein Männlein");

if ($pos==false)
{
   echo "Das Männlein wurde nicht gefunden.";
}
else
{
   echo "Das Männlein steht an Position: ".$pos;
}

?>
```

Wenn Sie diesen Quelltext ausführen würden, würde das Programm Ihnen mitteilen, dass das Männlein leider nicht gefunden wurde. Was ist passiert? Über `strpos()` wird die Position des Such-Strings »Ein Männlein« ermittelt. Dieser Text ist durchaus vorhanden in der Variablen `$text`, und zwar zu Beginn, also an der Position 0. Vergleichen Sie nun `$pos` mit `false` auf die oben gezeigte Art und Weise, so sind für PHP 0 und `false` identisch, das heißt, es wird der erste Zweig der `if`-Abfrage ausgeführt: Das Männlein war nicht aufzutreiben.

Was ist zu tun? PHP arbeitet zwar an der Oberfläche ohne Variablentypen, intern jedoch sieht es da schon anders aus. Daher gibt es den wunderbaren »===«-Vergleichsoperator, der nicht nur die Werte vergleicht, sondern auch die Typen der Variablen. Wenn Sie nun schreiben:

```
if ($pos===false) ...
```

dann gelten für PHP `$pos` und `false` nicht mehr als identisch, denn `$pos` ist kein Wahr/Falsch-Wert, sondern die Zahl 0. Und so wird dann auch unser Männlein korrekt an Position 0 gefunden. Machen Sie sich aber nicht verrückt. Fast immer fahren Sie sehr gut damit, wenn Sie sich nicht um die Typen Ihrer Variablen kümmern, sondern die Freiheiten, die PHP Ihnen bietet, einfach nutzen und genießen. Gerade in einem Quick & Dirty-Projekt spart das eine Menge Zeit. Behalten Sie jedoch im Hinterkopf, dass es immer wieder Situationen gibt, in denen Ihnen diese Freiheit Probleme bereitet, und dann ist die Zeit des »===« gekommen.

### 10.4.3 Ein Leerzeichen ist nicht leer

Es gibt eine Reihe von PHP-Befehlen, die den HTTP-Header der von Ihrem PHP-Programm erzeugten Seite direkt beeinflussen. Am bekanntesten sind sicher der Befehl `setcookie()` zum Setzen eines Cookies und der Befehl `header()`, der den HTTP-Header direkt beeinflusst. Auch wenn Ihnen bei dieser Funktion sämtliche Möglichkeiten offenstehen, so wird sie vor allem zum internen Umleiten auf eine andere PHP-Seite verwendet, so wie es auch in Kapitel 12 beschrieben wird: `header("Location:index.php")`

Der HTTP-Header kann aber nur dann beeinflusst werden, wenn noch keine HTML-Daten ausgegeben wurden. Sobald Sie also auch nur ein einziges Zeichen außerhalb Ihrer PHP-Programmierung (also im HTML-Bereich Ihrer Dateien) oder etwas über Befehle wie `echo` oder `print()` ausgegeben haben, erhalten Sie diese oft und ungern gesehene Fehlermeldung:

```
Warning: Cannot modify header information - headers already sent by
(output started at C:\xampp\htdocs\QuickAndDirty\localconfig.php:7) in
C:\xampp\htdocs\QuickAndDirty\www\test.php on line 4
```

Netterweise zeigt Ihnen die Fehlermeldung direkt an, wo genau die erste Ausgabe stattgefunden hat (in der Datei *localconfig.php* in Zeile 7). Es kann jedoch vorkommen, dass Sie das Gefühl haben, dass PHP Ihnen da einen Streich spielen will. Sie erhalten die oben genannte Meldung und werfen natürlich sofort einen Blick auf die Datei *localconfig.php*.

```
<?
// Datenbankverbindungen
$mysqlServer   = "localhost";
$mysqlUser  = "username";
$mysqlPass  = "daspasswort";
$mysqlDB = "quickanddirty";
?>
```

*localconfig.php*

In Zeile 7 soll etwas ausgegeben werden? Dort steht doch nur »?>«. Was soll das? Ist das ein schlechter Witz? Dieses Problem hat schon so manchen PHP-Programmierer in den Wahnsinn getrieben, denn die Lösung ist so trivial wie schwer zu finden. Höchstwahrscheinlich durch eine Unachtsamkeit hat sich hinter dem schließenden PHP-Tag »?>« noch ein einsames Leerzeichen eingeschlichen, und dies gilt als Teil des HTML-Bereichs Ihrer Seite. Wenn Sie den Quelltext in einem Editor betrachten, werden Sie dieses Leerzeichen aber schlichtweg nicht sehen, und Sie werden eine endlose und natürlich vergebliche Fehlersuche beginnen. Auch hier gibt es eine Möglichkeit, diesem Problem, zumindest zum Teil, aus dem Weg zu gehen: Verzichten Sie einfach am Ende einer PHP-Datei auf den schließenden Tag »?>«. PHP benötigt diesen nämlich gar nicht.

Dies hier wäre also für PHP völlig akzeptabel und würde das oben beschriebene Problem verhindern:

```
<?
// Datenbankverbindungen
$mysqlServer   = "localhost";
$mysqlUser  = "username";
$mysqlPass  = "daspasswort";
$mysqlDB = "quickanddirty";
```

*localconfig.php*

Jetzt können Sie so viele Leerzeichen an das Ende des Textes setzen, wie Sie wollen, es kümmert den `header()`-Befehl nicht, denn diese Leerzeichen stehen im PHP-Teil Ihrer Datei. Ob man diesen Trick tatsächlich verwendet, ist jedoch Geschmackssache. Erstens verhindert er natürlich nur Probleme, die am *Ende* einer Datei auftreten, und andererseits fühlt es sich irgendwie »kaputt« an. Wenn Sie aber damit leben können, dass Ihr PHP-Quelltext »unten offen« ist, dann sollten Sie sich diese Vorgehensweise einfach angewöhnen, denn schaden kann sie nicht.

### 10.4.4 Formfehler im Formular

Sehr oft liegen die Probleme gar nicht nur in der PHP-Programmierung selbst, sondern im Zusammenspiel mit der erzeugten HTML-Seite – meist im Verhalten der über PHP erstellten Formulare und deren Eingabefelder. Diese Probleme sind besonders deshalb trickreich, da sie ganz plötzlich auftreten können, ohne dass an einer bisher funktionierenden PHP-Programmierung irgendetwas geändert wurde – oder zumindest nichts offensichtlich Relevantes. Dies kann insbesondere dann passieren, wenn Sie die Formularfelder (und damit deren Namen) automatisch über PHP erstellen lassen wie bei der Auflistung der Themen in der Administration der Blog-Einträge. Wie schnell so etwas zu einem Problem werden kann, erkennen Sie, wenn Sie sich einmal einen Ausschnitt aus dem Quelltext einer fiktiven Nachrichtenseite ansehen, in der eine Nachricht einer bestimmten Kategorie zugeordnet werden muss:

```
<?
...

<input type="radio" name="kategorie" value="polit" value="1" /> Politik &
Wirtschaft <br />
<input type="radio" name="kategorie" value="sport" value="1" /> Sport &
Spiel <br />
<input type="radio" name="kategorie" value="bunte" value="1" /> Buntes <br
/>
```

```
<input type="radio" name="kategorie" value="ausde" value="1" /> Aus
Deutschland <br />
<input type="radio" name="kategorie" value="ausde" value="1" /> Aus der
ganzen Welt <br />

...
```

Ohne auch nur eine Zeile des zugrunde liegenden PHP-Codes zu sehen, können Sie sofort (höchstwahrscheinlich korrekt) vermuten, dass aus den ersten fünf Buchstaben einer Kategorie die Namen der zugehörigen Radio-Boxen erzeugt werden (aus »Politik & Wirtschaft« wird beispielsweise `polit`). Und Sie verstehen sofort, warum es daher hier zu einem Problem bei den Themen »Aus der ganzen Welt« und »Aus Deutschland« gekommen ist, obwohl nichts an der bis dahin funktionierenden Programmierung geändert worden war: Beide Radio-Buttons haben nun den gleichen Wert (`ausde`), und somit überschreibt der erste Wert den zweiten. Dieses Beispiel mag konstruiert wirken, ist aber in einem anderen Zusammenhang genauso tatsächlich vorgekommen.

Sie gehen diesem Problem ganz einfach aus dem Weg, indem Sie bei der Erstellung von Formularfeldern über PHP immer ein eindeutiges Merkmal verwenden, sodass es niemals zwei Felder mit dem gleichen Namen geben kann. Betrachten Sie noch einmal die Erstellung der Checkboxen in unserer Blog-Administration:

```
...

foreach($topics as $id=>$topic)
{
   echo '<input type="checkbox" name="data[topics]['.$id.']"
id="data[topics]['.$id.']" '.(isset($data['topics'][$id])?' CHECKED
':'').' /> '.$topic["topic_name"].'  ';
}

...
```

*admin/entries.php*

Wir verwenden hier beim Namen die `$id` des jeweiligen Themas:

```
name="data[topics]['.$id.']"
```

Da diese eindeutig ist, kann es zu den oben gezeigten Problemen nicht kommen.

Ein zweites Beispiel für ein solches Formularproblem bezieht sich auf die HTML-Buttons in einem Formular. Der Text, der auf einem solchen Button steht, wird über das Attribut `value` gesteuert.

Dies gilt insbesondere auch für die Submit-Buttons:

```
<form name="form1" action="/Quickanddirty/admin/test.php" method="post"
enctype="multipart/form-data">

<label>Kennung:</label><input type="text" name="kennung" /><br /><br />
<label>Passwort:</label><input type="password" name="passwort" /><br /><br
/>

<input type="submit" name="savebutton" value="speichern" />

</form>
```

Dieser Wert wird, analog zu den Inhalten eines Texteingabefeldes, auch im `$_POST` oder `$_GET`-Array übermittelt, und es gibt daher immer wieder Programmierer, die auf diese Art und Weise überprüfen, ob ein Formular abgeschickt wurde oder nicht:

```
<?
if ($_POST["savebutton"]=="speichern")
{
   // Das Formular wurde abgeschickt

   ...
}
?>

...
```

So weit, so gut – oder eben auch gerade nicht. Denn wo würden Sie anfangen zu suchen, wenn sich plötzlich Ihr Kunde bei Ihnen meldet und erklärt, es passiere nichts mehr, wenn das Formular abgeschickt wird? Es sei an der PHP-Programmierung absolut nichts verändert worden, nur einige Texte auf der Seite mussten ausgetauscht werden. Es dauert dann sicher einige Zeit, bis Sie herausfinden, dass auch der Text des Submit-Buttons geändert wurde:

```
<input type="submit" name="savebutton" value="Speichern" />
```

Aus `speichern` wurde `Speichern`, und schon passiert rein gar nichts mehr, wenn das Formular abgeschickt wird, denn:

```
if ($_POST["savebutton"]=="speichern")
```

zur Überprüfung des Wertes des Submit-Buttons kann nun nicht mehr greifen. Sie umgehen solche Probleme, indem Sie das Attribut `value` der HTML-Buttons nur für den Zweck verwenden, für den es eigentlich auch gedacht ist, nämlich für die Beschriftung. Benutzen Sie lieber, wie in diesem Buch gezeigt, `hidden`-Fields, um zu überprüfen, ob ein Formular abgeschickt wurde oder nicht.

Es gibt übrigens noch einen anderen Grund, warum Sie die hier gezeigte Vorgehensweise nicht verwenden sollten: Der Wert des Submit-Buttons wird nur dann übermittelt, wenn das Formular auch tatsächlich mithilfe dieses Buttons abgeschickt wurde. Hat der Nutzer jedoch die Enter-Taste gedrückt, so fehlt der Wert im `$_POST`- oder `$_GET`-Array.

Diesen beiden Beispiele sollen vor allem eines zeigen: Die Ursachen für ein Problem liegen sehr oft an Stellen, an denen Sie sie zunächst nicht vermuten. Betrachten Sie daher immer, wie oben beschrieben, den gesamten »Weg der Information«. Überall können sich Hinweise verstecken, die Ihnen bei der Suche nach einem Fehler helfen können.

# 11 Expand & Optimize

### Ein paar Ideen zur Erweiterung und Optimierung Ihres Projekts

Es sollen jetzt noch ein paar nette, kleine Möglichkeiten vorgestellt werden, mit denen Sie Ihr Quick & Dirty-Projekt erweitern und optimieren können. Einige behandeln besondere Anforderungen, die ganz plötzlich aus heiterem Himmel auf Sie und Ihr Projekt zukommen können, andere zeigen einfache Wege, Ihrem Kunden ein »Wow« zu entlocken, denn meist ist dies mit einigen einfachen, aber spektakulären Gadgets eher zu erreichen als mit einer komplizierten Programmierung.

## 11.1 Mehrsprachigkeit

Sie werden wohl nur wenige Programmierer finden, die sich beim Thema Mehrsprachigkeit nicht innig wünschten, der Turm zu Babel wäre nie erbaut worden und man könnte alle Webseiten ganz schlicht und einfach in einer einzigen Sprache entwerfen. Insbesondere wenn es dem Kunden bei einer bereits fast fertigen Webseite einfällt, dass er diese doch auch gerne noch auf Englisch hätte, wird es ungemein kompliziert. Daher soll hier gezeigt werden, wie Sie am effektivsten mit dem leidigen Thema Internationalisierung umgehen können.

Als allererstes: Auch bei einem Quick & Dirty-Projekt sollten Sie niemals auf die Idee kommen, eine zweite Sprachversion durch einfaches Kopieren des gesamten Auftritts zu erstellen. Dies ist auf den ersten Blick die sicher schnellste Methode: Sie müssen nur sämtliche Dateien in einen »English«-Ordner kopieren und alle Begriffe in der Webseite übersetzen. Am besten erstellen Sie auch einfach noch eine zweite Datenbank nur für den englischen Auftritt, und schon scheint alles fertig zu sein.

Einmal abgesehen davon, dass es dann auch zwei Administrationen gibt und der Kunde in Ihrem Blog auch jeden Eintrag doppelt pflegen muss, wird diese Vorgehensweise spätestens im weiteren Verlauf der Entwicklung zum Albtraum, wenn Sie jede noch so kleine Änderung immer *doppelt* vornehmen müssen (nämlich einmal auf Deutsch und einmal auf Englisch) – wenn es dann später noch eine spanische Version geben soll, ist das Chaos perfekt. Es muss also einen besseren Weg geben.

Bevor Sie mit der eigentlichen Umsetzung beginnen, sollten Sie sich überlegen, wie Sie die Sprachen in Ihrem System identifizieren. Dies kann eine Zahl sein (0=Deutsch, 1=Englisch usw.) oder eine Abkürzung (`de`=Deutsch, `en`=Englisch usw.). Meist empfiehlt es sich, Letzteres zu benutzen, einfach weil Sie sofort wissen, um welche Sprache es sich jeweils handelt, und nicht erst nachschlagen müssen, welche Sprache noch einmal zur »1« gehört. Dieses Sprachkürzel sollten Sie dann konsequent bei allem verwenden, was mit dem Thema Mehrsprachigkeit zu tun hat und wo zwischen verschiedenen Sprachversionen unterschieden werden muss, sei es eine spezielle Datei (*image_de.gif*) oder eine Spalte in der Datenbank (*entry_title_de*). Ob Sie nun ausgerechnet diese Kürzel nehmen oder lieber `deu` und `eng`, bleibt ganz Ihnen überlassen – achten Sie nur darauf, dass Sie diese Kürzel konsequent überall einheitlich verwenden.

### 11.1.1 Administration und Datenbank

In der Regel wird es so sein, dass es jeden Datensatz in der Datenbank sowohl auf Deutsch als auch auf Englisch gibt. Es ist also dem Administrator (sprich dem Kunden) nicht zuzumuten, dass er mit zwei Administrationen arbeiten muss, sondern er wird (zu Recht) verlangen, alle Daten für alle Sprachen in einem einzigen Formular eingeben zu können. Somit sollten auch alle Informationen in der Datenbank nebeneinander in Deutsch und Englisch vorliegen. Die erste Aufgabe ist daher, die Felder in der Datenbank zu identifizieren, die mehrsprachig vorhanden sein müssen, und sie doppelt anzulegen. Bei der Tabelle für die Blog-Einträge sähe das beispielsweise so aus:

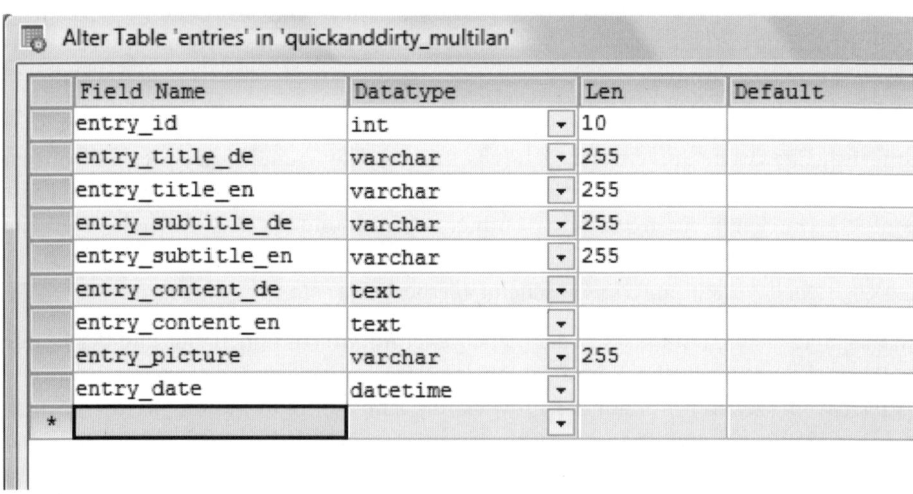
Alter Table 'entries' in 'quickanddirty_multilan'

| Field Name | Datatype | Len | Default |
|---|---|---|---|
| entry_id | int | 10 | |
| entry_title_de | varchar | 255 | |
| entry_title_en | varchar | 255 | |
| entry_subtitle_de | varchar | 255 | |
| entry_subtitle_en | varchar | 255 | |
| entry_content_de | text | | |
| entry_content_en | text | | |
| entry_picture | varchar | 255 | |
| entry_date | datetime | | |
| * | | | |

**Bild 11.1:** Neue und alte Spalten für die Mehrsprachigkeit

Titel, Untertitel und Inhalt eines Blog-Eintrags sollen sicher mehrsprachig vorliegen. Das Bild und das Datum zu einem Eintrag werden aber immer für beide Sprachen gemeinsam genutzt werden können, daher können diese Spalten so bleiben, wie sie sind. Beachten Sie, dass wir hier, wie oben schon angesprochen, die Spalten, die zu den jeweiligen Sprachen gehören, anhand der Kürzel `de` und `en` identifizieren. In der Programmierung der Administration verdoppeln Sie dann einfach die Zeilen für die jeweiligen Einträge (per Copy & Paste oder Strg+D). Als Beispiel hier die Programmierung für die Eingabe des Blog-Titels:

```
<?
...

if ($formobject=="")    // Neuen Eintrag hinzufügen
{
   $sql = "INSERT INTO entries SET ";
}
else        // Bestehenden Eintrag aktualisieren
{
   $sql = "UPDATE entries SET ";
}

// Zu schreibende Spalten - identisch für INSERT ODER UPDATE
$sql.=" entry_title_de='".$db->str_esc($data['entry_title_de'])."', ";
$sql.=" entry_title_en='".$db->str_esc($data['entry_title_en'])."', ";

...
?>

...

<label>Titel Deutsch:</label><input type="text"
name="data[entry_title_de]" id="data[entry_title_de]" value="<?=$db-
>str_unesc($data['entry_title_de'])?>" /><br /><br />
<label>Titel Englisch:</label><input type="text"
name="data[entry_title_en]" id="data[entry_title_en]" value="<?=$db-
>str_unesc($data['entry_title_en'])?>" /><br /><br />

...
```

*admin/entries.php*

Wenn Sie das auf alle mehrsprachigen Felder anwenden, sieht die Administration so aus:

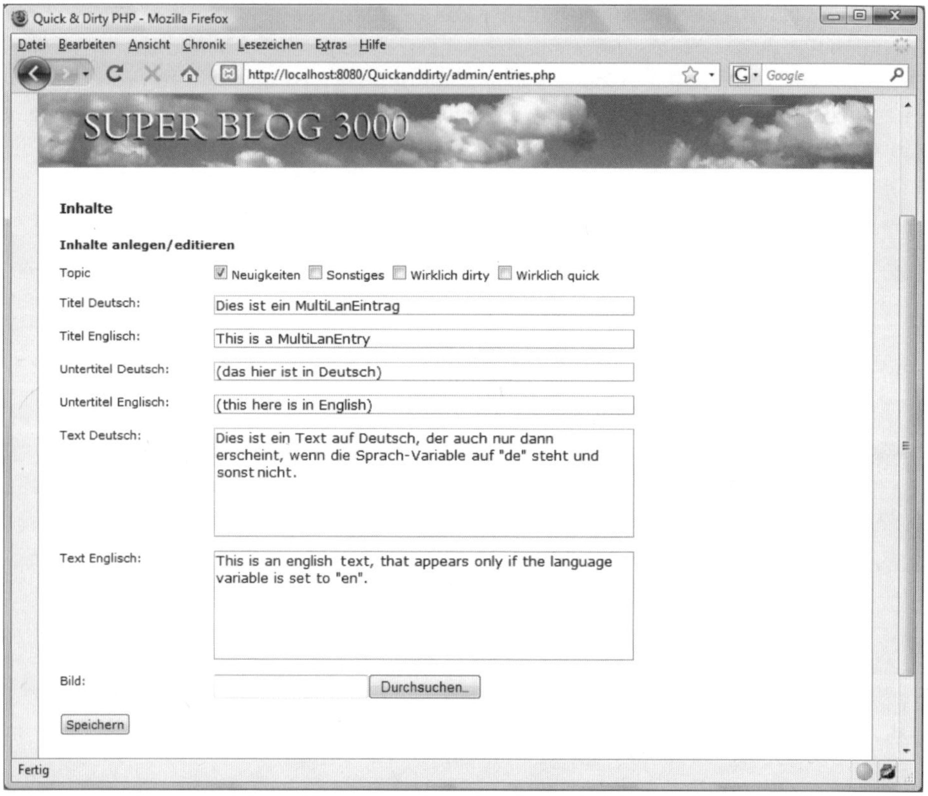


**Bild 11.2:** Jetzt können Sie auch englischen Text eingeben.

Völlig analog würden Sie jetzt bei der Administration für die Blog-Themen vorgehen, und damit wäre die Arbeit in der Administration auch schon abgeschlossen. Der Kunde kann nun Daten in Deutsch und Englisch eingeben.

## 11.1.2 Webseiten-Elemente aus der Datenbank

Auch wenn es möglich sein soll, in der Administration Texte in verschiedenen Sprachen einzugeben, so ist die Oberfläche selbst dennoch in nur einer Sprache (hier Deutsch) gehalten. Bei der eigentlichen Webseite ist dies natürlich nicht mehr der Fall, denn hier soll es nun ja gerade möglich sein, zwischen den verschiedenen Sprachen zu wählen und somit einmal den Blog auf Deutsch und ein anderes Mal auf Englisch angezeigt zu bekommen.

Zunächst sollten Sie an einer möglichst zentralen Stelle die Identifizierung der aktuell ausgewählten Sprache unterbringen. Wie immer in solchen Fällen eignet sich dazu die Datei *GLOBALINCLUDES.php*. Speichern Sie die Information, welche Sprache im Moment aktiv ist, in einer einfachen kleinen Variablen, beispielsweise `$lan`:

```
<?
...

// Welche Sprache ist aktiv?

$lan = $_REQUEST["lan"];
if ($lan=="") $lan = $_SESSION["lan"];
if ($lan=="" || ($lan!="de" && $lan!="en")) $lan = "de";

$_SESSION["lan"] = $lan;

...
?>
```

*globalincludes/GLOBALINCLUDES.php*

Diese Zeilen sagen im Prinzip nur Folgendes: Lies die Sprachinformation aus dem `$_REQUEST`-Array (dort wird diese Information stehen, wenn die Sprache über einen Link gewechselt wurde). Ist `$lan` danach noch leer, dann hole die Information aus der ebenso benannten Session. Ist auch dort noch keine Information zur Sprache vorhanden (also beim allerersten Aufruf der Seite), dann setze die Sprache erst einmal auf Deutsch.

Aus Sicherheitsgründen überprüfen wir in dieser Zeile auch, ob `$lan` einen gültigen Wert hat (»de« oder »en«). Da wir die Information für diese entscheidende Variable später einfach per URL übergeben wollen, sollten Sie hier auf jeden Fall sicherstellen, dass damit kein Schindluder getrieben wurde. Schließlich wird die Sprachinformation noch im `$_SESSION`-Array gespeichert, sodass sie auf jeder weiteren Seite zur Verfügung steht. Diese Zeilen in der *GLOBALINCLUDES.php* sorgen dafür, dass Sie sich auf *jeder* Seite Ihres Auftritts sicher sein können, dass es eine Variable `$lan` gibt, die niemals leer, sondern immer mit dem Kürzel der aktuell ausgewählten Sprache gefüllt ist. Das Anzeigen der in der Administration eingegebenen Daten gestaltet sich dann auch mithilfe dieser Variablen denkbar einfach:

```
...

<div class="entrybox">
   <span class="entrytopics">
      <?
      $topics_out = array();
```

```
      if (count($entry["topic_ids"])>0) foreach($entry["topic_ids"] as
$topic_id)
      {
         $topics_out[] = $db-
>str_unesc($topics[$topic_id]['topic_name_'.$lan]);
      }
      echo implode(' | ', $topics_out);
      ?>
   </span>
   <h1><?=$db->str_unesc($entry['entry_title_'.$lan])?></h1>
   <h2><?=$db->str_unesc($entry['entry_subtitle_'.$lan])?></h2>
   <span class="entrytimestamp"><?=date("d.m.Y H:i",
strtotime($entry['entry_date']))?> Uhr</span>
   <br /><br />
   <span class="entrycontent">
      <?if($entry["entry_picture"]!="") {?>
         <img src="../upload/<?=$entry["entry_picture"]?>" border="0"
align="right" class="entrypicture" />
      <?}?>

      <?=nl2br($db->str_unesc($entry['entry_content_'.$lan]))?>

   </span>
</div>

...
```

*www/index.php*

Sie erweitern einfach in jeder Ausgabe den Namen des entsprechenden Feldes um einen Unterstrich und die Variable `$lan`. Aus

```
$entry['entry_content']
```

wird somit:

```
$entry['entry_content_'.$lan]
```

Je nach Wert von `$lan` ("de" oder "en") wird also der Inhalt der entsprechenden Tabellenspalte ausgegeben. Die im oberen Listing gezeigten Änderungen sind ein Beispiel und natürlich nur ein Teil all der Änderungen, die Sie vornehmen müssen. Sie müssen Ihre gesamte Programmierung daraufhin untersuchen, an welchen Stellen eine der Eigenschaften genutzt wird, die jetzt in mehrsprachiger Form vorliegen sollen, und müssen diese entsprechend ersetzen (beispielsweise in der Funktion `query_sort()`, die die Blog-Einträge anhand der Häufigkeit eines Begriffs in Titel, Untertitel oder Text sortiert). Bauen Sie jetzt noch schnell eine weitere Include-Datei für die rechte Spalte, in der die jeweilige Sprache ausgewählt werden kann, und binden sie dann in der Datei *index.php* unter der Navigation ein:

```
<div class="teaserbox">
  <a href="index.php?lan=de">Deutsch</a> | <a
href="index.php?lan=en">English</a>
</div>
```

*www/inc/lanselect.php*

Wenn nun auf einen dieser Links geklickt wird, wird die Sprachinformation im Array `$_REQUEST` übergeben und somit in der *GLOBALINCLUDES.php* die Sprache entsprechend umgestellt. Versuchen wir es doch einmal:

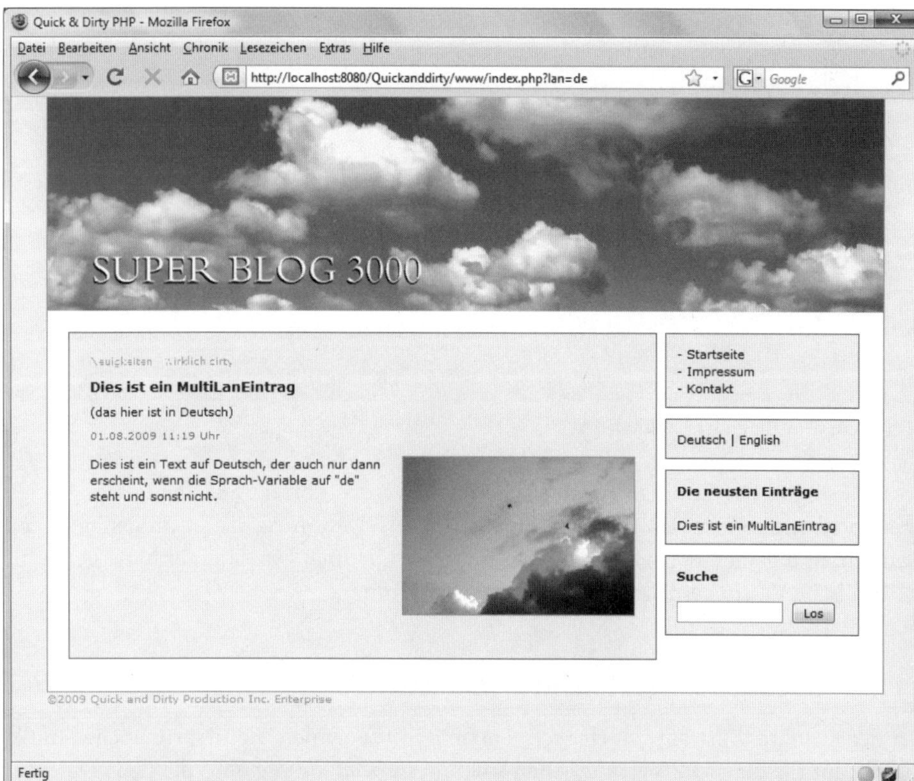


**Bild 11.3:** Der Blog auf Deutsch

Klicken Sie nun auf *English* in der Sprachauswahl, und es sieht so aus:

**Bild 11.4:** Der Blog auf Englisch

So weit, so gut. Die Einträge aus der Datenbank werden korrekt auf Englisch angezeigt, aber so richtig toll ist das alles noch nicht. Die Navigation rechts ist immer noch auf Deutsch, und gerade hat sich auch der Kunde noch einmal gemeldet, er hätte gerne für die englische Version eine andere Kopfgrafik. Was nun?

### 11.1.3 Webseite – statische Elemente

Bei der Kopfgrafik ist alles noch recht einfach. Sie benennen die ursprüngliche Grafik, die nur für die deutsche Version gelten soll, um in *head_de.png*, und die neue Datei für die englische Version nennen Sie *head_en.png*. Die Einbindung der Grafik in die Seite ändern Sie in der Datei *head.php* entsprechend so:

```
<img src="img/head_<?=$lan?>.png" border="0" />
```

Sie sehen, welche Vorteile es hat, wenn Sie konsequent mit den festen Werten für die einzelnen Sprachen arbeiten (`de` und `en`). Komplizierter wird es jedoch bei statischen Texten wie der Navigation auf der rechten Seite. Unser Blog hat davon ungewöhnlich wenige. In einer normalen Webseite wird es in der Regel deutlich mehr Texte geben, die fester Bestandteil der Webseite sind und nicht aus der Datenbank kommen. Wie gehen Sie am besten damit um? Der direkte Ansatz, bei jeder Ausgabe über eine `if`-oder `switch`-Anweisung zwischen den Sprachen zu unterscheiden, wäre ausgesprochen mühsam.

Der beste Weg führt hier über ein Übersetzungs-Array: Sie sammeln sämtliche Texte in einem Array, und je nach ausgewählter Sprache wird die entsprechende Datei mit dem deutschen oder englischen Sprach-Array eingebunden. Das klingt komplizierter, als es ist. Schauen Sie sich einmal die beiden Sprachdateien mit den entsprechenden Arrays an:

```
<?

$text = array();

$text[0] ="Startseite";
$text[1] ="Impressum";
$text[2] ="Kontakt";
$text[3] ="Suche";
$text[4] ="Los";
$text[5] ="Die neusten Eintr&auml;ge";

?>
```

*globalincludes/text_de.php*

```
<?

$text = array();

$text[0] ="Homepage";
$text[1] ="Imprint";
$text[2] ="Contact";
$text[3] ="Search";
$text[4] ="Go";
$text[5] ="Newest entries";

?>
```

*globalincludes/text_en.php*

In dieses Sprach-Array packen Sie alle Texte, die irgendwo in Ihrer Webseite erscheinen und nicht aus der Datenbank kommen. Genau wie Sie oben das Kopfbild sprachspezifisch eingebunden haben, binden Sie nun in die Datei *GLOBALINCLUDES.php* auch das jeweilige Sprach-Array ein:

```
...

$lan = $_REQUEST["lan"];
if ($lan=="") $lan = $_SESSION["lan"];
if ($lan=="" || ($lan!="de" && $lan!="en")) $lan = "de";

$_SESSION["lan"] = $lan;

// Binde Sprach-Array ein
require($basedir."/globalincludes/text_".$lan.".php");

?>
```

*globalincludes/GLOBALESINCLUDES.php*

Ist nun die deutsche Sprache ausgewählt (`$lan` ist `de`), so wird die Datei *text_de.php* geladen, und die Texte liegen somit auf Deutsch vor. Ist die englische Sprache eingebunden, so wird entsprechend *text_en.php* geladen, und das Array `$text` enthält somit die englischen Begriffe.

Halten Sie sich an dieser Stelle vor Augen, wie einfach es diese Vorgehensweise macht, später eine oder mehrere weitere Sprachen hinzuzufügen: Sie benötigen in diesem Fall nur zusätzliche Textdateien (beispielsweise *text_es.php* für Spanisch oder *text_ru.php* für Russisch), und schon sind alle statischen Texte übersetzt. Hinzu kommt der nicht zu unterschätzende Vorteil, dass Sie eine solche Textdatei sehr einfach einem Übersetzer geben können. Dieser muss sich dann nicht durch die Webprogrammierung quälen, sondern kann ganz einfach die im Sprach-Array enthaltenen Begriffe übersetzen. Das Einbinden der statischen Texte in die eigentliche Webseite ist dann nach dieser Vorarbeit ausgesprochen einfach, beispielsweise in der Navigation:

```
<div class="teaserbox">
   - <a href="index.php"><?=$text[0]?></a><br />
   - <a href="imprint.php"><?=$text[1]?></a><br />
   - <a href="contact.php"><?=$text[2]?></a><br />
</div>
```

*www/inc /navigation.php*

Und damit ist die englische Version des Blogs nun endlich fertig.

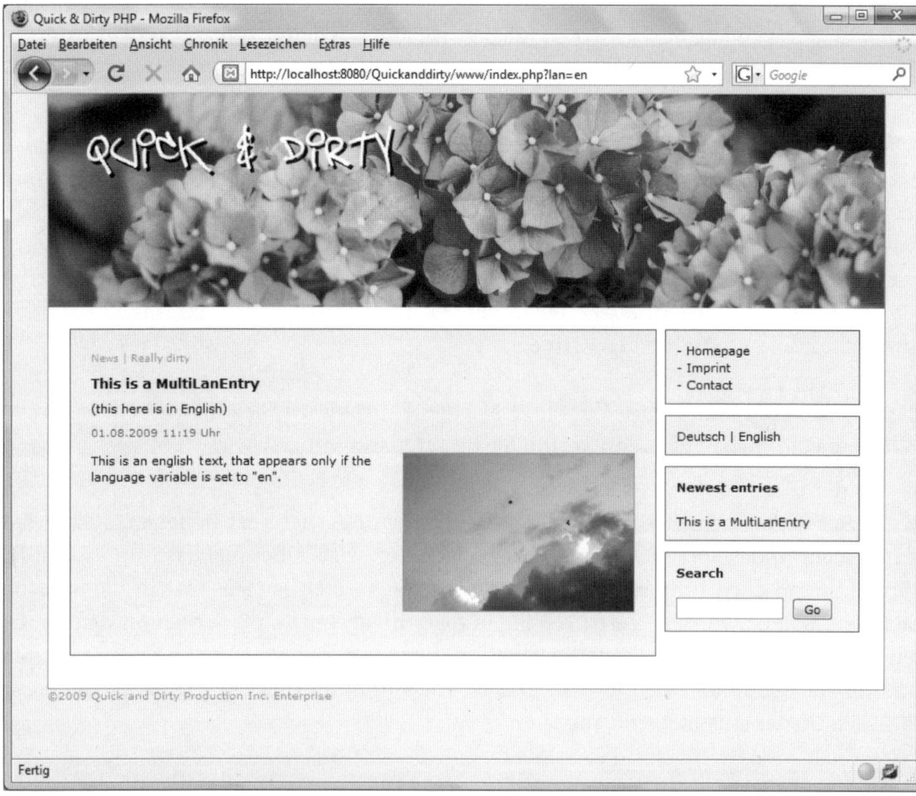


**Bild 11.5:** Endlich alles auf Englisch

Tipp

**Zahlen oder Text?**

Sie müssen nicht unbedingt Zahlen als Schlüssel für das Sprach-Array nutzen. Numerische Schlüssel haben den Nachteil, dass man ihnen nicht ansieht, für welchen Text sie denn nun stehen. Wenn Sie also irgendwo im Quelltext auf so etwas stoßen:

```
<?=$text[123]?>
```

werden Sie erst nachschauen müssen, was `$text[123]` eigentlich bedeutet. Die Alternative sind Strings als Schlüssel. Für unsere Navigationspunkte könnte das beispielsweise so aussehen:

```
$text['startseite'] = "Homepage";
$text['impressum']  = "Imprint";
$text['kontakt'] = "Contact";
```

Der Nachteil von solchen Arrays ist, dass es leichter passieren kann, dass Sie sich einmal bei einem Schlüsselwert vertippen und es nicht merken.

`<?=$text['Kontakt']?>` würde beispielsweise aufgrund der falschen Groß-/Kleinschreibung keine Ausgabe erzeugen. Hinzu kommt, dass Sie bei einem Array mit Zahlen als Schlüssel diese einfach hintereinanderschreiben können und es so nicht vorkommen wird, dass sich ein Schlüssel wiederholt. Enthält Ihre Textdatei aber sehr viele Einträge, so werden Sie bei String-Schlüsseln erst jedes Mal nachschauen müssen, ob es einen solchen Schlüssel nicht bereits gibt und Sie den Eintrag im Array möglicherweise überschreiben würden.

Beide Varianten haben Ihre Vor- und Nachteile. Probieren Sie einfach beide einmal aus, und entscheiden Sie dann, womit Sie besser klarkommen.

Ein letzter Tipp noch: Bei Seiten, die ausschließlich aus viel Text bestehen, sollten Sie diesen nicht in das Sprach-Array auslagern. Nehmen wir als Beispiel das Impressum: Es wäre ausgesprochen unübersichtlich, wenn Sie solch einen langen Text in die Sprachdatei verschieben würden. Verfahren Sie in diesem Fall ganz einfach wie mit den Grafiken und anderen Dateien. Legen Sie eine Datei *imprint_de.php* und eine *imprint_en.php* an, und tragen Sie dort den jeweiligen Text ein. Links auf diese Seite müssen Sie dann natürlich wieder entsprechend anpassen:

```
<a href="imprint_<?=$lan?>.php"><?=$text[1]?></a>
```

## 11.2 Pimp My Website – den Kunden beeindrucken

Kunden sind keine Programmierer, und daher wird ihnen ein neuer Rahmen um die Webseite entzückte Begeisterungsstürme entlocken, während Sie Ihre aufwendige rekursive Programmierung nicht wirklich zur Kenntnis nehmen. Das kann sehr frustrierend sein, aber Sie können sich dies auch zunutze machen. Es gibt eine ganze Reihe von Möglichkeiten, wie Sie eine Webseite mit einfachen und schnellen Mitteln optisch und funktional mit kostenlosen externen Programmen oder schon mit ein paar einfachen PHP-Funktionen aufwerten können.

### 11.2.1 TinyMCE

Als Erstes soll hier eine Komponente vorgestellt werden, die vor allem auf JavaScript aufbaut und somit eigentlich erst einmal gar nichts mit PHP direkt zu tun hat: *TinyMCE*. Mit Hilfe dieses externen Programms verwandeln Sie in wenigen Schritte jede `<textarea>` in Ihrer Programmierung in einen vollwertigen HTML-Editor. Wir wollen dies hier benutzen, um die Administration für die Blog-Einträge aufzuwerten und dem Kunden die Möglichkeit zu geben, Text direkt in der Administration zu formatieren. Laden Sie sich zunächst die aktuelle Version von TinyMCE herunter:

*http://tinymce.moxiecode.com/download.php*

Entpacken Sie das ZIP-File, und kopieren Sie den Ordner *tinymce* in Ihr *external*-Verzeichnis. Fügen Sie nun in der Datei *entries.php* für die Inhalte-Administration diese Zeilen hinzu (der tatsächliche Pfad zu der Datei *tiny_mce.js* kann bei neueren Versionen unter Umständen anders sein):

```
...

<?require("inc/head.php")?>

<script type="text/javascript"
src="../external/tinymce/jscripts/tiny_mce/tiny_mce.js"></script>
<script type="text/javascript">
tinyMCE.init({
   mode : "textareas",
   theme : "simple"
});
</script>

<h1>Inhalte</h1>

...
```

*admin/entries.php*

Und schon wurde aus der langweiligen Textbox ein kleiner HTML-Editor, der es erlaubt, Text fett oder kursiv zu markieren oder sogar Aufzählungen anzulegen:

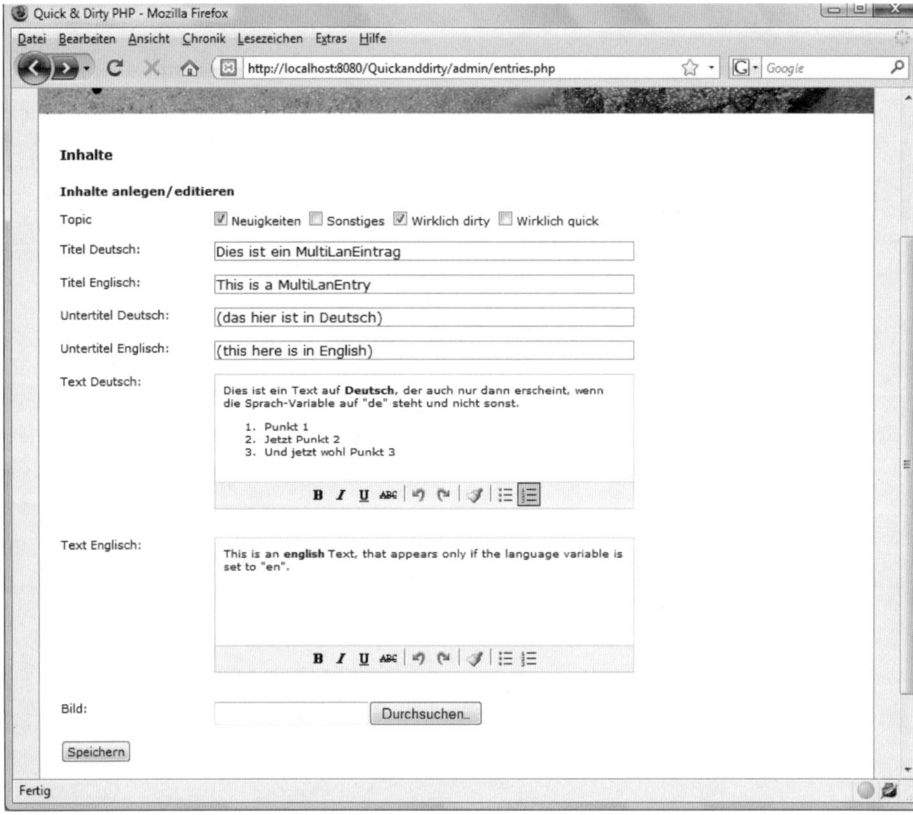


**Bild 11.6:** Ein kleiner HTML-Editor, der sich mit wenigen Zeilen einbinden lässt

Sie müssen sonst nichts an Ihrer Programmierung ändern. TinyMCE wandelt automatisch alle <textarea>-Bereiche in Editoren um, und auch die Abfrage der Formulardaten bleibt absolut identisch, wobei Sie als Daten reinen HTML-Code geliefert bekommen. Bei der im Bild gezeigten Eingabe unter *Titel Deutsch* hätte nach dem Abschicken des Formulars die Variable `$data['entry_title_de']` diesen Inhalt:

```
<p>Dies ist ein Text auf <strong>Deutsch</strong>, der auch nur dann
erscheint, wenn die Sprach-Variable auf "de" steht und nicht sonst.</p>

<ol>
<li>Punkt 1</li>
<li>Jetzt Punkt 2</li>
<li>Und jetzt wohl Punkt 3</li>
</ol>
```

Dies können Sie nun direkt in Ihrem Blog wieder ausgeben (Sie sollten dann allerdings die Funktion `nl2br()` bei der Ausgabe der Blog-Texte entfernen):

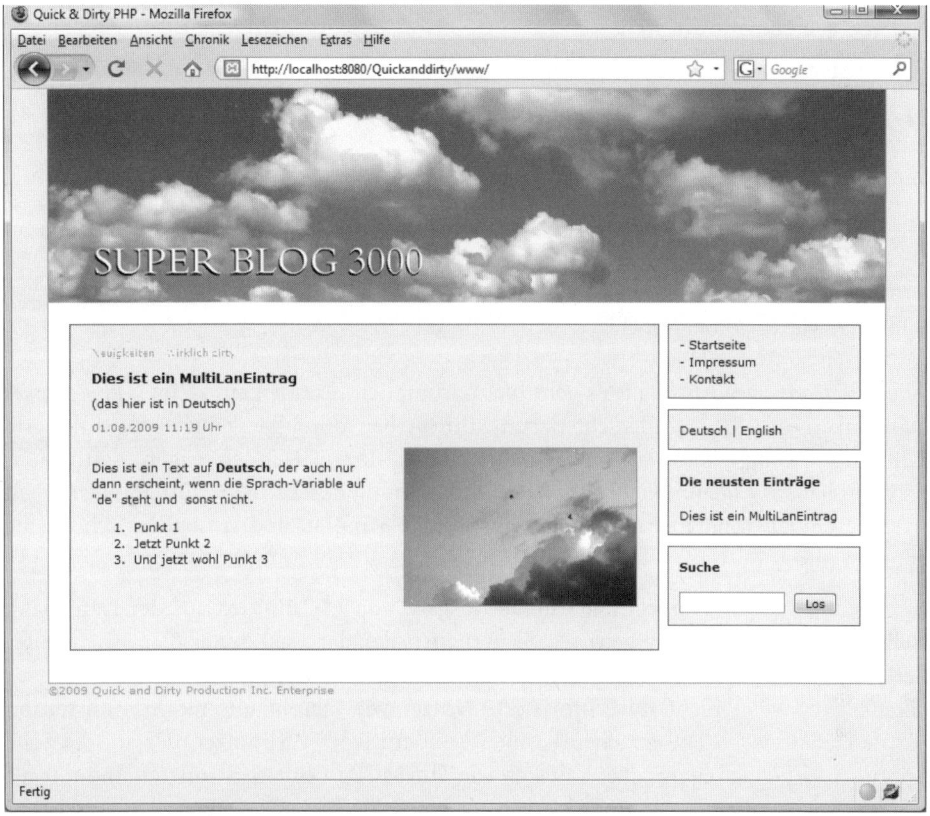


**Bild 11.7:** Fett und Aufzählung, alles ist da.

TinyMCE bietet natürlich noch viel mehr. Aber um alle Möglichkeiten zu nutzen, muss man sich dann doch etwas näher mit diesem Programm beschäftigen.

Würden Sie sämtliche Funktionen, die TinyMCE besitzt, im Editor anbieten wollen, sähe Ihre Textbox plötzlich so aus:

**Bild 11.8:** Viel Funktion, viel Ehr

Aber übertreiben Sie es nicht. Es geht hier darum, dem Kunden ein kleines, kostenloses Schmankerl zu geben, und nicht darum, Ihre Arbeit durch ungefragt programmierte Funktionen komplizierter zu machen. Je mehr Sie Ihrem Kunden zeigen, desto mehr wird er haben wollen. Bleiben Sie bei einfachen und schnellen Mitteln. Der oben gezeigte Einbau von TinyMCE dauert nur wenige Minuten und ermöglicht schon eine ganze Menge.

Ein wichtiger Hinweis noch: Die direkte Ausgabe von HTML-Text aus der Datenbank stellt natürlich immer ein gewisses Sicherheitsrisiko dar (s. Kapitel 8.2, »Cross-Site-Scripting«). Sie sollten dies also bei aller Einfachheit mit Vorsicht nutzen. Das gilt vor allem dann, wenn nicht nur autorisierte Nutzer wie hier in unserer Administration solche Daten ins System eingeben können, sondern jeder Webnutzer, der auf die Seite kommt. Es ist daher eine Sache, Editoren wie TinyMCE in einer geschützten und nur für wenige Nutzer offenen Administration zu nutzen wie hier. Etwas ganz anderes ist es, dies in einer öffentlich zugänglichen Webseite anzubieten. Das ist natürlich immer noch möglich, und Sie finden im Netz zahlreiche Webseiten, die dies tun. Aber Sie müssen dann den Text vor der Ausgabe eingehend überprüfen und möglichen Schadcode vorher entfernen. Mithilfe der PHP-Funktion `strip_tags()` können Sie beispielsweise gefährliche HTML-Tags löschen und nur diejenigen erlauben, die in TinyMCE auch tatsächlich genutzt werden können (wie `<strong>` oder `<ol>`).

## 11.2.2 phpMailer

Man kann über den Sinn und Unsinn von HTML-Mails sicher lange streiten. Fakt ist jedoch, dass fast jeder Kunde eine schicke HTML-Mail immer einer langweiligen Textvariante vorziehen wird. Mit einer Klasse wie der schon in Kapitel 4 vorgestellten *phpMailer*-Klasse können Sie sehr einfach und schnell den Mailversand in Ihrer

Anwendung auf HTML-Mail umstellen und Ihren Kunden beeindrucken. Laden Sie sich hierzu zunächst die benötigten Dateien herunter:

*http://phpmailer.worxware.com/index.php?pg=sf&p=dl*

Kopieren Sie diese Dateien in einen Ordner *phpMailer* in Ihrem *external-* Verzeichnis. Unser kleiner Blog bietet bisher leider keine wirklich glaubwürdige Stelle, an der Mails verschickt werden könnten. Daher muss zur Demonstration jetzt einfach eine unglaubwürdige herhalten: Sobald ein neuer Eintrag in der Administration erstellt wird, soll der eingetragene Inhalt in Form einer schicken HTML-Mail an eine fest vorgegebene Adresse (später die des Kunden) verschickt werden.

Beachten Sie beim Verschicken einer HTML-Mail immer Folgendes: Es gibt durchaus noch Mailprogramme, die keine Mails im HTML-Format darstellen können oder wollen. Aus diesem Grund können Sie einer Mail gleichzeitig einen »Textteil« und einen »HTML-Teil« mitgeben. Je nach Fähigkeit oder Einstellung des Mailprogramms wird die eine oder die andere Version angezeigt. Ein Großteil der Mailempfänger wird jedoch Mails als HTML empfangen können, daher sollten Sie den Schwerpunkt auch auf dieses Format legen. Seien wir ganz ehrlich, auch wenn es niemand gerne ausspricht: Es ist immer besser, eine Handvoll Nutzer zu vergraulen, als für einen Großteil nicht alle Möglichkeiten auszuschöpfen. (Am besten ist es natürlich, alles perfekt für *jeden* Nutzer zu machen, aber wann ist das schon realistisch möglich?) Erweitern Sie also die Administration für die Blog-Einträge um folgende Zeilen:

```
switch ($formaction)
{
   // Neuen Eintrag hinzufügen / Eintrag editieren
   case 'add':

       ...

       // Verschicke Mail

       require_once($basedir.'/external/phpMailer/class.phpmailer.php');

       $mail  = new PHPMailer();

       $mail->From       = "quickanddirty@example.com";
       $mail->FromName   = "QuickAndDirty Blog";

       $mail->AddAddress($MAIL_CUSTOMER);

       $mail->Subject = 'Neuer Eintrag im Blog: '.$data['entry_title_de'];
```

```
        // HTML-Teil der Mail

        $html = '<div style="width:800px;float:left;border:1px solid
#666;background-color:#F0F0F0;padding:10px;font-family:Verdana;font-
size:12px;">';
        $html.= '<img
src="http://localhost:8080/Quickanddirty/www/img/head_de.png"
border="0"/><br /><br />';
        $html.= 'Es wurde ein neuer Blog-Eintrag gespeichert:<br /><br />';
        $html.= '<div style="width:600px;float:left;padding:20px;border:1px
solid #666; background-color:#fff">';
        $html.= '<b>'.stripslashes($data['entry_title_de']).'</b><br />';
        $html.= stripslashes($data['entry_subtitle_de']).'<br /><br />';
        $html.= nl2br(stripslashes($data['entry_content_de']));
        $html.= '</div>';
        $html.= '</div>';

        $mail->MsgHTML($html);

        // Text-Inhalt der Mail

        $text = str_replace("<br />","\n", $html);
        $text = strip_tags($text);

        $mail->AltBody = $text;

        $mail->Send();


        // Zurücksetzen, damit Formularfelder wieder leer
        $data = array();

        break;

...
```

*admin/entries.php*

Zunächst binden Sie über `require()` die benötigte phpMailer-Datei ein und erstellen eine Instanz dieser Klasse. Sie könnten diese natürlich auch in Ihre *GLOBALINCLUDES.php*-Datei integrieren, aber da Sie die Klasse wirklich nur hier und auch nur beim tatsächlichen Eintragen eines Blog-Eintrags benötigen, ist es durchaus sinnvoll, die `require()`-Anweisung ausschließlich hier zu verwenden. Sämtliche Parameter einer Mail, vom Betreff über *BCC*-Adressen bis hin zur Priorität, lassen sich nun über einzelne Befehle und Attribute der phpMailer-Klasse einstellen. Halten Sie es hier aber erst einmal so simpel wie möglich. Wir setzen daher zunächst nur die E-Mail-Adresse des Absenders (`$mail->From`), den Namen des Absenders (`$mail->FromName`), die Empfängeradresse (`$mail->AddAddress()`) und schließlich den Betreff der Mail (`$mail->Subject`).

Die Empfängeradresse `$MAIL_CUSTOMER`, die Sie der Funktion `AddAdress()` übergeben, sollten Sie in Ihrer Datei *GLOBALCONSTANTS.php* hinterlegen. So können Sie dort während der Testphase Ihre eigene Adresse eintragen und diese später durch die Adresse des Kunden ersetzen. Es folgt das Zusammenstellen des eigentlichen Inhalts der Mail. Fangen Sie mit dem HTML-Code an, immerhin soll dies hier eine HTML-Mail werden:

```
...

// HTML-Teil der Mail
$html = '<div style="width:800px;float:left;border:1px solid
#666;background-color:#F0F0F0;padding:10px;font-family:Verdana;font-
size:12px;">';
$html.= '<img src="http://localhost:8080/Quickanddirty/www/img/head_de.png"
border="0"/><br /><br />';
$html.= 'Es wurde ein neuer Blog-Eintrag gespeichert:<br /><br />';
$html.= '<div style="width:600px;float:left;padding:20px;border:1px solid
#666; background-color:#fff">';
$html.= '<b>'.stripslashes($data['entry_title_de']).'</b><br />';
$html.= stripslashes($data['entry_subtitle_de']).'<br /><br />';
$html.= nl2br(stripslashes($data['entry_content_de']));
$html.= '</div>';
$html.= '</div>';

$mail->MsgHTML($html);

...
```

*admin/entries.php*

Sie können den HTML-Code beliebig kompliziert gestalten, mit Bildern, eingebundenen CSS-Dateien usw. Da wir hier aber quick & dirty vorgehen wollen, ersparen wir uns separate Style-Klassen. Stattdessen schreiben wir alle Formatierungen direkt in die `div`-Elemente. Entscheidend ist schließlich das, was am Ende herauskommt.

Beachten Sie jedoch beim Einbinden von Grafiken und anderen Dateien, dass Sie sämtliche Links und Verknüpfungen mit einer vollständigen Internetadresse setzen müssen, wie hier den Pfad zur Kopfgrafik der Webseite:

```
$html.= '<img
src="http://localhost:8080/Quickanddirty/www/img/head_de.png"
border="0"/><br /><br />';
```

Der Nutzer wird die Mail auf seinem eigenen Rechner öffnen, und daher können relative Pfade unmöglich funktionieren. Achten Sie unbedingt darauf, wenn die Seite später online geht, den *localhost*-Pfad zu Ihrem Rechner durch die »richtige« URL des Webauftritts zu ersetzen! Später sollte da also so etwas stehen:

```
$html.= '<img
src="http://www.tollerquickanddirtyblog.de/www/img/head_de.png"
border="0"/><br /><br />';
```

An eigentlichem HTML passiert hier nicht sonderlich viel. Wir basteln nur ein paar `div`-Elemente um den Text des neuen Blog-Eintrags herum. Damit es auch ein wenig nach der eigentlichen Webseite aussieht, platzieren wir oben noch die zugehörige Kopfgrafik. (Beachten Sie, dass wir hier mit der oben entwickelten mehrsprachigen Version arbeiten, daher finden Sie hier überall die Suffixe `_de`.) Ähnlich wie bei der Ausgabe von Texten aus einer Datenbank sollten Sie per `stripslashes()` noch unnötige Backslashes entfernen, die PHP unter Umständen automatisch hinzufügt hat. Über die Funktion `$mail->MsgHTML($html)` übergeben Sie schließlich den so erzeugten HTML-Code an den phpMailer.

Weiter geht es mit dem Textteil der Mail. Im Grunde haben Sie ja bereits alles vorliegen, Sie müssen nur das HTML aus dem HTML-Code entfernen. Mit PHP nichts leichter als das:

```
...

// Text-Teil der Mail
$text = str_replace("<br />","\n", $html);
$text = strip_tags($text);

$mail->AltBody = $text;

...
```

*admin/entries.php*

Mit der Funktion strip_tags() entfernen Sie einfach alle HTML-Tags, jedoch nicht bevor Sie alle <br />-Elemente durch Zeilenumbrüche ersetzt haben (»\n«). So viel Zeit sollte schon sein, denn ansonsten würde in der Textmail einfach alles wild und ohne Absatz hintereinandergeschrieben. Dieser alternative Text wird nun nicht per Funktion übergeben, sondern Sie weisen ihn, ähnlich wie den Betreff, der Klasseninstanz als Eigenschaft zu. Und das war es schon. Jetzt kann die Mail verschickt werden:

```
$mail->Send();
```

Und so sieht unsere kleine HTML-Mail dann beim Empfang aus:

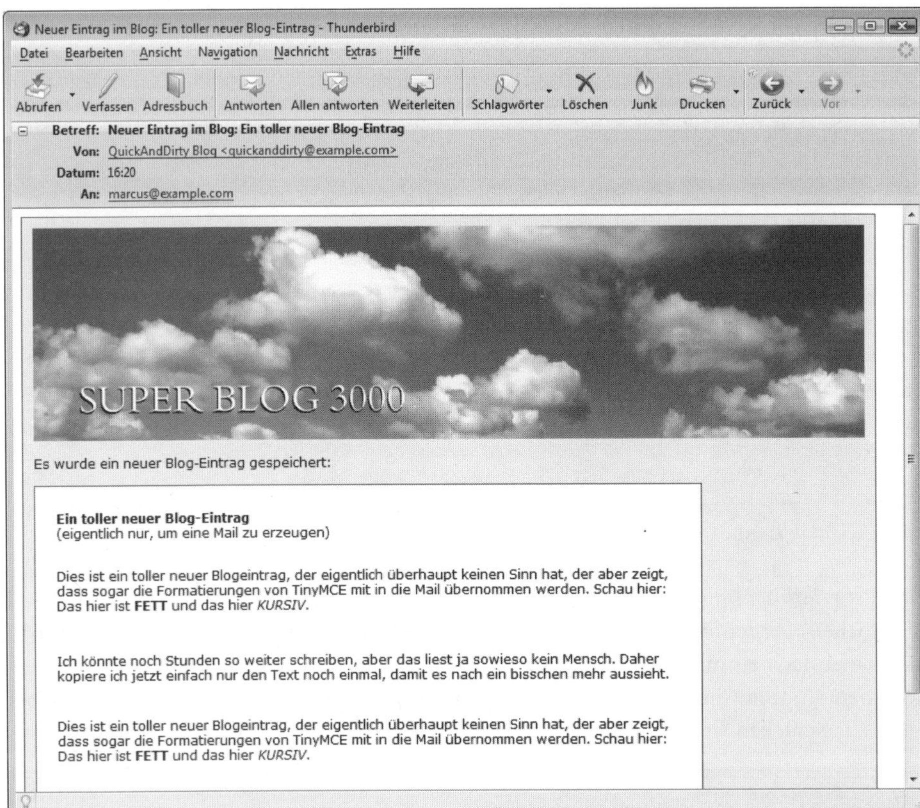


**Bild 11.9:** Unsere erste HTML-Mail

Halten Sie sich wieder einmal vor Augen, mit welch geringem Aufwand Sie zu diesem Ergebnis gekommen sind.

Im Vergleich zur herkömmlichen reinen Textmail, die Sie mit dem PHP-Befehl `mail()` verschickt hätten, kann sich das doch wirklich sehen lassen:

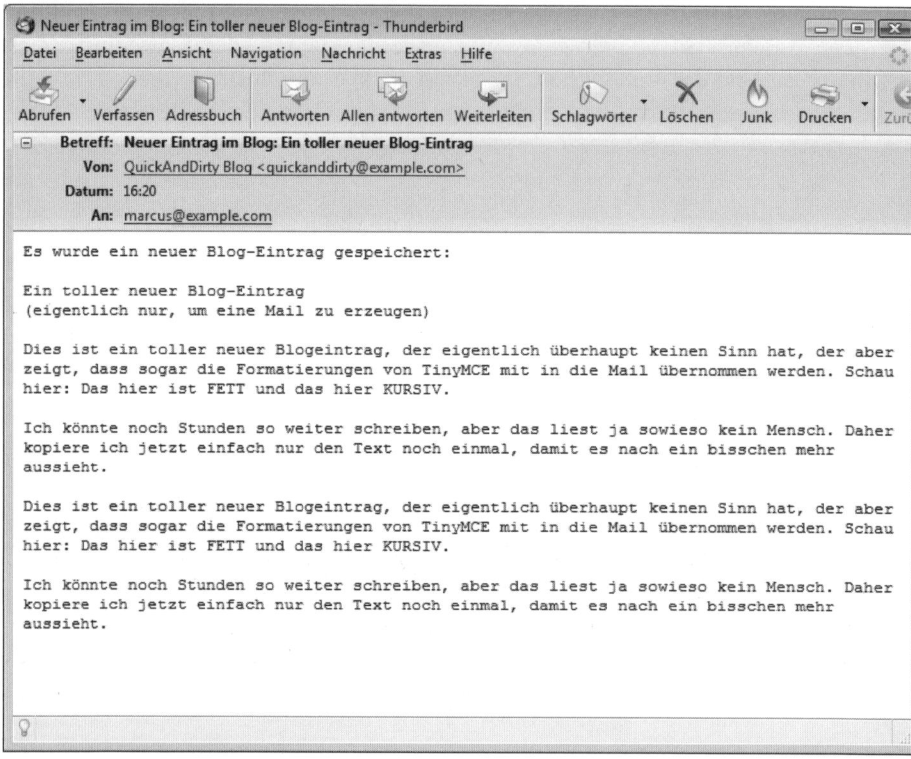


**Bild 11.10:** Igitt, alles voller Text

Das Programm phpMailer bietet noch viel mehr Möglichkeiten, die hier nicht weiter besprochen werden sollen, insbesondere auch das Versenden von Anhängen. Schauen Sie sich einfach einmal die Klasse und ihre Funktionen an, denn es wird sicher der Tag kommen, an dem Sie auch Mails mit Attachments, also E-Mail-Anhängen, oder über SMTP verschicken wollen.

**Aber ich hab doch gar keinen Mail-Server!**
Vielleicht haben Sie dieses Kapitel gelesen und sich gedacht: Alles schön und gut, aber wie soll ich das Ganze testen, wenn ich doch keinen Mail-Server auf meinem Rechner installiert habe, der die Mails verschicken kann?

Zum Glück lassen sich Mail-Server von extern erreichen, sonst wäre es recht schwierig, von einem beliebigen Rechner eine Mail zu verschicken. Tragen Sie in der Datei *php.ini* daher einfach die Adresse eines Ihnen bekannten SMTP-Mail-Servers ein (so wie Sie ihn auch in Ihr Mailprogramm eingetragen haben):

```
...
[mail function]
; For Win32 only.
SMTP = www.meinmailserver.de
smtp_port = 25
...
```

Achten Sie nur darauf, dass viele Mail-Server nur bestimmte Absenderadressen zulassen. Es ist daher möglich, dass Sie den Wert, den Sie der Funktion `setFrom()` übergeben, entsprechend anpassen müssen.

Zum Abschluss noch ein genereller wichtiger Tipp zu diesen Verschönerungen: Die meisten Programmierer lieben es, neue Technologien oder Programme auszuprobieren, und werden alles tun, um sie in ihrem aktuellen Projekt irgendwie unterzubringen. Ganz egal, ob es sich um die Verbesserung der Texteingabe über TinyMCE oder eine schicke HTML-Mail handelt: Klären Sie zunächst mit dem Kunden, ob er das überhaupt möchte, und klären Sie mit sich selbst, ob das Ganze nicht zu lange dauern wird. Ansonsten ärgern Sie sich zu Recht, weil Sie wertvolle Zeit mit solcher Spielerei vertan haben oder alles wieder ausbauen müssen, weil der Kunde das so überhaupt nicht haben will.

Werden Sie nicht zu kreativ. Versuchen nicht, sich in einem Quick & Dirty-Projekt zu verwirklichen. Wenn Sie ein tolles neues AJAX-Framework ausprobieren möchten, das Sie gerade heruntergeladen haben, dann tun Sie das in Ihrer eigenen Webseite, aber nicht bei einem solchen Projekt.

# 12 Tipps & Tricks

## Tipps und Tricks fürs »Quick & dirty«-Arbeiten

Sie können noch so viele Bücher lesen und Kurse besuchen, das Wichtigste, was Sie im hektischen Alltag benötigen, können Sie sich weder kaufen noch erlesen: Erfahrung. Je länger Sie als Programmierer arbeiten, desto mehr hilfreiche Tricks werden Sie entdecken und clevere Wege finden, Dinge noch besser und schneller zu machen. Auch dieses Buch kann Ihnen natürlich nicht die Erfahrung von vielen Jahren schenken, aber dennoch sollen hier zum Abschluss ein paar hilfreiche Tipps und Tricks vorgestellt werden. Keine großen Modelle oder Programmierideen, sondern kleine Kniffe, die Sie sonst vielleicht erst nach einiger Zeit entdeckt hätten. Einige Tipps wurden bereits bei der Fehlerbehandlung in Kapitel 10 gezeigt und sollen hier nicht noch einmal aufgeführt werden.

## 12.1 PHP-Tipps

### 12.1.1 Doppeleinträge verhindern – header hilf!

Wie schon in Kapitel 10 erwähnt, können Sie mit dem `header()`-Befehl direkt den HTTP-Header der gesendeten Seite verändern. In neun von zehn Fällen (wahrscheinlich sogar öfter) wird dieser Befehl dazu genutzt, eine interne Weiterleitung vorzunehmen, das heißt noch auf dem Server auf eine andere PHP-Seite zu verlinken (im Gegensatz zu einer Weiterleitung per `<meta>`-Tag oder JavaScript, die erst auf der Seite des Browsers beim Nutzer stattfindet).

```
<?

// Mache irgendetwas
...

// Und dann ab auf die index.php, ohne vorher noch etwas an den Browser
des Nutzers zu senden

header("Location:index.php");

?>
```

Wird diese Datei aufgerufen, so wird der PHP-Code vor dem `header()`-Befehl ausgeführt und danach direkt auf die Datei *index.php* verlinkt, ohne dass es der Nutzer mitbekommt. Denn all das passiert, bevor überhaupt etwas an den Browser geschickt wird. (Wurde schon etwas ausgegeben, so kommt es, wie in Kapitel 10 gesehen, zu einer Fehlermeldung.)

Diese interne Weiterleitung kann jedoch nicht nur beim Springen auf eine andere Seite helfen, sondern auch dabei, ein sehr oft auftretendes Problem beim Speichern von Formulardaten zu verhindern: Vielleicht ist es Ihnen schon bei Ihrem Blog passiert, wenn Sie ihn nachprogrammiert haben, oder bei einem eigenen Projekt: Der Nutzer gibt in einem Formular etwas ein (beispielsweise in der Administration für die Blog-Einträge) und klickt auf den *Senden*-Button. Die Daten werden ordnungsgemäß gespeichert, und die Formularseite wird erneut angezeigt. So weit ist alles gut. Das Problem beginnt, wenn der Nutzer nun (aus welchen Gründen auch immer) in seinem Browser auf »Aktualisieren« oder auf die Taste F5 drückt und die Frage, ob das Formular noch einmal gesendet werden soll, gedankenversunken einfach bejaht. Dann wird das gesamte Formular erneut abgeschickt und somit der exakt gleiche Eintrag noch einmal in der Datenbank vorgenommen – was wohl fast nie im Sinne des Nutzers sein dürfte.

Hier können Sie mit dem `header()`-Befehl Abhilfe schaffen. Verlinken Sie einfach nach dem Speichern der Daten wieder auf die gleiche Seite. Für den Nutzer ist das Ergebnis absolut identisch. Wenn er nun jedoch die Seite aktualisiert, wird nicht das Abschicken der Formulardaten »wiederholt«, sondern lediglich der leere Aufruf der Seite. Bei unserer Blog-Administration sähe das beispielsweise so aus:

```
<?
...

switch ($formaction)
{
   // Neuen Eintrag hinzufügen / Eintrag editieren
   case 'add':

      // SQL Befehle zum Speichern der Daten ausführen

      ...

      header("Location:entries.php");

      break;

...
```

*admin/entries.php*

Die Seite ruft sich nach getaner Arbeit einfach selbst wieder auf und verhindert somit Doppeleinträge bei einer Aktualisierung im Browser.

### 12.1.2 Brich den String

Im Umgang mit Text-Strings bietet PHP eine Möglichkeit, die viele andere Programmiersprachen nicht haben: das Umbrechen von Strings innerhalb des PHP-Quellcodes. Das ermöglicht es Ihnen, Strings übersichtlich zu gestalten, was vor allem bei langen Texten enorm hilfreich sein kann. Ein typisches und alltägliches Beispiel hierfür ist das Erstellen komplexer SQL-Befehle. Würden Sie beispielsweise das Einfügen von Nutzerdaten in die Datenbank in eine einzige Zeile schreiben, dann sähe das so aus:

```
$sql = "INSERT INTO users SET user_firstname='".$db-
>str_esc($user_firstname)."', user_lastname='".$db-
>str_esc($user_lastname)."', user_street='".$db->str_esc($user_street)."',
user_zip='".$db->str_esc($user_zip)."', user_city='".$db-
>str_esc($user_city)."', user_email='".$db->str_esc($user_email)."',
user_phone='".$db->str_esc($user_phone)."', user_mobil='".$db-
>str_esc($user_mobil)."', user_fax='".$db->str_esc($user_fax)."'";

$db->query($sql);
```

Besonders übersichtlich ist das nicht gerade. Insbesondere wenn Sie in so einem langen String auf Fehlersuche gehen oder später vielleicht ein neues Feld hinzufügen wollen, werden Sie bei einer solchen Darstellung schnell die Übersicht (und damit die Geduld) verlieren. Wenn Sie jedoch den String in sinnvolle Einheiten umbrechen, dann sieht das Ganze schon besser aus:

```
$sql = "INSERT INTO users SET
      user_firstname='".$db->str_esc($user_firstname)."',
      user_lastname='".$db->str_esc($user_lastname)."',
      user_street='".$db->str_esc($user_street)."',
      user_zip='".$db->str_esc($user_zip)."',
      user_city='".$db->str_esc($user_city)."',
      user_email='".$db->str_esc($user_email)."',
      user_phone='".$db->str_esc($user_phone)."',
      user_mobil='".$db->str_esc($user_mobil)."',
      user_fax='".$db->str_esc($user_fax)."'";

$db->query($sql);
```

So haben Sie sofort einen kompletten Überblick über den SQL-Befehl und können deutlich einfacher sehen, wo sich eventuell ein Schreibfehler versteckt. Wenn ein neues

Feld hinzukommt, duplizieren Sie einfach eine der Zeilen (in Notepad++ über STRG+D) und passen nur noch den Namen des Feldes an. Auf ähnliche Weise können Sie SQL-Befehle aus mehreren `JOIN`-Anweisungen und `WHERE`-Klauseln übersichtlich gestalten:

```
$sql = "SELECT * FROM users
INNER JOIN user_category ON users.user_id = user_category.user_id
INNER JOIN categories ON user_category.category_id =
categories.category_id
INNER JOIN user_groups ON users.user_group_id = user_groups.group_id
WHERE users.user_active = 1
AND categories.category_active = 1
AND (user_groups.group_id = 12 OR user_groups.maingroup = 1)
ORDER BY users.user_lastname, categories.category_title";

$db->query($sql);
```

Es dauert sicher immer noch ein wenig, diesen komplexen SQL-String zu verstehen, aber es ist kein Vergleich zu einer Version ohne Umbrüche:

```
$sql = "SELECT * FROM users INNER JOIN user_category ON users.user_id =
user_category.user_id INNER JOIN categories ON user_category.category_id =
categories.category_id INNER JOIN user_groups ON users.user_group_id =
user_groups.group_id WHERE users.user_active = 1 AND
categories.category_active = 1 AND (user_groups.group_id = 12 OR
user_groups.maingroup = 1) ORDER BY users.user_lastname,
categories.category_title";

$db->query($sql);
```

Wie in Kapitel 7 bereits gesehen, kann Ihnen die Möglichkeit, Strings auf mehrere Zeilen aufzuteilen, nicht nur bei SQL-Befehlen helfen, sondern auch beim Einbinden längerer Passagen, die Sie aus einem Textprogramm mit Copy & Paste übernommen haben.

```
<?require("../globalincludes/GLOBALINCLUDES.php")?>
<?require("inc/head.php")?>
  <div id="contentbox">
     <?
     echo nl2br('<h1>Impressum</h1>
     Quick&Dirty Blog
     &copy;2009 Quick and Dirty Production Inc. Enterprise
     Quickstreet 52
     77766 Dirty-Town
```

```
        <b>Vertreten durch:</b>
        Hans Dirty

        <b>Kontakt:</b>
        Tel.: 0000 - 123456
        Fax: 0000 - 123457

        <b>Umsatzsteuer-ID:</b>
        Umsatzsteuer-Identifikationsnummer gemäß §27 a Umsatzsteuergesetz:
        1234567890

        <b>Verantwortlich für den Inhalt nach § 55 Abs. 2 RStV:</b>
        Rudolf Quick
        ');
        ?>
    </div>
    <?require("inc/navigation.php")?>
    <?require("inc/newest.php")?>
<?require("inc/foot.php")?>
```

*www/impressum.php*

Ein kleine Stolperfalle gibt es jedoch: Wenn Sie einen langen String nicht nur durch Umbrüche in mehrere Zeilen aufteilen, sondern ihn auch noch – wie beispielsweise beim Impressum gezeigt – zur besseren Lesbarkeit mit Tabulatoren einrücken, so ist das einem SQL-Befehl oder HTML-Text ziemlich egal. Diese ignorieren die vorangehenden Tabulatoren oder Leerzeichen ganz einfach. Wenn Sie aber einen solchen String als Mail verschicken oder als Textdatei speichern, so werden sie keinesfalls ignoriert. Betrachten Sie einmal die Ausgabe des Impressums, wenn Sie es (ohne HTML-Tags) in eine Textdatei speichern würden:

```
<?

...

file_put_contents("impressum.txt",'Impressum
        Quick&Dirty Blog
        (c)2009 Quick and Dirty Production Inc. Enterprise
        Quickstreet 52
        77766 Dirty-Town

        Vertreten durch:
        Hans Dirty
```

```
      Kontakt:
      Tel.: 0000 - 123456
      Fax: 0000 - 123457

      Umsatzsteuer-ID:
      Umsatzsteuer-Identifikationsnummer gemäß §27 a Umsatzsteuergesetz:
      1234567890

      Verantwortlich für den Inhalt nach § 55 Abs. 2 RStV:
      Rudolf Quick
      ');

...

?>
```

Der Inhalt der so erstellen Textdatei sähe so aus:

```
Impressum
      Quick&Dirty Blog
      (c)2009 Quick and Dirty Production Inc. Enterprise
      Quickstreet 52
      77766 Dirty-Town

      Vertreten durch:
      Hans Dirty

      Kontakt:
      Tel.: 0000 - 123456
      Fax: 0000 - 123457

      Umsatzsteuer-ID:
      Umsatzsteuer-Identifikationsnummer gemäß §27 a Umsatzsteuergesetz:
      1234567890

      Verantwortlich für den Inhalt nach § 55 Abs. 2 RStV:
      Rudolf Quick
```

Die erste Zeile ist nicht eingerückt, da sie noch direkt ohne vorangehende Leerzeichen ausgegeben wurde:

```
file_put_contents("impressum.txt",'Impressum ...
```

Alle anderen Zeilen sind aber im Quellcode der Übersichtlichkeit halber eingerückt worden, und diese Formatierung wurde in die Textdatei (sicher ungewollt) übernommen. In diesem Fall müssen Sie leider auf die Übersichtlichkeit und damit die Einrückung ein wenig verzichten und das Ganze schlichtweg so schreiben:

```
<?

...

file_put_contents("test.txt",'Impressum
Quick&Dirty Blog
(c)2009 Quick and Dirty Production Inc. Enterprise
Quickstreet 52
77766 Dirty-Town

Vertreten durch:
Hans Dirty

Kontakt:
Tel.: 0000 - 123456
Fax: 0000 - 123457

Umsatzsteuer-ID:
Umsatzsteuer-Identifikationsnummer gemäß §27 a Umsatzsteuergesetz:
1234567890

Verantwortlich für den Inhalt nach § 55 Abs. 2 RStV:
Rudolf Quick
');

...

?>
```

## 12.1.3 Tabellen mit Modulo

Auch wenn allgemein versucht wird, einen Großteil eines modernen HTML-Designs mit `div`-Elementen und schon lange nicht mehr mit Tabellen zu gestalten, so haben Letztere dennoch durchaus ihren Sinn: nämlich dann, wenn wirklich etwas tabellarisch angezeigt werden soll. Wenn Sie nun eine solche HTML-Tabelle dynamisch mit Daten aus einem PHP-Array oder einer Datenbank füllen wollen, so ergibt sich ein Problem, wenn die Daten nicht einfach untereinander angeordnet werden, sondern in zwei oder drei Spalten *nebeneinander* stehen sollen. Ihr Programm muss dann ermitteln, wann ein schließendes `<tr>` zu setzen ist, um eine neue Zeile zu beginnen (und wann nicht), und was am Ende zu tun ist, wenn alle Inhalte geschrieben sind – müssen also zum Beispiel noch leere Zellen gesetzt werden, um die Tabelle zu vervollständigen?

Hier kann Ihnen ein meist sträflich vernachlässigter Operator helfen: der Modulo-Operator (Zeichen: %). Dieser ermittelt den Rest einer Division. `5 % 4` wäre demnach `1` und `6 % 2` wäre `0`. Wie hilft uns das hier weiter? Der Modulo-Operator eignet sich hervorragend, um eine Zahlenstrecke wieder und wieder zu durchlaufen. Betrachten Sie den Verlauf von Modulo 3:

```
0 % 3 = 0

1 % 3 = 1

2 % 3 = 2

3 % 3 = 0

4 % 3 = 1

5 % 3 = 2
```

...

Sie sehen, dass der Modulo von einer durchlaufenden Variablen hier immer nacheinander 0, 1 und 2 ist. Das eignet sich geradezu perfekt für unser Problem der dynamischen Tabellenerstellung:

```
<?
   $meinecds = array (
      "Frank Zappa - Tinseltown Rebellion",
      "Soulfly - Primitive",
      "Nomeansno - Wrong",
      "Shostakovich - Symphonie 2 und 3",
      "Tom Petty - Highway Companion"
   );
?>
<table border="1">
```

```
  <?
    $counter = 0;
    foreach($meinecds as $cd)
    {
      // Neue Zeile?
      if ($counter % 3 == 0)
      {
        if ($counter>0) echo '</tr>'; // Zeile beenden
        echo '<tr>';       // Neue Zeile beginnen
      }
      echo '<td>'.$cd.'</td>';
      $counter++;
    }

    // Restliche leere Zellen schreiben
    if ($counter % 3 != 0)
    {
      for($i=$counter % 3; $i<3; $i++)
      {
        echo '<td> </td>';
      }
      echo '</tr>';
    }
  ?>
</table>
```

Es sollen hier ein paar CDs in einer Tabelle dargestellt werden. (Warum sind es in Programmierbüchern bei solchen Beispielen nur immer CDs?) Mithilfe des Modulo-Operators berechnen Sie, wann ein neuer <tr>-Tag zu setzen ist, um eine neue Zeile zu beginnen. Immer wenn `$counter % 3` den Wert 0 hat, sind drei Zellen geschrieben worden, und eine neue Zeile kann begonnen werden. Zusätzlich muss die vorherige Zeile mit </tr> geschlossen werden – es sei denn, es ist die allererste. Sind alle CDs ausgegeben, muss abschließend überprüft werden, ob noch leere Zellen an die letzte Zeile angefügt werden müssen, damit Sie keine »kaputte« Tabelle mit fehlenden Zellen erhalten. Auch hierzu nehmen Sie den guten alten Modulo und fügen somit alle fehlenden Zellen hinzu. Das Ergebnis sieht dann auch so aus, wie wir uns das vorgestellt hatten (zugegeben, ein paar Styles wären noch nett):

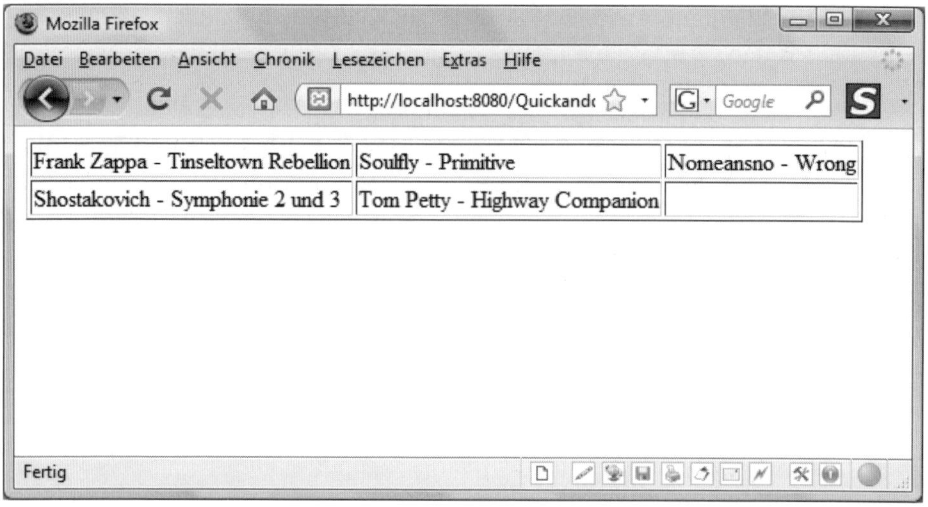


**Bild 12.1:** Alle CDs in drei Spalten

Das Wunderbare an dieser Verwendung des Modulo-Operators ist, dass Sie im oben gezeigten Listing nur überall die Zahl 3 durch eine 2 ersetzen müssen, um eine zweispaltige Tabelle zu erhalten:

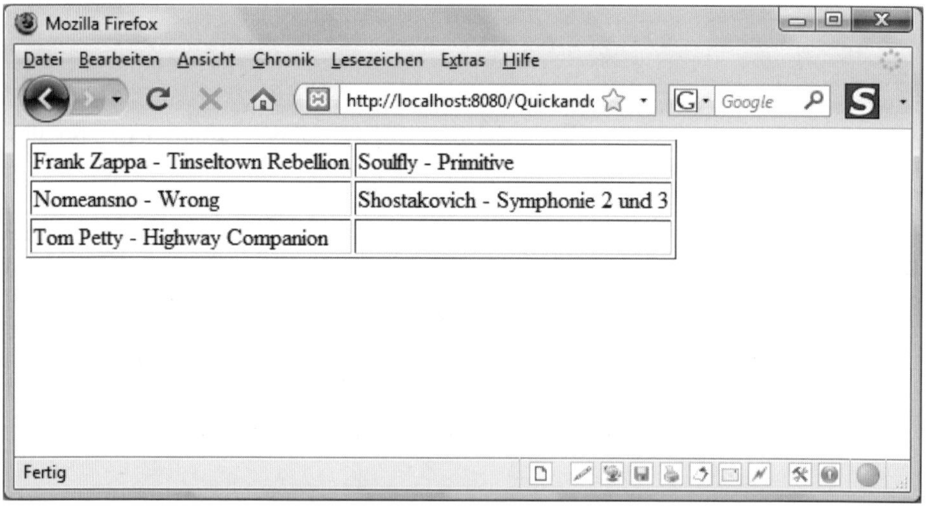


**Bild 12.2:** Modulo in Aktion – jetzt alles in zwei Spalten

Aber damit sind die Möglichkeiten des Modulo-Operators beim Umgang mit Tabellen noch lange nicht erschöpft, denn nicht nur beim Aufbau, sondern auch bei der optischen Gestaltung kann er helfen. Tabellen zu lesen kann oft sehr mühsam sein, insbesondere wenn sie viele Spalten haben und somit sehr breit sind. Daher empfiehlt es sich, aufeinanderfolgenden Tabellenzeilen im Wechsel eine jeweils andere Hintergrundfarbe zu geben. Das erleichtert das Lesen und Erkennen einzelner Zeilen innerhalb der Tabelle enorm. Wo hilft uns hier der gute Modulo? Betrachten Sie einmal die Entwicklung von Modulo 2, und Sie werden sofort sehen, warum wir diesen hier gut gebrauchen können:

```
0 % 2 = 0
1 % 2 = 1
2 % 2 = 0
3 % 2 = 1
4 % 2 = 0
5 % 2 = 1
```

...

Modulo 2 wechselt stetig zwischen 0 und 1, also genau das, was Sie für das oben beschriebene Problem benötigen. Würden wir die oben gezeigte Liste der CD-Titel in einer einspaltigen Tabelle ausgeben, so könnten wir so sehr einfach diese wechselnde Hintergrundfarbe realisieren:

```
<?
   $meinecds = array (
      "Frank Zappa - Tinseltown Rebellion",
      "Soulfly - Primitive",
      "Nomeansno - Wrong",
      "Shostakovich - Symphonie 2 und 3",
      "Tom Petty - Highway Companion"
   );
?>
<table border="1">
   <?
      $counter = 0;
      foreach($meinecds as $cd)
      {
         echo '<tr><td style="background-color:'.($counter % 2 == 0 ?
"#FFFFFF":"DDDDDD").'">';
         echo $cd;
         echo '</td></tr>';
         $counter++;
      }
   ?>
</table>
```

Wir benutzen hier den schon in anderen Kapiteln verwendeten ternären Operator, um über den Modulo die jeweilige zu nutzende Hintergrundfarbe auszuwählen:

```
... $counter % 2 == 0 ? "#FFFFFF":"DDDDDD" ...
```

Und so sähe die Tabelle mit wechselnder Hintergrundfarbe schließlich aus:

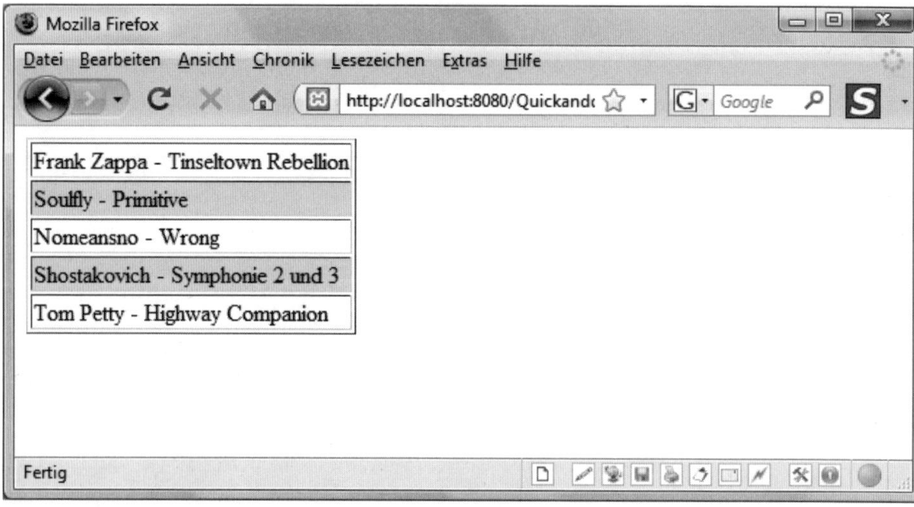


**Bild 12.3:** Wechselnde Hintergrundfarben dank Modulo

### Checkboxen und Hidden-Fields

Checkboxen sind eine feine Sache, leider haben sie ein entscheidendes Problem: Beim Abschicken eines Formulars werden nur die Werte der Checkboxen übertragen, die auch tatsächlich im Formular mit einem Haken versehen wurden. Das bedeutet leider, dass Sie bei der Auswertung der Formulardaten über das `$_POST`- oder `$_GET`-Array keine direkte Möglichkeit haben, herauszufinden, welche Checkboxen nun eben *nicht* ausgewählt worden waren. Wenn Sie einmal einen Testeintrag im `$data`-Array aus unserer Blog-Administration betrachten, so sehen Sie sofort, dass im Eintrag `topics` nur die Werte der beiden Checkboxen für die Themen erscheinen, die tatsächlich angehakt worden sind.

```
Array
(
    [topics] => Array
        (
            [1] => Array
```

```
                (
                    [check] => on
                )

            [3] => Array
                (
                    [check] => on
                )

        )

    [entry_title] => Noch ein Titel
    [entry_subtitle] => Es nimmt kein Ende
    [entry_content] => Test
)
```

Bei der Administration für die Blog-Einträge und der Auswahl der Themen über Checkboxen ist das kein Problem. Hier interessieren uns beim Speichern der Daten ohnehin nur die tatsächlich ausgewählten Themen, um sie in die entsprechende Datenbanktabelle zu schreiben. Was aber können Sie machen, wenn Sie nun auch gerne gewusst hätten, welche Checkboxen zu welchem Thema *nicht* angehakt worden sind?

Die eine Möglichkeit besteht darin, vorher sämtliche Themen aus der Datenbank zu lesen und anhand dieser Liste zu überprüfen, welches Thema ausgewählt wurde und welches nicht. Es geht jedoch auch noch anders, nämlich ganz einfach über die Verwendung von `Hidden`-*Fields*. Diese werden auf jeden Fall mit dem Formular übertragen, und wenn Sie zu jeder Checkbox ein passendes `Hidden`-Field in das Formular schreiben, so enthält der Eintrag für die Themen im `$data`-Array nun tatsächlich einen Eintrag für jede Checkbox, ganz egal ob diese ausgewählt wurde oder nicht:

```
...

<label>Topic</label>

?>
foreach($topics as $id=>$topic)
{

   echo '<input type="checkbox" name="data[topics]['.$id.'][check]"
id="data[topics]['.$id.'][check]"
'.(isset($data['topics'][$id]['check'])?' CHECKED ':'').'
/> '.$topic["topic_name"].'  ';

   // Hidden-Field, um festzustellen, ob Checkbox gesetzt oder nicht
```

```
    echo '<input type="hidden" name="data[topics]['.$id.'][hidden]"
id="data[topics]['.$id.'][hidden]" value="1" />';

}

...
```

*admin/entries.php*

Achten Sie genau darauf, wie hier die Namen der Checkboxen und der `Hidden`-Fields gewählt wurden:

```
<input type="checkbox" name="data[topics]['.$id.'][check]" ...

<input type="hidden" name="data[topics]['.$id.'][hidden]" ...
```

Wenn Sie sich jetzt einmal das `$data`-Array nach dem Abschicken der Testdaten ansehen, werden Sie sofort erkennen, warum diese so gewählt wurden:

```
Array
(
    [topics] => Array
        (
            [1] => Array
                (
                    [check] => on
                    [hidden] => 1
                )

            [2] => Array
                (
                    [hidden] => 1
                )

            [3] => Array
                (
                    [check] => on
                    [hidden] => 1
                )

            [4] => Array
                (
                    [hidden] => 1
                )
```

```
        )

    [entry_title] => Noch ein Titel
    [entry_subtitle] => Es nimmt kein Ende
    [entry_content] => Test, was sonst?
)
```

Da die Werte der `Hidden`-Fields auf jeden Fall mit dem Formular übertragen werden und beide – Checkbox und `Hidden`-Fields – im gleichen Unter-Array mit der ID des Themas als Index gespeichert werden (20, 21 etc.), gibt es zu jedem Thema einen garantierten Eintrag im *topics*-Array. Sie können nun sehr einfach entscheiden, ob eine Checkbox gesetzt wurde oder eben nicht:

```
...

// Durchlaufe alle Checkboxen

foreach ($data['topics'] as $id => $topic)
{
   $checked = isset($topic['check']);

   if ($checked)
   {
      // Checkbox mit ID $id wurde gesetzt
   }
   else
   {
      // Checkbox mit ID $id wurde nicht gesetzt
   }
}

...
```

Die `Hidden`-Fields selbst brauchen Sie hier gar nicht mehr zu interessieren, sie dienten lediglich dazu, das `topics`-Array vollständig zu füllen.

### 12.1.4 Einfach oder doppelt, was hält besser?

Der letzte kleine PHP-Tipp betrifft sowohl die Programmierung in PHP als auch das Erstellen von SQL-Strings und schlägt somit die Brücke zum nächsten Unterkapitel. PHP erlaubt es Ihnen, für Strings sowohl doppelte Hochkommata (Anführungszeichen: `"`) als auch einfache ( `'` ) zu benutzen. Die meisten Programmierer entscheiden sich in der Regel dafür, für alle ihre Strings eines der beiden Zeichen (meist die doppelten

Hochkommata) konsequent und durchgängig anzuwenden. Das ist aber nicht immer hilfreich, denn es gibt zwei Fälle, die in Ihrer Programmierung immer wieder vorkommen werden und bei denen es sich lohnt, zwischen den beiden Varianten zu unterscheiden: die Darstellung von HTML und das Erstellen von SQL-Statements. In HTML-Tags werden Sie immer wieder doppelte Hochkommata für HTML-Attribute verwenden:

```
<input type="hidden" name="versteckt" value="geheim" />
```

In einem SQL-String hingegen finden sich einzelne Hochkommata zur Markierung von Zeichenketten:

```
INSERT INTO users (user_firstname, user_lastname) VALUES ('Hans', 'Meier')
```

In einem PHP-String werden Sie nun genau die Zeichen maskieren müssen, die Sie für die Kennzeichnung des Strings nutzen. Würden Sie den oberen HTML-Text mit doppelten Hochkommata über PHP ausgeben, so müssten Sie diese Zeichen maskieren:

```
<?

echo "<input type=\"hidden\" name=\"versteckt\" value=\"geheim\" />";

?>
```

Entsprechend müssten Sie auf der anderen Seite die einzelnen Hochkommata im SQL-String maskieren, wenn Sie sie für die Darstellung des Strings nutzen würden.

```
<?

$sql = 'INSERT INTO users (user_firstname, user_lastname) VALUES
(\'Hans\', \'Meier\')';
$db->query($sql);

?>
```

Gerade auf der deutschen Tastatur ist aber die Backslash-Taste immer etwas mühsam zu erreichen, und außerdem macht eine solche Maskierung einen String ziemlich unleserlich. Verwenden Sie daher einfach genau die jeweils andere Art der String-Darstellung: einzelne Hochkommata für HTML und doppelte für SQL. Schon ersparen Sie sich jede Form der Maskierung, und Ihr Quelltext wird deutlich lesbarer:

```
<?

echo '<input type="hidden" name="versteckt" value="geheim" />';
```

```
$sql = "INSERT INTO users (user_firstname, user_lastname) VALUES ('Hans',
'Meier')";
$db->query($sql);

?>
```

Beachten Sie nur eines: Die Verwendung der beiden String-Schreibweisen ist zwar sehr ähnlich, aber nicht vollkommen gleich. Das betrifft insbesondere die Darstellung von Variablenwerten direkt innerhalb des Strings. So führt dieses kleine Programm:

```
$variable = "Hallo Welt!";

echo 'Dies ist eine PHP-Variable: $variable';

echo "Dies ist eine PHP-Variable: $variable";
```

zu dieser Ausgabe:

```
Dies ist eine PHP-Variable: $variable
Dies ist eine PHP-Variable: Hallo Welt!
```

Wenn Sie doppelte Hochkommata verwenden, werden Variablen, die Sie *im* String verwenden, direkt ersetzt. Die folgenden Zeilen sind also identisch:

```
echo "Dies ist eine PHP-Variable: $variable";

echo "Dies ist eine PHP-Variable: " . $variable;
```

Wenn Sie ein Dollarzeichen innerhalb eines solchen Strings verwenden wollen, müssen Sie diesen maskieren (hier also: `\$variable`). Das ist bei einfachen Hochkommata nicht nötig, da dort diese Ersetzung nicht stattfindet. Sie können dieses Problem ganz einfach umgehen, indem Sie sich erst gar nicht angewöhnen, PHP-Variablen direkt *in* einen String zu schreiben. Das ist höchst verwirrend und erscheint auch eigentlich unlogisch. Gewöhnen Sie sich an, Strings und Variablen deutlich zu trennen (also wie oben in der zweiten Zeile gezeigt). Das erspart Ihnen eine Menge Ärger und macht Ihre Quelltexte darüber hinaus deutlich lesbarer.

## 12.2 MySQL-Tipps

### 12.2.1 1 = 2 und 1 = 1

Es wird immer wieder Situationen geben, in denen Sie einen SQL-String anhand verschiedenster Parameter dynamisch zusammensetzen müssen. Nehmen wir an, Sie wollen aus einer Datenbanktabelle die Daten von Nutzern auslesen. Jetzt gibt es in der Webseite zur Darstellung dieser Nutzer jedoch die Möglichkeit, diese Daten zu filtern. Man kann sich alle Nutzer anzeigen lassen, die erst einen Monat im System sind, alle männlichen oder weiblichen Nutzer und vielleicht noch die Nutzer, die heute Geburtstag haben – und natürlich eine beliebige Kombination dieser Parameter. Alle diese Filter sind optional, das heißt, es *kann* sein, dass Sie diese bei der Erstellung Ihres SQL-Strings berücksichtigen müssen, aber es *muss* nicht sein. Ist kein Filter gesetzt, so sähe der SQL-Befehl einfach so aus:

```
SELECT * FROM users
```

Wollen Sie jedoch alle Nutzer finden, die inaktiv sind und männlich (warum auch immer das für jemanden interessant sein könnte), so sähe der SQL-String vielleicht so aus:

```
SELECT * FROM users
WHERE user_active=0
AND user_sex='m'
```

Wenn Sie nun versuchen, diesen String per PHP zusammenzustellen, dann werden Sie sehen, dass Sie unter Umständen ein `AND` oder `WHERE` zu viel haben:

```
$sql = "SELECT * FROM users WHERE";
if (isset($filter_active))        $sql.=" user_active=0 ";
if (isset($filter_lastmonth))     $sql.=" AND user_created>'".date('Y-m-
d',strtotime('last month'))."' ";
if (isset($filter_sex))        $sql.=" AND user_sex='".$filter_sex."' ";
```

Die Funktion `strtotime()` funktioniert tatsächlich so. Es ist möglich, ihr Dinge wie »yesterday« oder eben »last month« zu übergeben, und die Funktion ermittelt daraus den Zeitstempel zu diesem Datum – dies als kleiner eigener Tipp am Rande. Wenn Sie nun nach allen weiblichen Nutzern suchen würden, die sich im letzten Monat angemeldet haben, sähe der so erstellte SQL-String so aus:

```
SELECT * FROM users WHERE AND user_created>'2009-07-30' AND user_sex='1'
```

Gar nicht gut. Das erste `AND` sollte dort nicht stehen. Sie könnten nun beginnen, alle SQL-Fragmente in einem Array zu sammeln und mit `implode()` zusammenzufügen. Sie müssten dann immer noch schauen, ob überhaupt ein Filter gesetzt wurde, denn ansonsten müssen Sie auch das `WHERE` weglassen.

Es geht alles viel einfacher und richtig quick & dirty:

```
$sql = "SELECT * FROM users WHERE 1=1 ";
if (isset($filter_active))      $sql.=" AND user_active=0 ";
if (isset($filter_lastmonth))   $sql.=" AND user_created>'".date('Y-m-
d',strtotime('last month'))."' ";
if (isset($filter_sex))       $sql.=" AND user_sex='".$filter_sex."' ";
```

Setzen Sie in Ihre SQL-Anweisung einfach eine Bedingung, die immer wahr ist (wie hier `1=1`). Somit können Sie jede weitere optionale Bedingung mit einem `AND` beginnen lassen, ohne dass es Probleme mit der SQL-Syntax gäbe. Wollen Sie nun alle Nutzer ermitteln, so würde dieser SQL-String erstellt:

```
SELECT * FROM users WHERE 1=1
```

Das `WHERE 1=1` ist hier unnötig, aber es stört auch nicht. Würden Sie nun nach allen Frauen suchen, die sich letzten Monat angemeldet haben, wie oben schon versucht, so würde der SQL-String so aussehen:

```
SELECT * FROM users WHERE 1=1 AND user_created>'2009-07-30' AND
user_sex='1'
```

Hier hat MySQL nichts mehr zu meckern. Was will man mehr? Analog dazu können Sie vorgehen, wenn Sie keine `AND`-Verknüpfung zusammenstellen wollen, sondern eine `OR`-Verknüpfung. Nur müssen hier Sie natürlich eine Bedingung hinzufügen, die immer *falsch* ist:

```
$sql = "SELECT * FROM users WHERE 1=2 ";
if (isset($filter_active))      $sql.=" OR user_active=0 ";
if (isset($filter_lastmonth))   $sql.=" OR user_created>'".date('Y-m-
d',strtotime('last month'))."' ";
if (isset($filter_sex))       $sql.=" OR user_sex='".$filter_sex."' ";
```

### 12.2.2 CREATE TABLE SELECT – die schnellste Sicherheitskopie der Welt

Wie schon mehrfach erwähnt, sind gerade bei einem Quick & Dirty-Projekt Sicherheitskopien, ganz egal ob von Dateien oder Datenbanktabellen, enorm wichtig, weil gerade bei solchen Projekten im Eifer des Alltags schnell etwas verloren geht, überschrieben oder gelöscht wird. Datenbanken sollten Sie, wie in Kapitel 8 beschrieben, eigentlich immer komplett als SQL-Export sichern. Es gibt jedoch durchaus Situationen, die nicht ganz so heiß sind und bei denen es nur um schnelle kleine Tests während der eigentlichen Entwicklung geht (auf einem aktiven Livesystem sollten Sie *immer* die komplette Datenbank oder zumindest die Tabelle als SQL-Export sichern).

Ein Beispiel ist eine Tabelle, in der Sie mühsam einige Dutzend komplett ausformulierte Datensätze zum Testen Ihrer Anwendung hinterlegt haben. Jetzt haben Sie Ihre Programmierung um ein paar Funktionen erweitert, aber so ganz trauen Sie diesen noch nicht. Sie haben keine Lust, beim Testen nun all diese Einträge zu verlieren, wollen aber die Tabelle auch nicht aufwendig exportieren und dann bei jedem kleinen Fehler wieder umständlich importieren. Wer hat schon so viel Zeit? Zum Glück gibt es in MySQL eine wunderbar einfache Möglichkeit, eine komplette Tabelle mit einer einzigen Zeile zu kopieren:

```
CREATE TABLE entries_copy SELECT * FROM entries;
```

Fertig. Und schon haben Sie eine zweite Tabelle (`entries_copy`), die exakt so aufgebaut ist wie die Originaltabelle und auch all deren Einträge enthält. Wenn nun die Originaltabelle gelöscht wird oder anderweitig Schaden nimmt, brauchen Sie nur diese ursprüngliche Tabelle zu löschen und die Kopie wieder in `entries` umzubenennen. Schon haben Sie den alten Zustand wiederhergestellt.

Achten Sie jedoch dringend darauf, solche temporären Tabellen regelmäßig wieder zu entfernen – am besten, sobald Sie sie nicht mehr brauchen. Ansonsten häufen sich in Ihrer Datenbank »Copy«-Tabellen an, und das ist ebenso schlimm wie eine Ansammlung von »Kopie von«-Dateien in Ihrem Dateiverzeichnis.

### 12.2.3 Tu's mit Excel: Viele SQL-Strings auf einmal erstellen

Der letzte Trick in diesem Kapitel wirkt auf den ersten Blick vielleicht ein wenig seltsam. Er hat mir selbst jedoch schon sehr, sehr viel Arbeit erspart, daher möchte ich ihn hier noch erwähnen. Es geht um die Situation, die Ihnen sicher schon einmal begegnet ist oder noch begegnen wird: Ihre schöne Programmierung mit schicker User-Administration ist fertig, Sie haben sie dem Kunden überreicht, der jedoch nun keine rechte Lust hat, die benötigten Daten für alle 427 Nutzer über die Online-Adminstration einzeln einzugeben (so ganz verübeln können Sie ihm das nicht). Stattdessen schickt er Ihnen nur eine lange Excel-Liste mit den einzelnen Daten eben dieser Nutzer, die jetzt bitte sehr in das System importiert werden sollen.

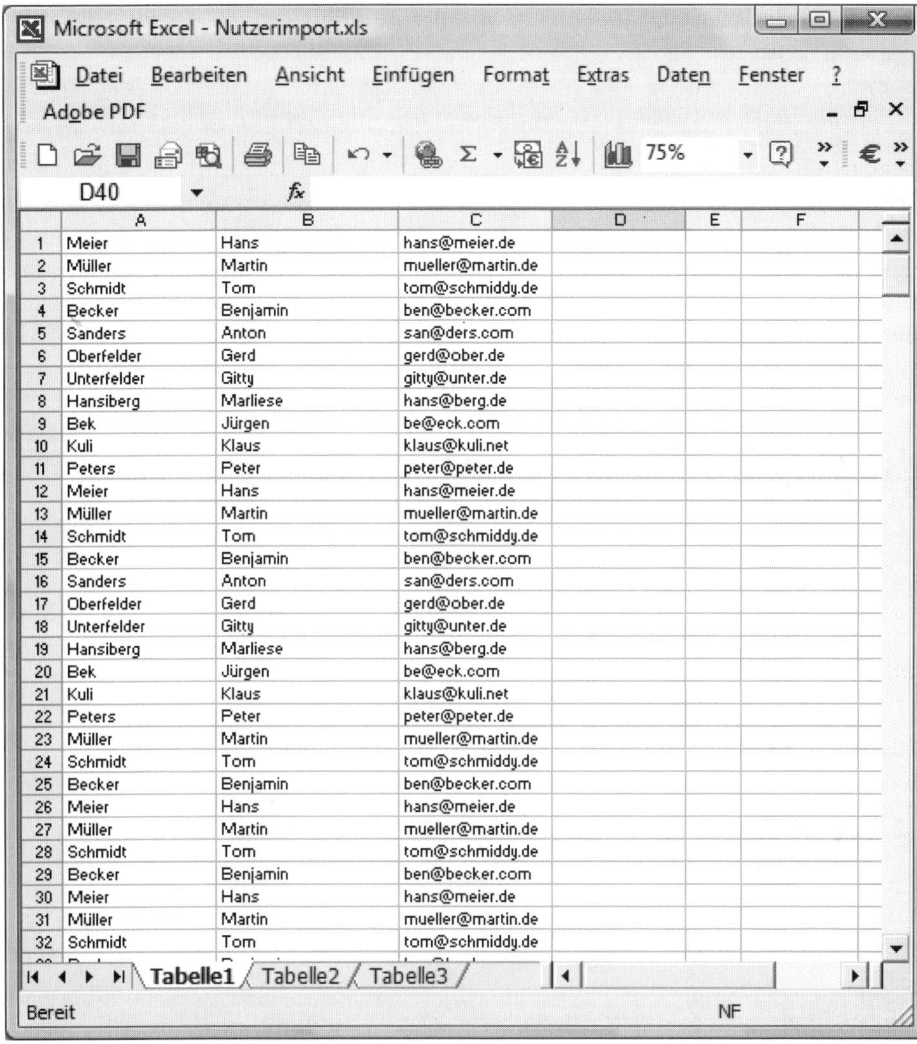


| | A | B | C | D | E | F |
|---|---|---|---|---|---|---|
| 1 | Meier | Hans | hans@meier.de | | | |
| 2 | Müller | Martin | mueller@martin.de | | | |
| 3 | Schmidt | Tom | tom@schmiddy.de | | | |
| 4 | Becker | Benjamin | ben@becker.com | | | |
| 5 | Sanders | Anton | san@ders.com | | | |
| 6 | Oberfelder | Gerd | gerd@ober.de | | | |
| 7 | Unterfelder | Gitty | gitty@unter.de | | | |
| 8 | Hansiberg | Marliese | hans@berg.de | | | |
| 9 | Bek | Jürgen | be@eck.com | | | |
| 10 | Kuli | Klaus | klaus@kuli.net | | | |
| 11 | Peters | Peter | peter@peter.de | | | |
| 12 | Meier | Hans | hans@meier.de | | | |
| 13 | Müller | Martin | mueller@martin.de | | | |
| 14 | Schmidt | Tom | tom@schmiddy.de | | | |
| 15 | Becker | Benjamin | ben@becker.com | | | |
| 16 | Sanders | Anton | san@ders.com | | | |
| 17 | Oberfelder | Gerd | gerd@ober.de | | | |
| 18 | Unterfelder | Gitty | gitty@unter.de | | | |
| 19 | Hansiberg | Marliese | hans@berg.de | | | |
| 20 | Bek | Jürgen | be@eck.com | | | |
| 21 | Kuli | Klaus | klaus@kuli.net | | | |
| 22 | Peters | Peter | peter@peter.de | | | |
| 23 | Müller | Martin | mueller@martin.de | | | |
| 24 | Schmidt | Tom | tom@schmiddy.de | | | |
| 25 | Becker | Benjamin | ben@becker.com | | | |
| 26 | Meier | Hans | hans@meier.de | | | |
| 27 | Müller | Martin | mueller@martin.de | | | |
| 28 | Schmidt | Tom | tom@schmiddy.de | | | |
| 29 | Becker | Benjamin | ben@becker.com | | | |
| 30 | Meier | Hans | hans@meier.de | | | |
| 31 | Müller | Martin | mueller@martin.de | | | |
| 32 | Schmidt | Tom | tom@schmiddy.de | | | |

**Bild 12.4:** Oh je, das soll alles importiert werden?

Einige MySQL-Tools bieten einen Excel-Import an, aber vielleicht trauen Sie diesem nicht so ganz, oder die Tabellenstruktur ermöglicht diesen Import nicht so leicht. Auf jeden Fall sehen Sie nur zwei Möglichkeiten: Entweder Sie selbst geben alle Daten händisch über die Administration in das System ein (und sterben höchstwahrscheinlich dabei an Langeweile), oder Sie erstellen aus jeder Zeile ein einzelnes SQL-Statement, das Sie dann auf dem MySQL-Server ausführen können. Und genau hierbei kann Ihnen Excel eine große Hilfe sein, denn Excel ermöglicht es, spaltenweise Text einzugeben und so die erforderlichen SQL-Befehle zu erstellen. Ein fertiger SQL-Befehl sähe dann beispielsweise so aus:

```
INSERT INTO users (user_lastname, user_firstname, user_email) VALUES
('Meier','Hans','hans@meier.de')
```

Sie sollten jedoch nicht direkt in Excel schon mit eigentlicher SQL-Syntax arbeiten – da macht Ihnen dessen automatische Zeichenersetzung oft einen Strich durch die Rechnung –, sondern arbeiten Sie erst einmal mit Platzhaltern. Legen Sie in Excel zwischen den einzelnen Werten jeweils eine neue Spalte an, und füllen Sie diese mit beliebigen unterschiedlichen Platzhaltern, die auf keinen Fall in den Werten der Tabelle vorkommen.

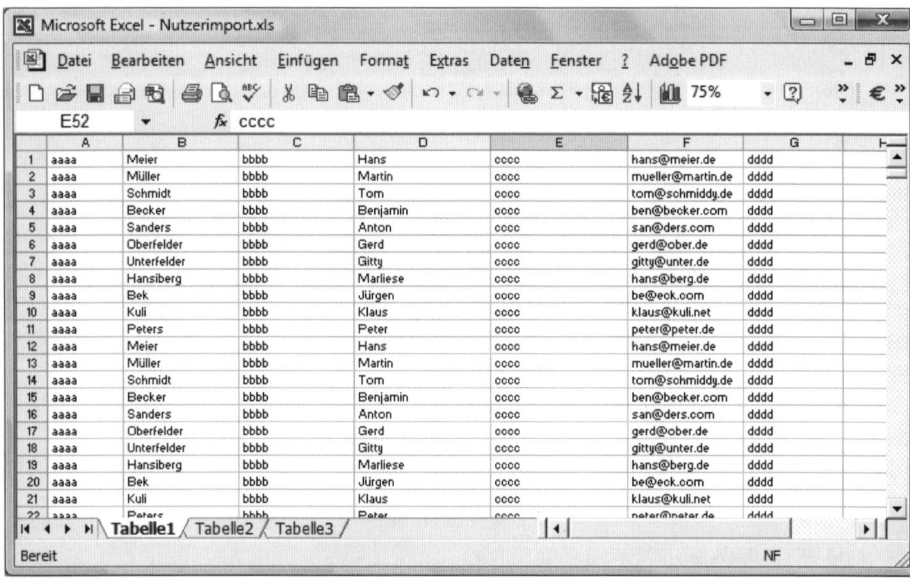


| | A | B | C | D | E | F | G |
|---|---|---|---|---|---|---|---|
| 1 | aaaa | Meier | bbbb | Hans | cccc | hans@meier.de | dddd |
| 2 | aaaa | Müller | bbbb | Martin | cccc | mueller@martin.de | dddd |
| 3 | aaaa | Schmidt | bbbb | Tom | cccc | tom@schmiddy.de | dddd |
| 4 | aaaa | Becker | bbbb | Benjamin | cccc | ben@becker.com | dddd |
| 5 | aaaa | Sanders | bbbb | Anton | cccc | san@ders.com | dddd |
| 6 | aaaa | Oberfelder | bbbb | Gerd | cccc | gerd@ober.de | dddd |
| 7 | aaaa | Unterfelder | bbbb | Gitty | cccc | gitty@unter.de | dddd |
| 8 | aaaa | Hansiberg | bbbb | Marliese | cccc | hans@berg.de | dddd |
| 9 | aaaa | Bek | bbbb | Jürgen | cccc | be@eck.com | dddd |
| 10 | aaaa | Kuli | bbbb | Klaus | cccc | klaus@kuli.net | dddd |
| 11 | aaaa | Peters | bbbb | Peter | cccc | peter@peter.de | dddd |
| 12 | aaaa | Meier | bbbb | Hans | cccc | hans@meier.de | dddd |
| 13 | aaaa | Müller | bbbb | Martin | cccc | mueller@martin.de | dddd |
| 14 | aaaa | Schmidt | bbbb | Tom | cccc | tom@schmiddy.de | dddd |
| 15 | aaaa | Becker | bbbb | Benjamin | cccc | ben@becker.com | dddd |
| 16 | aaaa | Sanders | bbbb | Anton | cccc | san@ders.com | dddd |
| 17 | aaaa | Oberfelder | bbbb | Gerd | cccc | gerd@ober.de | dddd |
| 18 | aaaa | Unterfelder | bbbb | Gitty | cccc | gitty@unter.de | dddd |
| 19 | aaaa | Hansiberg | bbbb | Marliese | cccc | hans@berg.de | dddd |
| 20 | aaaa | Bek | bbbb | Jürgen | cccc | be@eck.com | dddd |
| 21 | aaaa | Kuli | bbbb | Klaus | cccc | klaus@kuli.net | dddd |
| 22 | aaaa | Peters | bbbb | Peter | cccc | peter@peter.de | dddd |

**Bild 12.5:** Einfach ein paar Platzhalter einfügen

Hier ein kleiner Excel-Tipp am Rande: Sie können diese Platzhalter sehr schnell in jeder Zeile erstellen, indem Sie einen Wert in die oberste Spalte schreiben und dann das kleine Kreuz am rechten unteren Rand der Zelle einfach nach ganz unten an das Ende der Tabelle ziehen. Excel füllt dann automatisch alle Zellen der Spalte mit dem ersten Wert. Markieren Sie nun alle Zeilen der Tabelle, und kopieren Sie sie hinüber in Ihren Text-Editor.

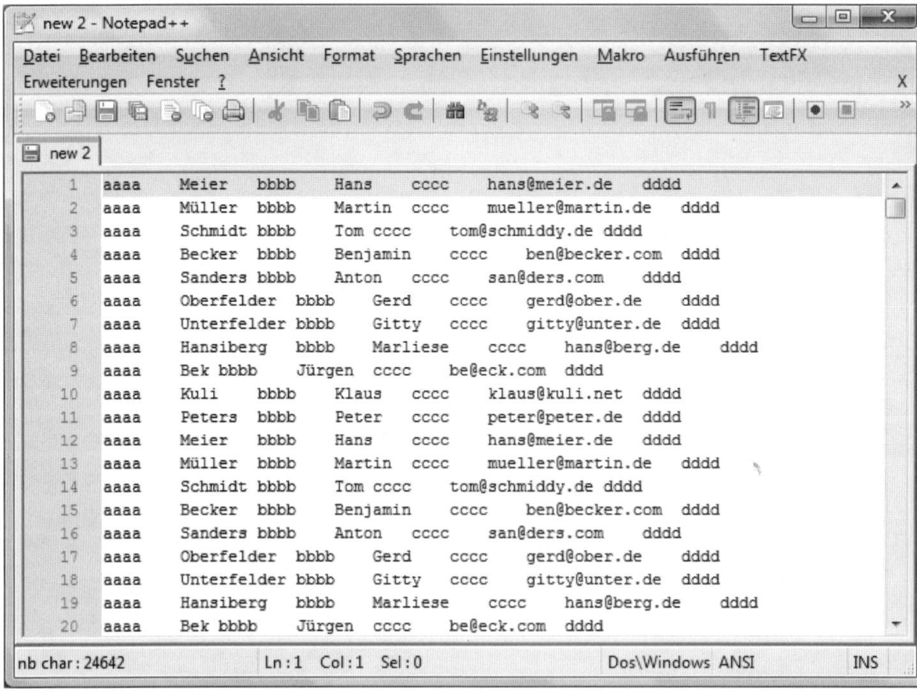


**Bild 12.6:** Schöner wird es nicht gerade, aber jetzt ist alles im Text-Editor enthalten.

Hier können Sie jetzt ganz einfach wieder die Macht des Suchen & Ersetzen nutzen. In diesem Fall ersetzen Sie:

```
aaaa => INSERT INTO users (user_lastname, user_firstname, user_email)
VALUES ('
bbbb und cccc => ','
dddd =>  ');
```

Achten Sie nur darauf, dass Sie den Suchbegriff (also den Platzhalter) nicht händisch in den Text-Editor eingeben, sondern ihn mitsamt den umgebenden Tabulatoren markieren:

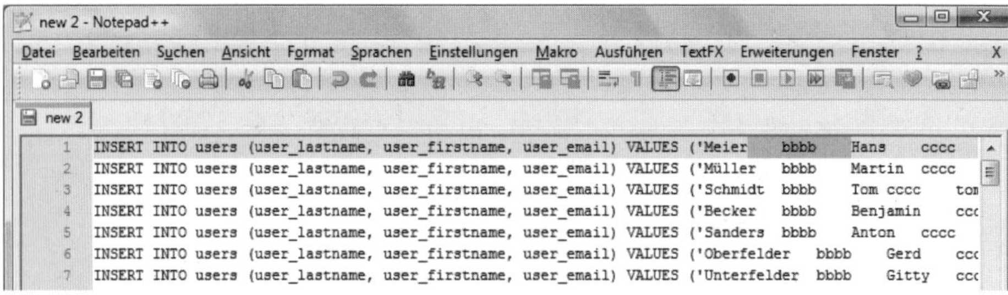


**Bild 12.7:** Markieren Sie die Platzhalter mit Tabulatoren, und drücken Sie dann STRG+H.

Und schon sind Hunderte von SQL-Befehlen fertig:

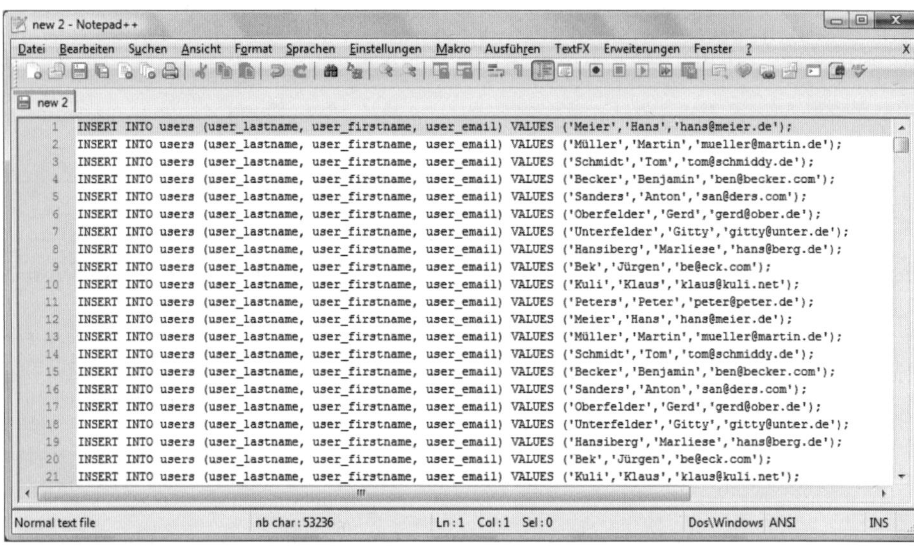


**Bild 12.8:** So viele schöne SQL-Befehle

Wie zu Beginn erwähnt: Diese Vorgehensweise mag arg seltsam wirken, aber im richtigen Moment werden Sie keinen Weg finden, mit dem Sie effizienter einen ganzen Haufen von SQL-Statements auf einmal erstellen können. Ein richtiger Quick & Dirty-Trick eben.

# 13 Epilog & die goldenen Regeln

## Wenn Sie noch einmal wissen wollen, worum es eigentlich ging

Ein ausgesprochen berühmter Hersteller von zuckerhaltigen Kaltgetränken warb einmal mit dem Slogan »Image ist nichts – Durst ist alles«. Für Sie als Einzelkämpfer in der Welt der PHP-Programmierung müsste dieser Spruch lauten: »Image ist nichts – Effizienz ist alles«.

Wenn es darum geht, in einem hektischen Alltag voll gestresster Kunden und einzuhaltender Deadlines effektiv und schnell ans Ziel zu kommen, dann gibt es erst einmal kein »Richtig« und kein »Falsch«. Richtig ist alles, was Ihnen hilft, ein Projekt schnell und gut zu Ende zu bringen, falsch ist alles, was Zeit und Energie kostet. So einfach ist das. Vergessen Sie Ihr Image, vergessen Sie, was cool und angesagt ist, versuchen Sie stattdessen, Ihren eigenen Weg zu finden, effektiv zu programmieren.

Sie werden damit niemals fertig sein. Halten Sie zu jedem Zeitpunkt die Augen nach neuen Mitteln auf, Ihre Arbeit noch besser zu gestalten. Beobachten Sie sich immer wieder selbst. In welchen Momenten haben Sie das Gefühl, dass es gut, ja wie am sprichwörtlichen Schnürchen läuft? In welchen Momenten würden Sie am liebsten heulend Ihren Kopf auf die Tastatur hämmern, weil Sie nur noch frustriert sind und den Überblick verloren haben?

Auch wenn Sie im Stress sind und ohnehin schon unter Zeitdruck arbeiten: Halten Sie einmal kurz inne. Was passiert gerade? Warum sind Sie da, wo Sie jetzt sind? Wenn es gut läuft: Was haben Sie getan, damit es so ist? Wie könnten Sie das an anderer Stelle wiederholen? Und wenn es schlecht läuft: Wie hätten Sie vorgehen sollen, damit es erst gar nicht so weit gekommen wäre? Sehr oft werden Sie die immer gleichen Muster finden. Sie werden sich selbst sagen hören: »Nicht schon wieder!« Wenn Sie an diesem Punkt sind, sollten Sie versuchen, Ihre Arbeitsweise zu ändern. Die Ideen in diesem Buch können Ihnen vielleicht ein wenig dabei helfen. Und sollten Sie sich jetzt – oder später – fragen, was das eigentlich noch mal genau für Ideen waren, dann lesen Sie einfach hier die goldenen Regeln der Quick & Dirty-Programmierung:

### Verwechseln Sie nie Effizienz mit Chaos

Es ist ein Irrglaube, zu meinen, mit planlosem, chaotischem Vorgehen Zeit sparen zu können. Gehen Sie schnell, aber zu jedem Zeitpunkt strukturiert vor. Sparen Sie Zeit, indem Sie wiederkehrende Dinge nicht doppelt machen. Akzeptieren Sie, dass Ihre Arbeit niemals fehlerfrei, absolut sicher und perfekt sein wird.

### Gehen Sie Ihren eigenen Weg

Auch wenn das ganz unerträglich kitschig klingt, so bedenken Sie beim PHP-Programmieren immer genau das, was auch im alltäglichen Leben gilt: Lassen Sie sich keinen Quatsch andrehen. Lassen Sie sich nicht erzählen, wie Sie es zu machen haben. Seien Sie offen für Ratschläge und Tipps, aber gehen Sie den Weg, der für Sie selbst am effektivsten ist.

### Kämpfen Sie nicht gegen Ihren Kunden

Akzeptieren Sie, dass der Kunde König ist. Kämpfen Sie nicht dagegen an. Es nützt nichts. Dem Projekt nicht, dem Kunden nicht und Ihnen selbst am allerwenigsten. Auch wenn es manchmal schwierig ist: Sehen Sie Ihren Kunden nicht als Gegner. Seien Sie ehrlich zum Kunden, auch wenn Sie einen Fehler begangen haben oder anderer Meinung sind.

### Suchen Sie sich passende Werkzeuge

Sie können noch so gut sein – wenn die Werkzeuge für Ihre Programmierung nicht passen, dann werden Sie nicht effektiv arbeiten können. Wenn Sie feststellen, dass Sie mehr gegen Ihre Entwicklungsumgebung kämpfen als gegen das eigentliche Programmierproblem, ist es an der Zeit, sich nach etwas Neuem umzusehen.

### Sammeln Sie für die Zukunft

Die meisten Projekte ähneln sich, wenn nicht im Ganzen, dann doch meist in einzelnen Teilen. Halten Sie immer die Augen nach Dingen auf, die Sie später erneut verwenden können. Erstellen Sie eine eigene Sammlung an Funktionen und Skripten, die Sie immer wieder benutzen können. Jede Zeile, die Sie nicht noch einmal tippen müssen, spart Ihnen Zeit.

### Benennen Sie Dinge durchgängig einheitlich

Machen Sie sich selbst das Leben nicht unnötig schwer. Vergeben Sie für Variablen, Dateien und Funktionen nur so viele Namen und Bezeichnungen, wie unbedingt nötig sind. Versuchen Sie, für ein »Ding« immer den gleichen Namen zu verwenden, ganz egal, ob es eine Variable oder eine Datenbankspalte ist.

### Nutzen Sie die Macht des Copy & Paste

Noch einmal: Jede Zeile, die Sie nicht tippen müssen, spart Ihnen Zeit. Kopieren Sie so viel, wie es geht. (Aber trauen Sie dem Kopierten nicht blind!) Auch innerhalb eines Projektes können Sie sich Unmengen an Arbeit sparen, wenn Sie gelernt haben, wie Sie schnell und effektiv Quelltext vervielfältigen und anpassen können.

### Verwenden Sie Arrays und noch mal Arrays

Kaum eine Programmiersprache ermöglicht einen so einfachen und vielfältigen Umgang mit Arrays wie PHP. Nutzen Sie diese. Fragen Sie sich immer wieder: Könnte ich das nicht als Array machen? Sie brauchen beim Quick & Dirty-Programmieren meist keine komplizierten Klassen. Fassen Sie Ihre Dinge in Arrays zusammen!

### Schließen Sie große Sicherheitslöcher, und akzeptieren Sie die kleinen

Sie werden Ihre Programmierung niemals vollkommen sicher machen können. Gewöhnen Sie sich an, konsequent – bis zum Ende des Projekts – die größten Sicherheitslöcher zu schließen, und akzeptieren Sie, dass eine ganze Reihe von kleinen dabei offenbleibt.

### Optimieren Sie Ihre Fehlersuche

Programmierer sind selten schnell, weil sie schnell programmieren, sondern weil sie schnell Fehler finden. Ein Großteil Ihrer Arbeit wird aus der Fehlersuche bestehen. Akzeptieren Sie, dass Sie Fehler machen werden, und seien Sie darauf vorbereitet. Optimieren Sie Ihre Möglichkeiten und Wege, so schnell und einfach wie möglich Informationen über Ihr Programm zu bekommen und somit Fehler und Probleme zu finden.

## Und wenn alles nichts mehr hilft:

Bedenken Sie immer: Es ist nur eine Webseite. Es geht hier nicht um ein Mittel gegen Krebs und auch nicht um den Weltfrieden. Kein Grund also, sich ernsthaft Sorgen zu machen ;-)

# Stichwortverzeichnis